O fabuloso Zé Rodrix

O fabuloso Zé Rodrix

Uma biografia de Toninho Vaz

Brasília, 2017

Realização: Caravela Produções

Editora Olhares

Capa: Daniel Brito e James Soares

Projeto Gráfico: Gráfica Movimento

Reprodução Fotográfica: José Caldas e Marcos Issa

Copidesque: Luis Carlos Cabral

Organização: Chris Ramírez

Foto da Capa: Acervo Pessoal

Dados Internacionais de Catalogação na Publicação (CIP)

Odilio Hilario Moreira Junior CRB-8/9949

V393f Vaz, Toninho

O fabuloso Zé Rodrix / Toninho Vaz. - São Paulo: Olhares, 2017.
324 p.: il.; 14cm x 21cm.

Inclui índice, bibliografia e apêndice.
ISBN: 978-85-62114-78-6

1. Música popular brasileira. 2. Rodrix, Zé. 3. Biografia. I. Título.

2017-657 CDD 780.92
CDU 78.071.1

Índice para catálogo sistemático:

1. Música: Compositores 780.92
2. Música: Compositores 78.071.1

O fabuloso Zé Rodrix

O SENHOR DAS HIPÉRBOLES

Toninho Vaz

Este livro nasceu do sobressalto provocado por uma conversa com o meu amigo Guarabyra, parceiro musical de Zé Rodrix, com quem – eu sabia – ele tivera algumas divergências. Eu conhecia o Sá e o Guarabyra (que os amigos chamam de Gut) superficialmente, mas o meu encontro com Rodrix havia sido ainda mais superficial – uma entrevista em sua casa, dois anos antes de sua morte, ou seja, em 2007. Fui entrevistá-lo para o *Solar da Fossa*, livro meu que seria publicado dois anos depois.

Em 2015, pensando em um personagem para uma nova biografia, perguntei ao Gut em uma mesa de bar: "E o Zé Rodrix, como era?". A resposta veio como uma flechada, um relâmpago:

– O Zé era um grande mentiroso, o maior que conheci.

Seguiu-se um silêncio levemente constrangedor, até que ele afastou o celular e disse:

– Não, não pense errado. O Zé era um gênio, um mitômano, um fabulista... Não mentia para prejudicar as pessoas. A realidade era pouco para ele, que sentia necessidade de deixar tudo mais glamoroso, dramático...

Uma opinião – logo descobri – compartilhada por alguns amigos e até pela viúva, Júlia Rodrix, que refere-se assim à gêneses de um casamento que se prolongou por 23 anos:

– Eu conhecia o Zé. Ele estava envolvido em um projeto da agência em que eu trabalhava, mas era casado, embora estivesse insistentemente me convidando para sair. Deixei claro que homem casado não fazia o meu gênero.

Era apenas uma questão de tempo. Dias depois, por telefone, Zé Rodrix informou à moça seu novo endereço, agora de homem solteiro, e a convidou para um jantar a dois. Encontro marcado, o destino mexeu os pauzinhos, desastradamente, tentando dificultar as coisas: à tarde, num lance casual, Júlia torceu o pé, e quebrou o tornozelo, e foi obrigada a ir a um hospital colocar uma bota de gesso. Com um atraso espetacular, assim que conseguiu se livrar dos curativos, chamou um táxi e saiu se arrastando para o restaurante, onde Rodrix esperava, resignado. A cena foi marcante:

– O Zé veio me ajudar a descer do táxi e, olhando a bota de gesso, disse que, definitivamente, iria se casar comigo. Eu ainda perguntei a razão, e ele: "No seu lugar eu não teria vindo...".

Um terceiro diagnóstico vem do parceiro Luiz Carlos de Sá, ao recordar o dia em que ele, ao volante, com Rodrix e Guarabyra ao seu lado, passeavam se exibindo pelas praias do Rio de Janeiro à bordo do seu carro sem capota, um bugre da Gurgel, quando, subitamente – e sem nenhuma cerimônia –, Rodrix abriu os braços e disse:

– Tenho saudades do tempo em que mergulhava no Iate Clube, praticando pesca submarina...

Ato contínuo, Sá encostou o carro e ordenou, apontando com o indicador:

– Pode sair... Fora daqui! Desça.... Você nem sabe nadar e se caga de medo do mar. Fora!

A vida levada como um enredo de filme ou roteiro de musical. Ele era assim, sempre corrigindo as imperfeições da realidade e, quando necessário, alterando a narrativa da história. E, por se tratar de Zé Rodrix, é prudente recorrer a um quarto diagnóstico, este de Tavito, amigo e parceiro musical das antigas:

– Aconteceu durante uma conversa informal entre eu, o Zé e a minha primeira mulher, a Aninha, que lamentava a sorte de um tio que era mudo. O Zé, rapidamente, afirmou com ênfase que tinha cinco tios mudos. Cinco. A Aninha reagiu na hora: "Desculpe, Zé, mas ninguém tem cinco tios mudos."

A amiga Cláudia Raia, atriz com quem trabalhou durante anos, lembra que um dia, na intimidade de um camarim, confidenciou a Zé Rodrix que tinha feito um *striptease* para o namorado, na intimidade do lar. Estava contando cada passo da performance, quando foi interrompida:

– Você sabe, Cláudia, que uma vez me vesti de mulher? Foi para fazer um *striptease* para uma namorada.

Ela reagiu na hora. Disse que não acreditava, que ele não teria este mal gosto...

Por fim, para confirmar todas as evidências, um quinto e último diagnóstico da "mitomania Zé Rodrix", atestado agora pela primeira namorada, a carioca Hildegard Angel, dois anos mais nova, com quem ele "morou junto" por seis meses no bairro Menino Deus, em Porto Alegre. Ela tinha 19 anos:

– Quando conheci o Zé, ele disse que era de uma família rica, que o pai tinha carros importados, a mãe era tipo fina, com mordomos, etc... Quando fui à sua casa, na encosta do Humaitá, a realidade era outra. O pai tinha uma tinturaria e a mãe monitorava alunos no ônibus de uma escola. Na verdade, eles moravam numa casa simples. Mas, por incrível que possa parecer, eu fiquei ainda mais próxima dele depois disso, sentindo a sua fragilidade. E ele nem ficou constrangido, pois era apenas um sonhador.

Qualquer pesquisa sobre a vida de um mitômano, portanto, demanda cuidados especiais, pois são muitas as versões sobre um mesmo fato. Para um biógrafo, pode significar apenas uma armadilha. Assim, se dependesse exclusivamente de Zé Rodrix, ele teria nascido na Bahia, seria advogado e faixa preta de judô.

Além do aspecto fabuloso da sua personalidade, Rodrix ostentava outra característica notável na linha do tempo, que os amigos próximos identificam como "as três mortes de Zé Rodrix", referência às grandes crises existenciais que o fizeram mergulhar em profundas depressões. Foram períodos longos, anos e anos de total desconforto com a realidade.

A primeira morte aconteceu em 1982 como decorrência da morte de Elis Regina, sua amiga querida e adorada. A notícia acachapante da morte de Elis, de forma trágica e inesperada, bateu forte nos ânimos de Zé Rodrix, que acusou o golpe. Ele dizia, há tempos, que a gravação de Elis de sua música *Casa no Campo* (parceria com Tavito) funcionara como um certificado de reconhecimento de sua qualificação como compositor profissional. Mas a morte de Elis tinha também algo de incômodo, pois ele passou a se culpar pelo que considerava negligência com a amiga: estivera com ela horas antes da tragédia e a viu consumindo cocaína e bebendo uísque. (A palavra maldita era *overdose*). Abandonou a festa, mas disse, para pessoas próximas, que ficara preocupado com a cena que vira, mas já era tarde. Ele acordou no dia seguinte e Elis estava morta. Como consequência do impacto emocional, tomou uma decisão radical: parar de fazer música, de compor canções, de subir em palcos. E assim Zé Rodrix passou vinte e dois anos afastado da música popular. Para sobreviver, foi trabalhar com publicidade, onde continuou a conquistar prêmios e, de certa forma, a dar shows.

Sabe-se que seu renascimento, através da publicidade, teve o apoio decisivo, digamos, luxuoso, do amigo Tico Terpins, com quem Rodrix abriu uma produtora de som, A Voz do Brasil, que acabou amealhando sucesso com o trabalho de seus criadores. Tico era um administrador nato, bastante conceituado, e não foi difícil para eles ganhar algum dinheiro: ele organizou a empresa e as finanças de ambos. Tico já fazia parte do grupo Joelho de Porco, considerado o pioneiro do gênero punk rock brasileiro, na década de 1970. Juntos, eles reestruturaram, em 1983, o Joelho, agora com Rodrix nos teclados, o baterista e cantor Próspero Albanese (que já era da banda) e o fotógrafo David Drew Zingg. Era, em tese, uma brincadeira levada a sério mas que, para Zé Rodrix, era "algo fora do mercado", que ele considerava uma terapia, algo mais do que um *hobbie*, mas não uma volta à música.

Juntos, Zé e Tico eram dois moleques, meninos crescidos a fazer traquinagens diárias quase sempre exagerando nas ações. Como na noite em que foram recebidos friamente em uma festa badalada em São Paulo; o dono da casa certamente estranhando as roupas e o comportamento anárquico da dupla, não foi exatamente receptivo. Os dois, então, sentindo-se ofendidos, ligaram para uma pizzaria e encomendaram 50 pizzas de sabores variados (para dar credibilidade) e... foram embora.

A brincadeira da vida se prolongou por anos felizes e estáveis, até 1998, quando Tico Terpins morreu, vítima de um ataque cardíaco fulminante. Foi quando aconteceu a segunda morte de Zé Rodrix.

Na avaliação de Júlia Rodrix e de amigos próximos, a morte inesperada do amigo Tico teve um efeito devastador em Zé Rodrix, que perdera o irmão que nunca tivera, o incentivador e conselheiro, sua principal plateia. Para o parceiro de primeira hora, Tavito, "a morte do Tico quebrou a perna do Zé". Como consequência, ele foi acometido de uma depressão profunda e perdeu a alegria de viver por um longo tempo. Alegria que só voltou em 2001, quando os organizadores do Rock in Rio decidiram homenagear os 30 anos do rock rural programando para a noite do segundo dia do evento, 13 de janeiro, sábado, uma apresentação histórica do trio Sá, Rodrix & Guarabyra.

Outra característica relevante na personalidade de Zé Rodrix: era uma pessoa multifacetada, plural. Tocava bateria, piano, guitarra, baixo, percussão, sopro (flauta, pistão, okarina...), acordeão; afinado, cantava com desenvoltura e era um arranjador conceituado entre os músicos – mas há controvérsias, como veremos. Gostava de desenhar e desenhava bem, era leitor contumaz de histórias em quadrinhos. Como publicitário, era rápido no gatilho, gostava de performances de efeito e criações explosivas ou poéticas. É dele um dos maiores prêmios da publicidade brasileira, conquistado pelo jingle de lançamento do Chevrolet Opala 1988, com criação, interpretação e direção de Zé Rodrix: "É no silêncio de um Chevrolet que o meu coração bate mais alto, enquanto o mundo perde a forma eu me encontro em mim....".

Zé Rodrix era maçom. E, como maçom, revelou-se um notável escritor ao encarar a Trilogia do Templo, romance com a história da maçonaria como pano de fundo em três volumes totalizando quase 1.400 páginas. O primeiro volume, "Diário de um construtor do Templo", conta a história do pedreiro Joab de Tiro, e conquista o bom leitor, aquele interessado em uma boa narrativa, profunda, original e criativa. Coisa de profissional. Depois escreveu os dois outros volumes da trilogia: Zorobabel e Esquin de Floyrac. E, para fechar suas peças literárias, mas mantendo-se na mesma temática, escreveu *O cozinheiro do Rei*, a história do Brasil (D. Pedro II era maçom) contada por um ângulo inédito e quase autobiográfico. Os méritos literários? Quem atesta é o músico Aquiles Rique, do grupo MPB4, que não é maçom:

– Eu devorei os três volumes da Trilogia do Templo, um romance histórico de alto nível. O Zé escrevia muito bem. Quando terminei de ler o primeiro, não consegui parar, fui obrigado a ler os outros dois.

Zé Rodrix era um cozinheiro de mão cheia, acima do patamar mediano. Herdou as aptidões do pai e, para se aprimorar, chegou a fazer o curso de cozinheiro do Senac. Gostava de cozinhar em casa para os amigos em noitadas festivas que se prolongavam noite à dentro. Era famoso o seu fettuccine com salmão e queijo de cabra. Não bebia e não usava drogas, sequer fumava um baseado, embora tenha sido visto algumas vezes tentando (fingindo) ser igual aos que o cercavam. Mas nada é absoluto: um amigo das antigas, do tempo da juventude, garante que ele fumou certa vez, sim, em uma festa, mas passou muito mal. Não há fantasia nesta certeza: do ponto de vista das drogas, incluindo álcool, Zé Rodrix era careta.

Obs: As grafias dos nomes de Guarabyra e Edyr, podem aparecer com y ou com i, de acordo com fases da vida de ambos – e, na maioria das vezes, por interferência direta da imprensa. Não se trata, portanto, de equívoco do autor.

FELIZ COMO UM PÁSSARO SOLTO

Conheci Zé Rodrix ainda José Rodrigues – o que determina que isso não pode ter acontecido há menos de quarenta anos. Para ser exato, foi em 1970, no Rio. Havia um barzinho no Leme, anexo ao Sacha's, apelidado Sachinha's, que atendia aos frequentadores menos abonados da famosa boate, servindo drinks e comidinhas a preços, digamos, "normais". Havia, sim, um piano, e nele tocavam os frequentadores, mostrando canções novas, temas inéditos sobre palavras soltas que viriam a se tornar música num futuro incerto. Levávamos violões, armávamos vocais, era uma festa só. Ivan Lins, Gonzaguinha, Guarabyra, Mariozinho Rocha, Ronaldo Monteiro, o querido e saudoso Agostinho dos Santos, um improvável Sérgio Bittencourt, Guto Graça Mello, Wagner Tiso, Novelli, Nelson Ângelo, Antônio Adolfo, Tibério Gaspar... de tudo um pouco. Às vezes, a direção da casa premiava alguém com um espaguetão à bolonhesa ou uma rodada de chope. E ganhava muito dinheiro com a nossa presença, isso é certo. E o que é mais bacana: não se pagava um níquel a ninguém. Foi nesse ambiente que conheci Zé Rodrix, magrinho, parecendo menor do que realmente era, colete de couro até os joelhos, óculos de aros grossos e quadrados, espevitado que só e... talento puro.

Qual não foi a surpresa geral quando aquele voluntarioso baixinho de óculos sentou-se ao piano e, com voz de rock-singer, mandou uma valsa pop maneiríssima, em inglês (essa valsa, uma parceria com o americano Mike Renzi, mais tarde seria gravada pelo Som Imaginário), que penetrou a golpes de martelo nos ouvidos e nos corações da rapaziada – *Junk city Judy and Marlene, the witch / never really change that match... – chamava-se "Make*

Believe Waltz". Foi meu batismo de Zé Rodrix, de quem naquele mesmo dia me tornaria amigo pra vida inteira e com quem eu viria a compor a clássica "Casa no Campo".

Participei das muitas vidas de Zé Rodrix, um cara multipolar de múltiplos costados, e participei ainda de pelo menos duas de suas mortes, das três relatadas nesse livro. A sua vida de compositor, aquela que se cristalizou oficialmente em terna parceria comigo, foi sua ponta de lança para o reconhecimento público. O Zé não era um sujeito dado a "pouca coisa" nessa vida. Sempre quis o muito e o frenético. Uma audição detalhada de sua obra nos mostra um tanto de sua esfuziante personalidade. Ele viajou por todas as frentes da música – no disco, no cinema, no teatro, nas novelas e na publicidade. Sempre com uma originalidade sem fronteiras, embasada em profundas e viscerais emoções. Não bastasse a genial "Mestre Jonas", em que ele narra em detalhes a rotina de Jonas, um cara esperto que escolheu viver na barriga de uma baleia com seus sonhos e pertences – apenas pelo fato de ser a baleia mais segura que um grande navio – Zé garimpa pelo terreno do absurdo em suas canções com a naturalidade de quem reconhece ser sua própria existência um grande absurdo. *"Eu não quero ser um número e uma impressão digital / você não quer ser um número e uma impressão digital / ninguém aqui quer ser um número e uma impressão digital / então porque que todo mundo é um número e uma impressão digital?"* – roquejou sem pejo e sem peias, em seu primeiro álbum solo, "II Acto", de 1973. Um disco que produzi com gosto, pois trabalhamos felizes feito pássaros soltos. Compusemos algumas das faixas juntos, fizemos os arranjos juntos, copiamos nós mesmos as partes de cada músico, regemos a orquestra, tocamos nossos instrumentos, mixamos com a alegria de dois meninos operando o mais encantado dos brinquedos.

Eu não sabia, como sei hoje, das milhares de capacidades armazenadas naquele cérebro privilegiado, apesar de já termos tocado juntos na lendária banda "Som Imaginário" e morado juntos na famosa Mansão Mata d'Ouro durante mais de um ano. A Mansão Mata d'Ouro não passava de um sala-e-quarto-e-já-viu-tudo na rua Raul Pompéia, no Posto Seis, Copacabana. Moramos ali com o músico mineiro Marco Antônio Araújo e a recém chegada nova esposa do Zé, Lizzie Bravo, a menina que cantou com os Beatles. Matadouro sim, mas no maior respeito.

Até então o Zé era apenas um amigo divertido e um parceiro de toda hora com quem eu me identificava profundamente. Mais tarde, toda a sua arte múltipla floresceria para todos, pujante e demolidora. Zé se mostraria como um sujeito capaz de literalmente qualquer coisa dentro do universo da criação. Lembro-me dele sentado no chão, completamente nu, dentro da mais pura filosofia hippie, com a TV em frente, um livro nas mãos, a vitrola ligada e papel e lápis ao lado. Fazia as quatro coisas ao mesmo tempo: via programa de TV, lia livro, escrevia canção e ainda ouvia pela primeira vez um recém comprado LP do David Clayton-Thomas, tudo com perfeição – com um singelo detalhe: não se esqueceria nunca mais de nenhuma das quatro informações. Como este livro bem descreve, ele tinha uma vida paralela, calcada em seu rol de "acontecimentos ideais", que nem sempre coincidia com a verdade. Era o que se pode chamar de mitômano criativo, com os desastres e as glórias que este epíteto pode acarretar. Careta convicto, jamais soube que tivesse encostado o bico em drogas de qualquer espécie, apesar de ter ouvido atentamente diversas histórias (algumas tenebrosas) de suas experiências com elas. Tudo mentirinha branca e muito franca. Talvez retratasse uma frustração de viver um descompasso com a sua geração, um detalhe de modernidade ao qual prestava muita atenção. O Zé era "IN", nunca "OUT". Tinha dezenas de amigos de todas as procedências e alguns poucos inimigos – todos, aliás, chatíssimos.

Um deles, de quem não citarei o nome, foi figura central de uma passagem hilária. Era tempo de estreia do espetáculo "Milton

Nascimento AH! ... e o Som Imaginário" no fabuloso Teatro Opinião. Pode-se afirmar sem medo de errar que este espetáculo comoveu e sacudiu com força toda a inteligência carioca, cobrindo de glória nosso Bituca e os seis integrantes da banda, com foco notadamente em Zé Rodrix – que era o cantor-organista-percussionista-ocarinista-flautista-estrela do grupo. O indivíduo acima citado, um chato de casca grossa e enrugada, habitante de um deplorável programa de TV da época, não nos poupava de sua arrogância na vida normal, quando simples mortais. Logo, porém, nossa fama chegou, e nos lambuzamos dela sem dó, garotos radiantes que éramos, talentosos e reconhecidos por quem interessava, com nossas belas cabeleiras tratadas, finamente vestidos nas melhores butiques da moda, com calças coloridas de astracã, sapatos caríssimos e túnicas indianas importadas.

Certa noite, após o show, fomos eu e Zé esticar no tradicional Bar Lagoa, onde dez entre dez personalidades musicais da zona sul carioca se esparramavam, na animada noite do Rio desse bom tempo. Lá estava nosso chato integral, numa alegre mesa com quatro ou cinco moças douradas, que tilintavam risadas com olhos de paixão – um autêntico personagem chato de um programa de TV chato, pavoneando seus feitos chatos em altos brados. Era natural que as pessoas espichassem o olho para nos espiar à nossa entrada, mas o cara foi além: no intuito de ganhar mais alguns pontos com suas fãs de ocasião, levantou-se com os braços abertos, e, em voz tonitruante, berrou: "José Rodrigues Trindade, meu grande amigo, o que há de novo?" – ao que o Zé, impávido e impassível, retrucou, passando ao largo: "O que há de novo, que eu saiba, é a nossa amizade; não lhe conheço." Seguiram-se as risadas das moças, um rápido sentar de nosso personagem e o burburinho de gargalhadas em todo o recinto. Eu e Zé nos acomodamos lá no fundo, vingados e felizes. Virou lenda urbana, mas é pura verdade. Eu estava lá e vi.

Zé era assim: não se envergonhava de nada e era capaz de pequenas crueldades, mas sempre em direção à justiça; simplista nunca, simples, leal e amoroso sempre, amigo dos amigos, inimigo dos inimigos. Aprendi muito com esse cara. Aprendi sobre a arte de fazer arte e respeitar a própria obra. Aprendi sobre como me livrar de preconceitos imbecis contra tendências sonoras, estilos literários e musicais e até acordes isolados – que considerava "caretas" sem motivo algum. Aprendi a ler a poesia além da palavra e a escutar a canção além da música. Dono de talento esférico, inteligência avassaladora e estilo personalíssimo, Zé Rodrix argumentou e dobrou um sem número de discutidores ferozes ao longo de sua vida. Em minha consciência mais profunda, atingiu aquele status só concedido a irmãos especiais: o de totalmente acima da crítica.

Uma única vez brigamos infantilmente e imediatamente fizemos as pazes. O ano de 2009 levou-o de nós, aos 61 anos, um passamento dentro do mais prosaico e miserável dos lugares comuns. Sua própria teimosia o matou sem maiores solenidades, vítima de um de seus poucos medos concretos, o dos médicos e hospitais em geral. Sopramo-lo em forma de cinzas ao mar, de cima de uma ponte pênsil em São Vicente, no litoral paulista. E sua ausência é, para mim, algo tão presente e sólido que poderia ser cortado à faca. Este foi, é e será sempre Zé Rodrix, luz pura embrulhada em forma de gente, e este é o raro tipo de prazer que ele nos proporcionava, a nós, a quem foi dado o direito de beber de sua inteligência e fluidez – e por conhecê-lo profundamente, partilhar de seus sonhos e feitos.

São tantas as histórias de vida que dividimos, que quase não consigo me conter de contá-las todas aqui; mas isso fugiria ao propósito deste texto, que é prefaciar esta belíssima obra de meu amigo Toninho Vaz, um jornalista e historiador exemplar, que faz aqui uma narrativa justa das múltiplas vidas e das três terríveis mortes de meu irmão-por-escolha, aquele que nunca foi apenas um número e uma impressão digital, o fabuloso José Rodrigues Trindade – ou, à moda de Jimmi Hendrix e de Asterix, simplesmente Zé Rodrix.

São Paulo, 13 de agosto de 2017, Tavito

A TERCEIRA MORTE DE ZÉ RODRIX - 2009

Quando o caixão chegou ao majestoso templo da Grande Loja de Maçonaria, na rua São Joaquim no centro de São Paulo, por volta das 19 horas do dia 22 de maio, foi imediatamente cercado pela multidão que se comprimia no salão nobre e se espalhava pelas escadarias até a calçada em frente. Era uma sexta-feira. Artistas famosos se misturavam a anônimos, alertados, todos, por emissoras de rádio e televisão que passaram a tarde inteira divulgando a trágica notícia. O velório de Zé Rodrix começava com três horas de atraso, porque o SVO – Serviço de Verificação de Óbitos – exigia que o corpo fosse submetido a uma autópsia, procedimento considerado padrão quando a morte acontece sem assistência médica. Houve controvérsias, pois alguns amigos, sobretudo os da maçonaria, consideravam que era evidente que a morte tinha sido natural, pois havia testemunhas. (Um funcionário argumentava: "É artista e morreu em casa? A morte é suspeita".) Afinal conseguiram evitar a autópsia, mas não conseguiram evitar o atraso da cerimônia.

O ritual fúnebre teve como cenário o amplo salão com piso de mármore e, nas paredes, quadros do artista Adélio Sarro – seis óleos sobre tela retratando as três figuras recorrentes na iconografia maçom: o pedreiro, o aprendiz e o mestre. O grão mestre Francisco Gomes da Silva, autoridade máxima da Grande loja, não hesitou ao autorizar que se usasse as instalações do templo para as despedidas do irmão. A cerimônia provocou comoção na legião de amigos e admiradores de Zé Rodrix.

Diante da família, no salão nobre da grande loja maçônica de São Paulo, 2009.

Foto: Amauri Stamboroski / Acervo Globo G1

Todos se mostravam abalados pela notícia. A mãe, dona Lourdes, passou a noite sedada, cercada por noras e netos. No velório, pela primeira vez, todos os filhos de Zé Rodrix estavam juntos, os seis, e – mais surpreendente ainda – todas as ex-mulheres: Lizzie, Edyr, Norma e Júlia. O príncipe Ronnie Von, seu amigo desde a juventude, passou a noite por ali, lutando contra a evidência de que "tudo era real". Aos prantos, a atriz Claudia Raia, a última pessoa a falar com ele pelo telefone, minutos antes, era amparada pelo marido, o ator Edson Celulari. A filha Mariana Rodrix, que tinha desesperadamente tentado reanimá-lo fazendo respiração boca a boca, se escondia atrás de uma coluna para não mais ver o pai morto. Alguns colegas de publicidade, entre eles Agnelo Pacheco, conversavam ao pé da escadaria para compartilhar a surpresa e o choque. A ex-colega de colégio, Ana Maria Santeiro, também sua agente literária, estava naturalmente chocada. A turma do Clube Caiubi, de música, representava seus relacionamentos em tempos de internet, assim como a turma da M-Música, uma rede de discussão virtual. A poeta Etel Frota chegava de Curitiba. O eterno Moacir Franco, amigo de toda a vida, foi dos primeiros a aparecer na madrugada. O parceiro Sá chorava copiosamente e Guarabyra, avesso às efemérides fúnebres, passou rapidamente ao lado do caixão, tempo suficiente para concluir que o morto estava sorrindo; "na verdade, o Zé estava prestes a dar uma gargalhada", diz ele. Parecia uma festa de arromba. O filho Tunico confirma a expressão de serenidade do pai: "Ele parecia muito tranquilo, quase sorridente".

A verdade é que não houve tempo para Zé Rodrix sofrer – talvez esta seja a explicação para a sua fisionomia tranquila. Foi tudo muito rápido. No começo da noite, ele estava com Júlia numa agência de viagem com a intenção de comprar duas passagens aéreas para Paris, quando começou a passar mal. Pediu para Júlia levá-lo para casa, rapidamente. Júlia ainda ponderou: "Já que vamos passar em frente a um hospital, porque não descemos para uma verificação rápida?" Ele refutou o convite argumentando com energia: "O que eu vou dizer para os médicos, que estou com calor? Coloquei a roupa errada? Vamos pra casa que vai passar." Sim, ele era reconhecidamente um teimoso, com aversão a médicos e hospitais.

Em casa o mal-estar se agravou. Deitado na cama do casal, no andar de cima, ele reclamou bastante e Júlia decidiu ligar para a filha dele (do casamento com a atriz Norma Blum), Mariana, que trabalhava no serviço de atendimento de um hospital. Ela recomendou que fosse chamada uma ambulância e rumou desabalada para a casa do pai, no Sumaré, onde chegou fazendo os procedimentos de um atendimento de emergência: verificou que ele estava sem pulso, fez respiração boca a boca e deu pancadas no peito para ativar o coração. Nada aconteceu. Ele estava visivelmente tendo um ataque cardíaco, sofrendo um infarto, mas mesmo assim repetiu para a filha a negativa: "Não quero ver médico". Minutos depois, quando a ambulância chegou, nada mais podia ser feito. Mariana viu quando os olhos do pai se velaram, baixando como uma cortina esbranquiçada, anunciando que naquele corpo não existia mais vida. Ela olhou para o rádio-relógio e viu os ponteiros marcando 00 hora do dia 22, ou seja, meia-noite do dia 21. Júlia permanecia ao lado dele enquanto os filhos Tunico e Bárbara aguardavam no andar inferior.

O parceiro Tavito, amigo de longa data, estava em casa, no bairro Paraíso, quando o telefone tocou trazendo a notícia que o fez desabar. Ele foi o primeiro a chegar ao Hospital de Clínicas, na ala Incor, na avenida Dr. Enéas, para onde o corpo fora levado.

Longe dali, no bairro Sion, em Belo Horizonte, Luiz Carlos Sá, estava deitado no sofá da sala assistindo televisão, quando o telefone tocou em plena madrugada. Era Tavito trazendo a má notícia. Atônito, Sá não quis acreditar: "Como assim? Aonde você está?", perguntou. E Tavito: "No hospital. O Zé está morto aqui, eu estou com a Júlia". Sá ligou imediatamente para Guarabyra, em São Paulo, que teve a mesma reação de incredulidade e, depois de muito hesitar decidiu seguir para o velório, no final do dia. Avesso que é às cerimônias fúnebres, acabou se refugiando no bar da loja, que manteve-se aberto no piso inferior.

Para Sá, foi um acontecimento brutal:

– Naquele triste 22 de maio aconteceu o impensável, o inimaginável, o imprevisível: Zé morreu. Meu espanto e sofrimento por esse fato não se devem somente à dor da perda de um amigo de mais de quarenta anos, o que já não é mole, mas também ao fato de que eu achava que o Zé não ia morrer nunca. Como pode morrer uma pessoa tão viva, tão ativa, tão irrefreável, que chegava a nos afligir com sua permanente atividade? E, de repente, o nada. Se até ele morreu, então todos nós somos realmente mortais.

Poderia ser mais uma "pegadinha" de Zé Rodrix, mas não era. Era o desfecho real, aos 61 anos, de uma vida rica e dinâmica, recheada de acontecimentos, sobressaltos e muitos eteceteras... Um fazedor de artes estava partindo, deixando seis filhos de cinco casamentos e um rastro de criações inusitadas, incluindo o ideário para o seu último suspiro, explicitado na formulação do seu próprio obituário, criado cinco anos antes:

"Gostaria de ter a causa mortis preferida de meu pai: assassinado aos 98 anos de idade com um tiro dado por um marido ciumento que o tivesse pego em pleno ato... mas hoje não mais. Pode ser de fulminante ataque cardíaco, dentro da minha biblioteca, perto o suficiente da família e dos amigos mas afastado o bastante para que, alertados pelos cachorros da casa, já me encontrem morto, com um sorriso nos lábios. Pode sepultar-me em pleno mar, sob a forma de cinzas, já que não poderei ser sepultado in totum no jardim da minha casa. Se conseguirem isso, no entanto, que não cobrem entradas para visitação, à moda do irmão da princesa: deixem que além das pessoas, os passarinhos e os animais da casa se refestelem no lugar, renovando diariamente o eterno ciclo da Natureza. Ao enterro devem, através de convite formal, comparecer todos que foram aos meus lançamentos de livro: nada mais parecido com um velório do que isso.

Peço parcimônia nos eflúvios emocionais: já as risadas devem ser francas e sem limite. Creio inclusive que prepararei com antecedência uma fita de piadas gravadas para animar o velório e manter o pessoal na boa. Como dizia o Bozo, "sempre rir, sempre rir...." La só deixarei a mim mesmo: mesmo os inimigos que comparecerem para ter certeza de que estou realmente morto podem voltar para casa em paz. Não pretendo puxar a perna de ninguém à noite e nem assombra-los depois de morto. Já os amigos podem contar comigo: havendo vida após a morte, volto para avisar, da maneira mais pratica e menos assustadora que me for possível. A cremação deve ser feita depois que todos forem embora cuidar de seus próprios afazeres: enfrentar as chamas do forno terrestre já será um grande introito para a vida eterna. Se conseguir, tentarei ser crooner da grande Orquestra de Jazz do Inferno, vulgarmente chamada de SATANAZZ ALL-STARS: como já vou chegar lá tenente ou capitão, dada a minha imensa taxa de maldades realizadas sobre a Terra, creio que não será difícil.

** Texto criado a pedido do poeta e compositor Felipe Cerquize, que preparava uma edição sobre o boato da morte de Paul McCartney, em 2004.*

Meu castigo certamente será cantar MPBdQ (MPB de Qualidade) *por toda a eternidade, mas mesmo com isso ainda se pode encontrar algum prazer, assim na terra como no inferno....é o que veremos a seguir. No enterro podem tocar de tudo, menos as músicas que eu tenha feito. Minha morte servirá certamente para que se livrem não apenas de mim mas também de minhas obras. Os herdeiros também não merecem ouvi-las, sabendo que nada herdarão de minha lavra, porque, sendo eu adepto da politica do VAI TRABALHAR, VAGABUNDO, como meu pai fez comigo, já tomei providências para que essas músicas não lhes rendam nem um tostão furado. Sendo um velório moderno, recomendo músicas de carnaval antigo, as indiscutíveis, claro, com algumas discretas serpentinas e confetes jogadas sobre o caixão, fechado, naturalmente. Morrer num sábado à tarde, ser enterrado num domingo antes do almoço, e estar completamente esquecido na manhã de segunda, sem atrapalhar a vida profissional de ninguém: eis a perfeição que desejo na minha morte. Muito grato. beijos Z"*

Agora ele estava ali, no caixão (esquife, ele diria, seguindo as citações bíblicas), vestindo um terno escuro, coberto de flores brancas, quase sorridente e parecendo provocativo. O templo maçônico na rua São Joaquim recebia um público inédito, tanto pela qualidade quanto pela quantidade, em uma cerimônia igualmente rara entre suas colunas monumentais. O ritual maçônico foi obedecido – como sempre – à rigor, e o músico Carlos Careqa lembra do momento em que um arauto paramentado com trajes ritualísticos, posicionado ao lado do esquife, bateu com um grande cajado no chão, três vezes, enquanto brandia o nome do falecido:

– José Rodrigues Trindade, se estás aqui e podes me ouvir, responde.

Três vezes, separadas por profundo silêncio, em uma sequência idêntica àquela narrada por ele anos antes no romance "Diário de um construtor do Templo", quando atribui ao rei Salomão a condução de um cerimonial ritualístico nos funerais de Hiram-Abiff, mestre construtor do Templo de Jerusalém, cerca de 1.000 a.C. Diz Rodrix na página 367: "Depois de saber que o mestre Hiram estava morto, Salomão chamou-o por três vezes para confirmar essa notícia, e, queimando em um braseiro um pouco de incenso, recordou-nos a todos de nossa piedosa e leal fraternidade". Zé Rodrix estava contextualizando, com sua pena e sensibilidade de escritor, um momento reconhecido pelos historiadores como "o nascimento da maçonaria".

No crematório de Vila Alpina, em cerimônia acompanhada por um pequeno grupo de parentes e amigos (Tavito, Sonekka, Elder Braga, Ana Santeiro), aconteceu o penúltimo capítulo de sua despedida. Para tudo se transformar em fogo. Júlia e os amigos deixaram o edifício carregando um saco com as cinzas do pequeno grande homem.

Um detalhe foi observado por todos. Eles falavam das coisas que o Zé deixava, dos filhos, das ex-mulheres, quando subitamente tiveram suas atenções despertadas por uma enorme galinha branca, que passou na frente deles, ao nível da rua, pois estavam subindo uma escada larga a partir do subsolo. Era uma galinha enorme, pomposa, que tirou de Júlia um comentário espirituoso:

– Essa eu não conhecia.

Conforme desejo expresso por José Rodrigues, depois de cremado suas cinzas deveriam ser jogadas no mar – podia ser na ilha Porchat, no litoral da baia de São Vicente, mais perto possível. Para ele, o importante era o mar. No dia seguinte, o mesmo grupo de amigos participava da última homenagem, jogando as cinzas do alto da ponte Pencil, em Santos. O velho parceiro Tavito e o novo Elder Braga, oriundo das redes sociais da internet, estavam entre eles.

A imprensa nacional repercutiu a morte do artista popular. As rádios tocavam suas músicas e os telejornais deram a notícia factual. A editoria de cultura do Estadão informava com agilidade na internet:

"Aos 61 anos, cantor e compositor Zé Rodrix morre na noite desta quinta-feira, no bairro do Sumaré, em São Paulo."

O site da revista Rolling Stones, especializada em música, estampava em manchete:

"Morre músico e compositor Zé Rodrix. O compositor e multi-instrumentista carioca Zé Rodrix faleceu na madrugada desta quinta-feira, em São Paulo."

Da Europa, onde morava, o escritor Paulo Coelho, parceiro quase desconhecido de Zé Rodrix, declarava ao jornalismo do portal Globo, na internet:

"Espero que Zé Rodrix esteja curtindo seu rock rural."

MOMENTOQUATRO

José Rodrigues Trindade nasceu no dia 25 de novembro de 1947, na Policlínica de Botafogo, avenida Pasteur, zona sul do Rio. Signo de Escorpião no horóscopo tradicional e Porco ou Javali no horóscopo chinês (ver Mapa Astral no final desta edição). Ao nascer, pesava 2 quilos e 200 gramas, era um bebê miúdo e com bastante cabelo. Predestinado a ser filho único de Hermano Trindade e Maria de Lourdes Trindade, teve uma infância normal e confortável no embalo dos maravilhosos anos 50. Ele nascia junto com o Plano Marshall, do governo norte-americano, fato que determinaria o início da Guerra Fria com a União Soviética – URSS –, estabelecendo o tom político dominante das próximas décadas. Como consequência, depois de caçar o registro, o Ministério da Justiça mandou fechar todas as sedes do Partido Comunista do Brasil. Era o inicio dos anos turvos do pós-Guerra. Neste momento, José Rodrigues já estava na coxia, se preparando para atuar.

Sabe-se que, quando tinha três anos, o garoto José ouviu, pela primeira vez, o som emitido pelo alto-falante de uma loja de disco que ficava em frente a um ponto de ônibus no bairro do Humaitá, e perguntou: "Mãe, porque a moça está falando desse jeito?" A mãe respondeu: "Ela não está falando, está cantando uma música." No futuro, Zé Rodrix iria lembrar que este foi o seu primeiro contato com a música, uma descoberta, ouvindo Dalva de Oliveira no clássico "Que será?":

o que será
da minha vida sem o teu amor
da minha boca sem os beijos teus?...

O pai, Hermano, de origem árabe, nasceu na mítica Rio de Contas, uma pequena cidade do interior da Bahia, quase na entrada da Chapada Diamantina. O pai de Hermano (avô de Zé Rodrigues, portanto), Zezinho, era personalidade destacada na região, pois tinha muitos filhos com nomes cujas iniciais seguiam o alfabeto: A, B, C até o O, totalizando quinze filhos. Hermano, portanto, era o oitavo filho. Todos eram músicos. Seu Zezinho, o fogoso, era casado mas tinha pelo menos três amantes, "filiais", na região. Esta devoção ao sexo oposto acontecia de forma quase natural: Zezinho era uma das poucas pessoas letradas da região. Era maçom como o filho Hermano e o neto José seriam mais tarde. E era entendido em leis. Nesta condição, ele sempre aparecia depois dos velórios para ajudar as viúvas em seus negócios.

Seus dotes literários ficaram registrados em alguns cadernos de anotações – e lhe deram fama de escritor. Em um deles, datado de 1933, esboçava uma peça teatral com muitos diálogos e a indicação na capa: Theatro.

Zezinho também era pintor de interiores reconhecido pelos frisos que pintava nas salas das casas, circundando no alto, quase sempre uma natureza morta. Se ele tivesse vivido algum romance com a dona da casa, mesmo que ela fosse casada, entre cachos de uva e abacaxis desenhava uma melancia aberta; caso contrário, quando a mulher não havia sido tocada por ele, a melancia aparecia fechada.

Hermano, um dos filhos, chegou a ocupar o posto de Mestre de Banda da Lira Euterpe, fundada pelo pai em Alagoinhas, cidade vizinha. Em Rio de Contas havia ainda a Sociedade Musical Lira dos Artistas, onde todos tocavam, era uma tradição. Muito cedo, Hermano mudou-se para o Rio de Janeiro, onde abriu uma tinturaria e conheceu Maria de Loudes, cantora amadora de voz excepcional, mas que nunca fez carreira profissional; era "do lar". Em depoimento prestado em 2007, ele explicava a sua formação musical:

– Meus pais desistiram da música antes de eu nascer, mas, de qualquer maneira, o meu pai foi o meu primeiro professor de música. Eu aprendi com ele, ele me ensinou até onde podia. Depois, me colocou no Conservatório Musical do Rio de Janeiro e de lá fui para a Escola Nacional de Música. Naquele tempo, você podia entrar com qualquer idade na escola. Fiz o curso mais longo, estudei contraponto, regência, composição, orquestração, estudei com gente muito boa, fui aluno do Arnaldo Estrela, do Frutuoso Vianna, gente muito legal.

A mãe, dona Lourdinha, era de Sapucaia, interior do Estado do Rio. Tinha dotes para ser cantora de rádio, mas nunca passou de uma promessa jamais estimulada. Era estoica como a maioria das mulheres da sua geração.

Por influência de Hermano, Zé Rodrigues, aos seis anos, foi estudar teoria musical, quando escolheu, para desgosto do pai, o acordeão como instrumento oficial. Seu Hermano tocava clarinete, bombardino e saxofone. Em seguida, percebendo que o filho tinha algum talento para música, Hermano colocou-o na escola de George Brass, acordeonista talentoso que rivalizava em prestígio com Mário Mascarenhas, cuja escola, na época, tinha cerca de mil alunos. Pela escola de Brass, em Copacabana, tinham passado alunos como Emir Deodato, Edu Lobo e Marcos Valle. João Donato e Luiz Eça também tocavam acordeom nesta época.

Ao recordar esses tempos para o radialista Toninho Spessoto, no programa "Papo de músico" da rádio USP, em março de 2009 (dois meses antes de falecer), ele argumentava justificando sua escolha:

– O acordeão estava na moda nos anos 50. Vários grupos de rock usavam acordeom, inclusive Bill Haley e seus Cometas. Art Van Domme construiu sua obra como músico de jazz usando acordeom. Foi graças a esta iniciação musical que eu me tornei um tecladista, um pianista.

Com a mãe, dona Lourdinha.

Acervo Pessoal

Os primeiros estudos para a alfabetizasção foram na escola municipal México, na rua da Matriz, em Botafogo. Desde o inicio o garoto se mostrava esperto em tudo que fazia – vivo e loquaz. Suas primeiras poesias foram reconhecidas e valorizadas pelos professores em sala de aula. Destas precoces manifestações, sobreviveu ao tempo um caderno de capa dura com a palavra Poesia impressa em baixo-relevo. Nela, o garoto José imprimiu vários poemas, textos intimistas ou confessionais, escritos a maioria à lápis. Por exemplo:

Vamos sorrir minha gente
Vamos cantar as tão velhas canções
Que o velho que mora na gente
Ensina, de há muito, a todos
Vamos sorrir com o mais leve sorriso
Que possa esticar nossas bocas
Ex-malignas e maldizentes
(não porque mal diziam, mas sim porque diziam mal)
(...)

Gostava de desenhar e logo tornou-se um leitor assíduo de histórias em quadrinhos, os gibis, que estavam sendo alçados à categoria de *comics* na literatura moderna. Estava sempre lendo Asterix, Mad (era admirador de Don Martin)... Com formação católica, nesta época fez a Primeira Comunhão, e posou no pátio da igreja para a foto oficial ao lado de outros garotos, todos em calças curtas e gravatas brancas. Em casa, sua companhia de todas as horas era o cachorrinho Bolinha, preto e sem pedigree algum.

Antes mesmo de se destacar como músico, Zé Rodrigues, ou simplesmente Zé, como era conhecido pelos amigos, destacou-se como ator infantil, participando do grupo de teatro amador do Colégio de Aplicação, onde cursou o ensino médio. Uma curiosidade: ele passou também no exame de admissão do Colégio Pedro II, muito conceituado, mas escolheu o Colégio de Aplicação para ficar junto de alguns amigos. Sua estreia no teatro aconteceria em 1964 na montagem de *O Auto da Compadecida*, de Ariano Suassuna, onde fazia o personagem João Grilo.

Dirigiu, aos 18 anos, uma peça de Martins Penna que tinha como ator principal o jovem Ricardo Villas, com quem ele faria história na música em um futuro muito próximo.

Foi durante uma peça no colégio que sua performance chamou a atenção da diretora e autora Maria Clara Machado, que o convidou para cursar, gratuitamente, a conceituada escola de interpretação do Teatro Tablado, criado por ela em 1951.

Sua estreia no palco do Tablado aconteceu em *Arlequim, servidor de dois patrões*, um original italiano de Carlo Goldoni, em cuja ficha técnica ele aparece interpretando dois personagens: "criado e carregador: José Rodrigues".

No ano seguinte, 1965, quando se comemorava o 4º. Centenário do Rio de Janeiro, ele voltava ao palco do Tablado na montagem de *O cavalinho azul,* peça escrita e dirigida por Maria Clara

Machado, onde também interpretava dois personagens: o cavalinho e o homem da cidade, como consta na ficha técnica.

O colega Sergio Flacksmann, que estava na turma imediatamente anterior por ser mais jovem, lembra que Zé Rodrigues agitava os saraus do Tablado, tocando piano, cantando, dançando...:

– Ele era muito talentoso e exibido, era a estrela do teatro e dos saraus de música, pois no colégio existia um piano. Ao mesmo tempo que o Zé era exibido, era também muito generoso e, posso garantir, a melhor companhia para matar aula.

Nesta mesma geração, porém dois anos atrás no colégio, estudava Ana Maria Santeiro, que seria uma amiga eterna. Mas, nesta época, ela era apenas uma menininha.

Pode-se dizer que a vida para ele se resumia, enquanto espaço físico, em ações restritas a esta área do Jardim Botânico, orla da lagoa Rodrigo de Freitas, onde ficava o Tablado e, muito perto, o Colégio de Aplicação. Zé Rodrigues e os pais moravam na parte alta da rua João Afonso, no Humaitá, no início da rua São Clemente, divisa com Botafogo. Mesmo no colégio – um estabelecimento conceituado pela qualidade da pedagogia – ele continuava participando com disposição do grupo de teatro e de outras atividades artística e culturais. Aos 13 anos foi matriculado como o número oito no Clube de Ciências do colégio, com direito a carteirinha com foto 3 x 4. Estava sempre desenhando, dançando ou cantando. Aliás, disposição era o que não lhe faltava; José Rodrigues era o que se podia chamar de "um jovem superativo", praticando várias atividades ao mesmo tempo. Era um grande contador de piadas, um precursor da *stand up comedy*, especializado em imitar sotaques de português, árabe e italiano. E assim seria para sempre.

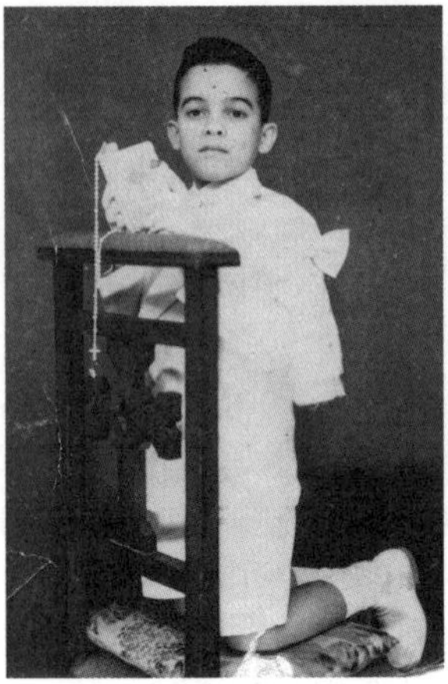

Primeira comunhão, 1956.

Acervo Pessoal

A vida se expandia em completa harmonia com a cidade do Rio de Janeiro. No inicio dos anos 60, Zé Rodrigues já circulava com desenvoltura, frequentando principalmente os lugares da moda em Copacabana, o bairro *chic*, a internacional princesinha do mar, onde imperava na paisagem o majestoso Copacabana Palace. Seu programa favorito era andar pela Galeria Dezon, sempre cheia de artistas, e pelo Clube dos Rafaéis, exclusivíssimo, assim denominado por reunir artistas plásticos que se consideravam a reencarnação de Rafael Sanzio, da escola de Florença. Soberba pura. No clube, ele podia ouvir um bom jazz, de preferência daquele com a formação clássica de piano, baixo e bateria. (Ele, precocemente, gostava de Charles Mingus.) Foi neste ambiente algo intelectualizado que Zé Rodrigues conheceu um jovem de 20 anos que seria seu amigo para sempre: Ronaldo Lindenberg Von Schilgen Cintra Nogueira, que logo ficaria conhecido como Ronnie Von. Ronnie estava no último ano da escola de cadetes da aeronáutica, em Barbacena, MG, e era três anos mais velho. Ele estava passando férias em casa quando se conheceram na praia.

Ronnie Von era o príncipe quando conheceu Zé Rodrix.

Acervo Tavito

Os dois amigos, Zé e Ronnie, eram antenados em assuntos culturais do momento: surrealismo nas artes e existencialismo na filosofia. Estavam lendo Sartre, Simone de Beauvoir, Kafka – fato que lhes outorgava uma carteirinha imaginária do clube da "esquerda escocesa", ao debater questões filosóficas profundas bebendo uísque 12 anos – pelo menos no caso de Ronnie. Intimamente, eles se consideravam *beatniks*, uma espécie de hippies urbanos e letrados, com forte inclinação para a poesia. A partir de então, como resultado de uma forte miopia, o figurino de Zé Rodrix ganhava um par de óculos de grau, definitivamente.

Na memória de Ronnie ficou uma constatação inequívoca desta época:

– Apesar de ser três anos mais jovem, o Zé era mais versátil do que eu, dominava vários assuntos: arte, filosofia, jazz. E não bebia. Certa vez me deu de presente um LP de jazz com uma gravura na capa, "O velho guitarrista", de Picasso. Muito sofisticado. Foi ele quem me ensinou a jogar xadrez, hoje um dos meus hobbies favoritos.

No Colégio de Aplicação, onde conseguiu se matricular depois de ser aprovado em teste de capacitação, Zé tornou-se amigo de dois outros garotos que também gostavam de gibis, teatro, música e sabiam tocar violão: Mauricio Mendonça e David Tygel. Sem contar com Ricardo Villa que, além de teatro, também curtia música. Ricardo era dois anos mais novo do que ele, mas Mauricio e David tinham a mesma idade, mas eles não estudavam na mesma turma porque Zé Rodrigues tinha repetido um ano.

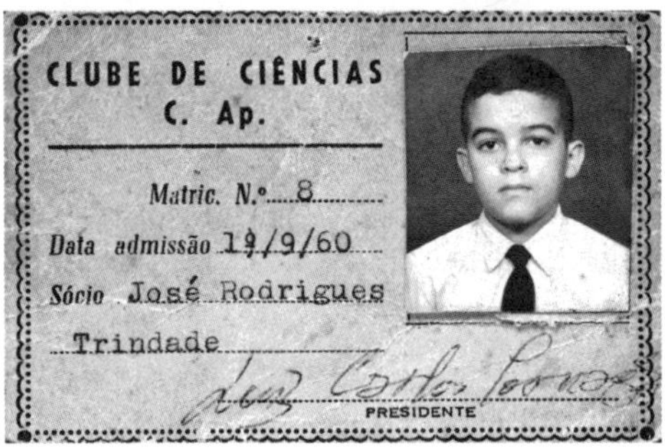
CLUBE DE CIÊNCIAS
C. Ap.
Matric. N.º 8
Data admissão 19/9/60
Sócio José Rodrigues
Trindade
PRESIDENTE

Nas fileiras do Colégio de Aplicação.

Acervo Pessoal

O tijucano Mauricio, logo batizado de Maestro, gostava de desenhar e, neste ponto, tinha algo em comum com Zé Rodrigues. As reuniões que o grupo promovia em uma sala conquistada no colégio foram o embrião de uma bela experiência, digamos, cultural. No clube dos desenhistas tinha um rapaz, dois anos mais novo, que ainda faria história no traço ilustrativo: Claudio Paiva. Juntos, eles organizaram uma discoteca no colégio e, motivados pela onda de sucesso trazida pelo festival de música da TV Record, em 1966, sonharam que podiam fazer canções para competir nestes eventos. E fizeram. Com um detalhe: eles não queriam ser cantores; queriam ser compositores.

Um judoca, apesar de tudo.

Acervo Pessoal

No inicio era um sexteto, com a participação de Ana Celia Guertner e Sergio Flaksman, mas quando o grupo finalmente se organizou, ficou reduzido a um quarteto vocal: Zé Rodrigues, Mauricio Maestro, David Tygel e Ricardo, que adotava o sobrenome Sá. O primeiro lance de destaque do quarteto foi vencer o festival interno do colégio, em 1966, concorrendo com outros grupos musicais. Com uma curiosidade significativa: fazendo parte do juri estava Luis Carlos Sá, compositor, que lembra do primeiro encontro com os futuros amigos:

– O grupo deles se destacava mesmo. Ganhou o festival sem dificuldade. Depois, nos camarins (quer dizer, nas salas de aula do Aplicação reservadas para este fim...) fiz amizade instantânea com seus componentes, pouco mais novos que eu.

Eles queriam poder apresentar suas próprias canções com o objetivo de sensibilizar possíveis intérpretes. Foi com esta intenção que eles foram à casa de Dedé Veloso, ainda noiva de Caetano, que talvez pudesse ajudar. A lembrança é de Maurício:

– A Dedé ouviu e foi categórica. Disse que nós mesmos deveríamos interpretar nossas músicas, bastava dar uma lapidada no vocal e estava pronto. Foi um grande estímulo.

Mas o passo determinante foi mostrar o trabalho para a amiga Regina Werneck, a Regininha do Quarteto em Cy, casada com o maestro Oscar Castro Neves, àquela altura envolvido até o pescoço com inúmeras atrações do festival. O evento, cercado de enorme expectativa, estava marcado para outubro de 1967. Eles tiveram que correr com tudo, inclusive com a definição do nome: MomentoQuatro, Momento 4 ou Momento4uatro, como também seria grafado.

O Momento 4 no festival da Record, 1967: David, Mauricio Maestro, Zé Rodrix e Ricardo Villa.

Acervo Maurício Maestro

A ligação de Castro Neves com Fernando Lobo, compositor, produtor e pai de Edu, foi decisiva para eles se encaixarem na apresentação de *Ponteio*, música que Edu defenderia com Marilia Medalha, Quarteto Novo e, agora, com o Momento4. Zé Rodrigues era o mais velho do grupo, com 19 anos.

O resultado é conhecido: eles venceram o Festival e levaram ao delírio uma plateia inflamada pela disputa entre quatro campeãs de audiência: *Domingo no parque*, de Gilberto Gil, segunda colocada; *Roda viva*, de Chico Buarque, terceira; e *Alegria, alegria*, de Caetano Veloso, quarta colocada. No palco do teatro Paramount, na avenida Brigadeiro Luís Antônio, eles repetiram para uma plateia inflamada o refrão em estado de apoteose: "Quem me dera agora eu tivesse a viola pra tocar."

A estreia em disco com o Momento Quatro

(1968) Momento Quatro (Momento Quatro) • Philips • LP Desenho de capa de Roberto Eppinghans.

Durante o festival, Zé Rodrigues seria apresentado ao músico Aquiles Rique, do grupo MPB4, que estava defendendo a música de Chico Buarque, *Roda viva*, e seria seu amigo para sempre, inicialmente à distância e, depois, mais próximos. Na lembrança de Aquiles, os garotos se fizeram notar:

– Nós, que tínhamos um quarteto vocal, ficamos curiosos em saber quem poderia estar querendo tomar o nosso lugar na MPB.

Eu fui ver eles ensaiarem, as apresentações, tudo. Os garotos eram bons.

O sucesso teve consequências imediatas. Eles passaram a fazer parte do cartel de músicos revelados no calor dos festivais. Participaram do Festival de Música de Niterói, em 1967, quando venceram interpretando *Canto da praia*, de Eduardo Lages e Paulo Machado.

Foram contratados para se apresentar com Nara Leão em uma temporada no Teatro de Bolso, quando trabalharam com arranjadores consagrados, como o próprio Castro Neves, Toquinho e Paulinho Nogueira. Entraram em estúdio para gravar o primeiro compacto duplo, que marca a estreia de Zé Rodrix em disco, ainda em 1967, e o primeiro LP, pelo selo Elenco, chamado exatamente MomentoQuatro, em 1968. Era uma evolução instantânea, pois eles gravaram composições próprias, assinadas pelos quatro, mas tinha também parcerias de Zé Rodrigues e Ricardo com a cantora e compositora Joyce. No histórico da produção, um desastre: o primeiro dia de gravação, com arranjos especiais e inspirados de Rogério Duprat, foi perdido. Alguém gravou em cima as gravações do segundo dia. Era quase a metade do disco, ou seja, cinco ou seis faixas. Eles ficaram desolados...

Convivendo com os óculos desde cedo.

Acervo Pessoal

No final dos anos 60, a referência de moradia para a maioria dos músicos que circulavam pelo Rio, batalhando emprego e oportunidades, era uma pensão que existia em Botafogo, perto do túnel do Pasmado, conhecida como Solar da Fossa. Era, oficialmente, a Pensão Santa Terezinha, um casarão colonial com um jardim de inverno no centro e cerca de 80 apartamentos, grande o suficiente para abrigar centenas de aventureiros. Era uma espécie de esconderijo, onde tinha de tudo: advogados de porta de cadeia, putas, travestis, guerrilheiros, músicos, poetas, atores, jornalistas... Com um detalhe: os cabeludos acompanhavam a tendência mundial e aguardavam ansiosamente a anunciada Era de Aquarius, a libertação da juventude e de todos os "homens de bem". Era o tema do musical Hair, por enquanto sucesso apenas nos EUA.

O parceiro Ricardo morava no Solar, mas outros músicos da mesma geração também, todos concentrados em criar canções para competir em festivais: Caetano Veloso, Paulinho da Viola, Guarabyra, Fredera, MPB4, Zé Keti, Naná Vasconcelos, Laudir de Oliveira eram moradores fixos. Luis Carlos Sá dividia um pequeno apartamento com David Tygel. Zé Rodrix, assim como o baterista Robertinho Silva e Torquato Neto não moravam no Solar, mas estavam sempre por lá. O polêmico produtor Carlos Imperial, um revelador de talentos, aproveitava os preços módicos da pensão administrada por dona Jurema para alojar seus contratados, como fez com Tim Maia, Hyldon e Fábio, este famoso pelo eco da música que lhe garantiu um sobrenome: Fábio Stellaaaa.... O ator Mauro Mendonça, também morador, dizia com a voz carregada de veneno e malícia que o Solar era "um antro de delinquentes". O casarão ficava em frente à cervejaria Canecão, inaugurada em 1967, exatamente onde foi construído o primeiro shopping center da cidade, o Rio Sul.

O parceiro Ricardo era um compositor precoce e determinado, com planos pessoais de fazer arte – e planos coletivos de fazer revolução. Eles se tornaram bastante amigos. No futuro, Ricardo iria se declarar admirador dos vários talentos de Zé Rodrigues, que se dizia primo do comediante Zé Trindade, o rei das chanchadas, aquele do bordão "mulheres, cheguei". (O fato é que, na vida real, o comediante se chamava Milton da Silva Bittencourt):

– O Zé era bom ator, bom músico e, no contato pessoal, um sujeito muito divertido. Um grande contador de piadas. Era talento à flor da pele.

Mauricio Maestro repete os elogios e acrescenta um detalhe pertinente, em se tratando de um rapaz plural como Zé Rodrigues:

– Ele desenhava muito bem.

Apesar das aparências, o grupo Momento4 chegou ao fim não exatamente pelo fato de Ricardo Villa ter sido preso pelo Dops (Departamento de Ordem Política e Social), por envolvimento com atividades do movimento estudantil, como bem lembra Mauricio Maestro:

– O grupo foi se espalhando antes disso e se desmotivando aos poucos. Ficou o desejo em cada um de seguir carreira individual. Eu e o David criamos o grupo Boca Livre com o Claudio Nucci e o Zé Renato; o Ricardo entrou na clandestinidade, foi preso, trocado pelo Embaixador americano Elbrick e saiu exilado para a Europa; o Zé parecia dar sinais de querer seguir carreira solo... Mais tarde ele diria que o Momento4 foi o embrião do Boca Livre.

A última apresentação do Momento4 aconteceu no Festival da TV Record, quando eles interpretaram *Charrete*, de Zé Rodrix, que não foi classificada.

É verdade que, ao completar vinte anos, a música mantinha presença crescente na vida de Zé Rodrigues, mas a paixão pela carreira de ator continuava igualmente estimulada. Logo ele estaria frequentando o Conservatório Nacional de Teatro, no prédio da UNE, na praia do Flamengo, onde as atividades culturais eram mais adultas e engajadas. Em 1968, entrou para o grupo artístico de resistência cultural, o Gral, que pregava a renovação do teatro brasileiro diante da nova realidade política, agora sob o poder discricionário do AI-5, ato institucional que dava aos militares condições jurídicas para restringir, perseguir e matar possíveis insurgentes.

Nos conservatórios, Zé Rodrigues sentia-se em casa, atuando em duas frentes: teatro e música. Era mais engajado na arte do que na política. Conheceu o diretor amazonense Wagner Mello, a diretora Ana Maria Taborda e a jovem Hildegard Angel, que entra nesta história como sua primeira namorada "séria". Juntos, no primeiro semestre de 1969, os integrantes do grupo Gral se envolveram numa boa aventura, em nome do teatro. Alguém apareceu com a ideia de que a cidade de Porto Alegre estava vivendo uma efervescência cultural estimulante, que talvez fosse conveniente arriscar... etc. Afinal, cair na estrada era uma tendência comum a muitos jovens nesta época, dita "revolucionária". Eles decidiram, então, encenar em Porto Alegre a peça *Berenice*, no Teatro Permanente de Porto Alegre (TPPA) com direção de Wagner. Mas havia também o núcleo de música, agregado, com Zé Rodrigues, Ronaldo Tapajós, Bainho, Walquíria, cantora, e Carlinhos Batera. De natureza anárquica, o grupo se autodenominava *Primeira Manifestação da Peste*, numa referência ao dramaturgo Antonin Artaud.

A viagem para Porto Alegre foi de ônibus e durou mais de quinze horas. Para facilitar as condições de trabalho, eles conseguiram uma casa emprestada de uma amiga, em Belém Novo, quase na zona rural da capital gaúcha, onde ficaram dois meses. Depois, com a intenção de encurtar as distâncias, alugaram um amplo apartamento de três quartos no bairro Menino Deus, onde foram instaladas as dez pessoas da equipe. Ficava na rua José de Alencar, muito perto do estádio Beira Rio, do Internacional, cujos festejos de inauguração eles acompanharam de perto.

Não foi fácil administrar as bases. Além da censura às várias peças do grupo, o que significava uma dificuldade extra, Hildegard, ou Hilde, como era conhecida, lembra que faltava dinheiro quase sempre – e que ela cozinhava para todos. O prato mais popular no cardápio era o sanduiche Bauru, uma tradição entre os jovens, servido todas as noites como opção única. Como pequena compensação por tantos esforços, Zé Rodrigues conseguiu publicar alguns textos no prestigiado tablóide Zero Hora, da capital gaúcha. Deu entrevistas a rádios e programas de televisão; foi tratado como músico consagrado, ganhador de festival. O resultado, do ponto de vista financeiro, era inócuo. Foram seis meses de precariedade, passando fome, até que a casa caiu.

Resumindo a experiência teatral do grupo em Porto Alegre, Hilde não faz cerimônia e nem usa de eufemismos:

– Não fizemos nenhum sucesso, nenhum.

Zé Rodrigues foi um dos primeiros a cair fora. Hilde foi uma das últimas a abandonar o barco. Ela reconhece a delicadeza do momento:

– Tínhamos uma relação amena, ao som do violão e de novas composição, que jorravam aos borbotões em todas as horas do dia e da madrugada. Se houve uma discussão séria entre eu e o Zé, foi porque ele decidiu voltar para o Rio e eu, cabeça dura, permaneci em Porto Alegre, mesmo sem qualquer perspectiva de trabalho. Ele foi mais sensato. A turma foi partindo...

No final, para resgatar seus objetos acumulados ao longo deste tempo, Hilde contou com a ajuda do pai, que se deslocou do Rio numa Kombi, em uma viagem de quase 24 horas. Ela era filha de uma figurinista famosa, Zuzu Angel, que entraria para a história do Brasil como uma vítima clássica da ditadura militar. Ela e o filho Stuart Angel, irmão de Hilde, este sim uma vítima exemplar e fatal da truculência dos militares; acabou torturado e morto nas dependências do Galeão.

(Neste ponto, o autor desta biografia sente-se à vontade para imaginar que, no futuro, quando Zé Rodrix fosse contar que tinha namorado a famosa colunista social Hildegard Angel, do jornal O Globo, poucos iriam acreditar; apenas aqueles que não o conheciam. Em suas anotações foi encontrada uma palavra de ordem onde exclamava: "Mente! Que a verdade eu já sei de cor e prefiro a ilusão".)

De volta ao Rio, no final de 1969, Zé Rodrigues se preparava para alçar voo com um seleto grupo de músicos em torno da grande revelação da MPB, o mineiro Milton Nascimento. Foi quando ele mudou de nome. Testemunha ocular desta história, Mauricio Maestro garante que a principal motivação foi homenagear Jimmy Hendrix, seu ídolo, falecido naqueles dias; em segundo lugar, era também uma homenagem ao personagem Asterix, da história em quadrinhos dos italianos Uderzo e Goscinny, que eles costumavam ler. O fato é que, quando o grupo Som Imaginário foi criado oficialmente, em 1970, com toda pompa e circunstância, seu nome aparecia assim na ficha técnica de discos, panfletos e cartazes: Zé Rodrix.

SOM IMAGINÁRIO

A banda já existia antes mesmo de ser batizada. Era formada, em sua maioria, por músicos mineiros que acompanhavam Milton Nascimento desde a explosão de *Travessia*, megassucesso do Festival Internacional da Canção de 1967. A formação tinha Tavito (violão), Wagner Tiso (piano) Robertinho Silva (bateria), Luiz Alves (baixo), Laudir de Oliveira (percussão) e Zé Rodrix (vocais e teclado). Logo depois, entraram Fredera (guitarra) e Naná Vásconcelos, que substituiu Laudir na percussão. Basicamente era isso.

Nestes dias, o ponto de encontro desta turma era um bar no Leme chamado Sachinha's, que ficava ao lado de sua matriz, o boate Sacha's, onde mais tarde seria construído o Hotel Meridien. A separar os dois bares, a sofisticação de um e a informalidade do outro, fator que influenciava na tabela de preços. Por isso eles frequentavam o Sachinha's.

O mineiro Tavito tem lembrança da noite em que conheceu Zé Rodrix, em reunião festiva na casa de David Tygel, ainda na época do Momento4. Não houve muita conversa entre eles, neste dia. Tempos depois voltaram a se encontrar no Sachinha's, quando Tavito lembra de ouvi-lo tocar maravilhosamente uma valsa ao piano. Sua primeira impressão:

– Ele era baixinho, miúdo, mas seu som era denso, visceral. Vestia um colete de couro preto até a altura dos joelhos e usava óculos redondos, com lentes grossas. Mesmo ali, no bar, ele tocava como se estivesse se apresentando para uma grande plateia. Fiquei impressionado e fui me apresentar. Como o Som Imaginário foi praticamente arregimentado neste botequim, logo eu e o Zé seríamos parceiros na banda.

No início dos anos 1970, com o famoso colete.

Acervo Tavito

A estreia da banda com o nome Som imaginário, em 1970, simbolizou uma nova etapa também na carreira de Milton, que os amigos ainda hoje chamam de Bituca. Foi uma temporada de várias semanas na arena do pequeno Teatro Opinião, em Copacabana, que se traduziu em grande sucesso de público e crítica. A noite de estréia caiu na sexta-feira da paixão. O novo formato da banda, projetada para entrar firme no mercado fonográfico, era ideia do empresário José Mynssen e de sua irmã Maria, que visualizavam o momento como "uma arrancada pop de Milton". Maria Mynssen cuidava dos figurinos, acompanhando a tendência da moda no melhor estilo *showbiz*. Foi José quem batizou o grupo de Som Imaginário (Na verdade, o nome completo era assim, feito uma expressão idiomática: "Ah, e o Som Imaginário"). Eles arquitetaram a explosão do Clube da Esquina, movimento criado em Belo Horizonte que reunia uma geração de novos e esfuziantes talentos: Fernando Brandt e Marcio Borges (compositores), e os músicos Lô Borges, Beto Guedes, Toninho Horta, Nelson Ângelo, etc... Todos trabalhando, neste momento, em função de Milton.

Em suas memórias, no futuro, Zé Rodrix registraria com suas palavras o momento em que o destino definiu o seu caminho:

– Foi em dezembro de 1969. Eu e o Tavito estávamos na praia do Leme, deitados tomando sol, quando apareceu um sujeito chamado José Mynssen, dizendo que procurava por Zé Rodrigues. Ele saudou o Tavito ao lado, que já conhecia, e contou o plano de montar uma banda para acompanhar Milton Nascimento. Vocês topam? – perguntou ele.

Pelo lado da Odeon, que se preparava para promover o lançamento do Som Imaginário no mercado fonográfico, o principal incentivador do projeto era Milton Miranda, diretor artístico da gravadora. Em seu depoimento ao programa Papo de músico, de Toninho Spessoto, décadas depois, Zé Rodrix reclamava da ausência de Miranda nos anais da MPB:

– O Milton foi esquecido, mas merecia mais atenção. Morreu sem deixar sequer um depoimento no famigerado MIS – Museu de Imagem e Som. Ele foi muito importante para a MPB, cuidou dos lançamentos do Som Imaginário, Clube da Esquina, Clara Nunes, Pery Ribeiro, Milton Banana Trio e João Donato.

Foi um período criativo e, paradoxalmente, traumático para a vida nacional, com o país vivendo o hiper-realismo da ditadura militar. Em 1970, havia tensão e violência nas esquinas, censura a jornais e livros, reuniões políticas proibidas... Como reação, as válvulas de escape garantiam a diversão da juventude rebelde e inquieta, tornando a vida um pouco mais romântica, via drogas e rock'n roll. Liberdade é uma calça velha, azul e desbotada, dizia a propaganda do *blue jeans*, o novo uniforme da juventude progressista.

Nesta época, a companhia mais frequente de Zé Rodrix pelo Rio de Janeiro era a cantora e compositora Lucinha (mais tarde, Lucina), que tinha o mesmo sonho que ele: fazer música, viver de arte. Ela tinha criado, anos antes, com Gracinha Leporace, também cantora, o Grupo Manifesto, do qual fizeram parte Guarabira, Zé Renato (vocalista), Guto Graça Melo (compositor), Junaldo (cantor) e Mariozinho Rocha (compositor). Foi o grupo que acompanhou

Guarabira no Maracanazinho, no dia da consagração de Margarida. Foi Lucinha quem levou para casa o troféu que Guarabira recebeu das mãos da atriz americana Kim Novak.

Zé e Lucinha se conheceram na casa de Joyce, cantora, onde um grupo grande se reunia em torno de um violão, e ficaram amigos para sempre. Pareciam namorados, mas não eram, ela garante:

– Fizemos boas coisas juntos, sempre circulando pela cidade. Chegamos a pensar em casar, de mentirinha, apenas para ter uma casa e ganhar alguns móveis... Participamos do mesmo festival de música da TV Record, em São Paulo, cada um com sua música, quando tivemos uma convivência muito forte com os tropicalistas, inclusive com o empresário Guilherme Araújo. Quando voltamos de São Paulo, o Zé conheceu a Lizzie e nossos encontros ficaram raros.

Da esquerda: Rodrix, Wagner Tiso, Robertinho Silva, Fredera, Luiz Alves e Tavito, o Som Imaginário, 1971.

Acervo Tavito

Com Lizzie grávida de Marya que assumiria o sobrenome Bravo.

Acervo Tavito

Para Zé Rodrix, nova vida, novos amores. O novo trabalho no Som Imaginário coincidiu com o namoro e o casamento com Elizabeth Bravo, que ele encontrou pela primeira vez nos ensaios da banda no Teatro Opinião. Ela lembra do beijo que ganhou neste mesmo dia e do livro que ele estava lendo, onde tinha o nome Marya, escrito com y. Ele comentou: "Quando eu tiver uma filha vai se chamar Marya, com y".

A nova namorada tinha uma história no mínimo curiosa para contar, principalmente para músicos: aos 16 anos tinha vivido em Londres e frequentado o estúdio dos Beatles em Abbey Road. No seu currículo de fã privilegiada, uma pequena participação na gravação de *Across the universe*, fazendo parte no coro. Naquele dia, no estúdio, além dos quatro fabulosos, estavam técnicos, produtores e o mago George Martin, maestro e arranjador da obra fundamental dos Beatles. Em homenagem aos ídolos britânicos, assim que soube da música criada e gravada por eles, Dizzy Miss Lizzy, Elizabeth passou a adotar "para sempre" o nome Lizzie Bravo.

A estreia em disco com o Momento Quatro

(1970) Som Imaginário (Som Imaginário) - Odeon - LP, CD.

Este momento coincide com a saída de Zé Rodrix da casa dos pais. Primeiro, ele e Tavito foram morar em um apartamento emprestado pelo empresário José Mynssen, em Copacabana, na rua Princesa Isabel a poucos metros do Sachinha's. Depois, os dois e mais Marco Antônio Araújo (guitarrista mineiro que faleceu em 1986) alugaram um apartamento em Copacabana, na rua Raul Pompéia, esquina com a Francisco Sá. O novo endereço – ou "pedaço" – facilitava os encontros cada vez mais frequentes dele com Lizzie, que logo fez a mudança para o mesmo endereço. Os quatro formavam um grupo esfuziante, acompanhando o prestígio crescente da banda Som Imaginário. Mesmo sem beber, Zé e Lizzie continuavam fazendo festas no Sachinha's e no bar do Careca, também no Leme. Tudo estava flanando. Pelo menos, ele via assim:

– Era uma época muito interessante, porque havia o conceito *hippie* de vida, era muito legal, a gente vivia verdadeiramente, acreditava naquilo que vivia, a gente vivia de forma comunitária, absolutamente solto, livre de preconceitos. O que um tinha era de todos, o dinheiro era comum, a comida era de todos.

Com o parceiro Tavito, uma amizade sólida.

Acervo Tavito

Poderia ser mais uma fantasia criada pela mente fértil de Zé Rodrix, por isso, no futuro, pouca gente acreditaria quando ele afirmava que era advogado, formado em Direito. E era mesmo fantasia, embora ele afirmasse isso algumas vezes. Na verdade, ele foi aprovado no vestibular para o curso de Direito na Faculdade Cândido Mendes, no ano letivo de 1970, mas não frequentou a sala de aula por muito tempo. Seu trabalho na banda não permitia. No curto espaço na escola, foi colega do capixaba Flávio y Spirito Santo, morador do Solar da Fossa, que tem lembrança de encontrá-lo nos corredores da faculdade, perto da praça XV:

– Assim como Zé Rodrix, eu também abandonei a escola para tentar ser músico. Como se sabe, ele foi mais longe do que eu.

O sucesso da temporada no Teatro Opinião estimulou a marcação de um novo show, uma mini temporada de Milton e o Som Imaginário no Teatro da Praia, agora com direção de Márcio Borges, que muitos consideram o arquiteto do Clube da Esquina. Marcinho, como era chamado, foi o primeiro parceiro (letrista) de Bituca. Ele tinha conquistado um prêmio especial, denominado Inventiva formal, no prestigiado Festival de Cinema de 16 mm, do

Jornal do Brasil, em 1967, e usou de seus conhecimentos estéticos para criar o cenário do show, colocando cada músico em sua devida jaula. Durante a movimentação, correndo de um lado para o outro, ele se desequilibrou e caiu escada abaixo, quebrando dois ossos do braço esquerdo. Passou a temporada inteira – um mês no Teatro da Praia – com o braço no gesso.

No final, foi "contabilizado" mais um sucesso de público e crítica. Neste show, Naná Vasconcelos aparecia no lugar de Laudir de Oliveira, que embarcava para os EUA, para continuar como percussionista de Sérgio Mendes & Brasil 66, grande sucesso mundial.

Um terceiro show foi marcado em seguida para a boate Sucata, na Lagoa Rodrigo de Freitas, também com direção de Marcinho Borges. Sobre este show, um detalhe que não passou despercebido de nenhum músico e nem do próprio Zé, que anos mais tarde declarava ao Museu Clube da Esquina, de BH:

– Eu me lembro que a mulher do Vinícius de Moraes, uma delas, mas eu não me lembro o nome, levou o escritor Paulo Mendes Campos para assistir ao nosso show. Era em uma boate e, portanto, o Paulo chegou lá e encheu a cara, estava de porre e começamos a tocar som elétrico, com guitarras, uma novidade. Ele era um purista, ficou com os cabelos em pé. Aí quando o Milton entrou para começar o show, disse: "Hoje faz tantos anos da morte do Villa-Lobos e esse show de hoje é dedicado a ele". E o Paulo Mendes Campos gritou: "Ah, é, é? Não parece!". Milton falou: "Não parece, mas é!". E foi um show feito numa tensão danada.

No final da temporada, mais um sucesso de Milton e Som Imaginário, marcando a estreia do guitarrista Frederico Mendonça, o Fredera, que reconhece nunca ter tido um relacionamento fácil com Zé Rodrix:

O Som Imaginário com Zé Rodrix ao telefone e Tavito abraçado ao violão.

Acervo Tavito

– O Zé era uma apoteose mental, levava todos os assuntos às últimas consequências. Era muito inteligente e tinha grande memória, mas seu "giro" me cansava. Ele tinha uma ansiedade galopante, queria fazer tudo. Como músico, eu não me identificava nada com ele. Era um criador de factóides musicais.

Há controvérsias, pois em seu livro de memórias, *Os sonhos não envelhecem*, Marcio Borges fala assim da música *Feira Moderna*, sucesso de Beto Guedes e Fernando Brant:

– O Som Imaginário realizou a versão definitiva dessa música. As intenções de Zé Rodrix de tal maneira impregnaram a melodia que dela nunca mais puderam se separar, passando a fazer parte integrante da música, especialmente aquele *riff* que acabou virando marca essencial.

Feira Moderna foi defendida pelo Som Imaginário no FIC de 1970, quando a canção vencedora foi *BR-3*, de Antônio Adolfo e Tibério Gaspar, interpretada por Tony Tornado.

Para o baterista Robertinho Silva, "a versatilidade de Zé Rodrix era notável. Ele assoviava e chupava cana tocando todos os instrumentos. Seu talento foi muito importante para o prestígio do Som Imaginário". Sobre a dicotomia entre Zé e Fredera, Robertinho tem uma opinião original:

– O Zé era Paul MCartney e o Fredera era o John Lennon.

Ainda na sequência das boas notícias, o prestigiado jornalista Luiz Carlos Maciel, escreveu no jornal Última Hora um artigo elogioso, chamado O Salto de Milton, onde falava maravilhas do show do Teatro do Praia e da boate Sucata. Maciel, reconhecido como uma espécie de guru da contracultura, rasgava elogios ao cantor-revelação das Gerais, mas terminava seu texto com estas palavras:

"Vou assistir de novo o show e provavelmente voltarei a falar dele. Por enquanto, não podemos encerrar essas linhas sem elogiar o excelente número do Som Imaginário, sem Milton, em *With a Little Help from my friends*, e a participação de Zé Rodrix. Esse cara é simplesmente demais. Só vendo."

Para variar, no contrabaixo

Acervo Pessoal

Na maré das boas conquistas, o jornal O Globo publicava em junho de 1970, um perfil do novo e audacioso empresário do show business, o paraense José Minssen, que declarava:

– Em termos de criação, talvez seja a única coisa original do Brasil, hoje. Só há uma condição de se fazer qualidade: criar livremente. De minha parte, fiz tudo para que os rapazes do Som Imaginário tivessem condições para isso.

O fim da temporada com Milton aconteceu em São Paulo com shows nos teatros Gazeta e Ruth Escobar, este em meio ao cenário remanescente da peça O Balcão, de Jean Genet. Em dezembro de 1970, com o anúncio da gravidez, Lizzie e Zé Rodrix foram morar juntos em Ipanema.

Em suas memórias, Márcio Borges lembra de um atrito entre Zé Rodrix e um dos trabalhadores da boate Sucata, que acabou removendo junto com um tablado (praticável), inadvertidamente, o órgão eletrônico do músico e uma caixa de som de Leslie. Diz Borges:

– Esse pequeno incidente não impediu que eu e o Zé nos tornássemos amigos e que o instrumentista, no seu pequeno apartamento na rua Prudente de Morais, me presenteasse com longos solos de ocarina*, pequenos ventos lamentosos, sob o olhar embevecido de sua mulher, Lizzie Bravo.

A mesma ocarina que Fredera alega ter "acabado" com a gravação de duas músicas suas em estúdio, no primeiro LP do grupo, chamado *Som Imaginário*:

– O Zé usou o tal instrumento na gravação de *Sábado* e *Nepal*, duas músicas de minha autoria. O resultado foi tão ruim que parecia uma manifestação de inveja para deturpar a música.

Apesar da frustração de Fredera, o disco foi muito bem recebido pela crítica. Era bem cuidado e até mesmo sofisticado, com design de capa de Kélio Rodrigues, que bolou um encarte com as letras das músicas inspirado em figuras de bronze de Benin, norte da

África. O colecionador Marco Antônio Gonçalves, em artigo intitulado *Na frequência do Som Imaginário*, deixou registrado anos depois:

"O homônimo disco de estreia do Som Imaginário bebia da fonte do rock psicodélico, mas pinçava elementos do rock progressivo, folk e MPB, mostrando um bom-humor nas letras e total criatividade nos arranjos. Uma estrutura sonora incrementada com guitarras wah-wah, órgão sessentista, percussão matadora e o vocal de Zé Rodrix aparecendo na maior parte das músicas. O poderoso agrupamento era uma verdadeira academia da imaginação sonora: Wagner Tiso (piano e órgão), Tavito (violão), Luiz Alves (baixo), Robertinho Silva (bateria), Frederyko (guitarra), Naná Vasconcelos (percussão) e Zé Rodrix (órgão, percussão, voz e flautas)."

Sobre a formação da banda, Rodrix sempre dizia: "Nós somos muito parecidos com a última banda da Janis Joplin, a Pearl, que tinha exatamente esta formação: piano, órgão, baixo, guitarra solo, guitarra base e bateria.

Como sinal de prestígio, o consagrado Marcos Valle, que já tinha feito sucesso nacional com *Viola Enluarada,* compôs e gravou em 1970 uma canção em homenagem ao grupo, *Suíte Imaginária,* definida pelo autor como uma toada instrumental.

** Ocarina, instrumento de sopro feito de porcelana, barro ou pedra.*

Vamos considerar que eles não tinham muito tempo para "discutir a relação", pois a vida estava entrando numa dinâmica acelerada de shows e excursões pelo Brasil. Concluída a temporada com Milton, os rapazes do Som Imaginário saiam em excursão com Gal Costa, naquele momento a grande intérprete do tropicalismo baiano. Gal era a cantora da moda. Foram seis meses, começando pelo Teatro Opinião, no Rio, depois Teatro Vereda, em São Paulo, Teatro Marília, em BH, Brasília, Goiânia, Sorocaba,

Araraquara e, finalmente, na paulicéia. Sobre esta programação, o Jornal do Brasil publicou matéria de ocasião sob o título: *A criação do imaginário*, destacando a banda que acompanhava Gal Costa. Mesmo na entrevista, era possível detectar o clima divergente entre Rodrix e Fredera. Quando ele estava explicando que o trabalho era meteorológico, "dependia do clima" para atingir um grau impressionista, de uma arte apresentada em blocos, Fredera o interrompeu com um aparte dinâmico:

– Explicar muito significa "desfiar o tapete". A revelação deve ser sentida, não explicada. Como dizemos em *Feira Moderna*, a distância já morreu, a palavra já morreu" – disse ele para um letrista da MPB.

O jornal revelava que uma das características da banda era não ensaiar nunca, nem mesmo quando entraram no estúdio para gravar o primeiro disco. Tudo era feito de improviso, como ele explicava:

– Este esquema é o ideal, porque o importante não é tocar, é criar. E quando falamos de criação estamos incluindo tudo: criação visual, cromática, espacial, etc... Isto já está definido no nome do conjunto.

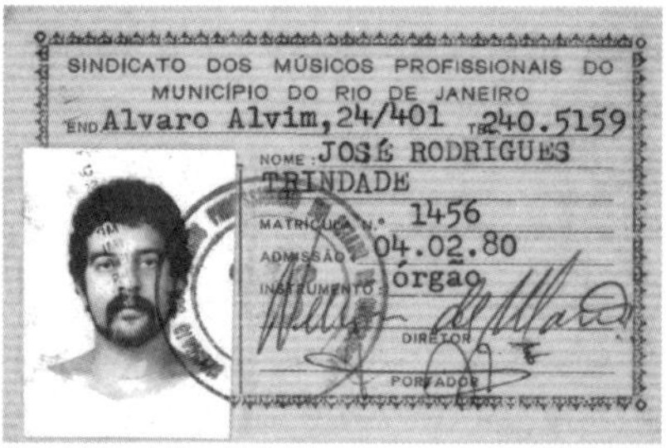

Acervo Pessoal

Ele concluía opinando pelo lado da espiritualidade, explicando aquilo que na música dos negros americanos era conhecido como *feeling*:

– O Som Imaginário trabalha para o homem intuitivo. Por isso nosso trabalho tem um sentido de religiosidade (na acepção da transcendência). Acontecem sons que só podem ser produzidos no astral. O importante é que, na música que fazemos, existe fé.

Zé Rodrix aproveitou a temporada no Teatro Marília, em Belo Horizonte, que durou quase dois meses, para estreitar relações com o pessoal do Clube da Esquina; foi conhecer a casa dos Borges, uma família musical como a dele. Ele ficava muito na casa de Tavito, na serra. Na memória de Rodrix ficou um episódio que se firmou na categoria "inesquecível":

– A gente estava terminando um show no Teatro Marília quando o Márcio Borges apareceu na coxia e falou assim: "Avisa que o Jimi Hendrix morreu". Eu ergui a mão, antes da introdução que o Wagner fazia e avisei: "O Som Imaginário gostaria de dedicar essa música para um homem que morreu hoje chamado Jimi Hendrix". A plateia reagiu com desalento. Nós, então, tocamos *Whith a little help from my friends.*

Durante a temporada em São Paulo, os caminhos de Zé Rodrix se cruzaram com os de José Nêumanne, jovem repórter cearense destacado para fazer a cobertura do show da Gal para a Folha de São Paulo. Na memória de Nêumanne, ficou a primeira imagem de Zé Rodrix, no palco, fazendo um solo de máquina de escrever. Eles tiveram um encontro rápido e superficial, mas que iria funcionar como o início de uma longa e sólida amizade:

– Eu lembro que um leitor mandou uma carta para o jornal comentando a minha reportagem. Ele dizia que tinha assistido o tal show e que era tão ruim que um dos músicos aproveitava para escrever uma carta pra mãe...rs

A temporada em São Paulo permitiu que eles gravassem com Gal no estúdio da TV Cultura, com direito a uma canção autoral, apenas com a banda, em *Feira Moderna*, com vocal e teclado de Zé Rodrix. A direção era de Fernando Faro. Depois o grupo seguiu a viagem programada por várias cidades.

E foi justamente na viagem de ônibus pelo interior de Goiás, durante esta excursão, que Zé Rodrix escreveu, em uma folha de papel de carta, o poema que daria origem à canção *Casa no Campo*, parceria com Tavito, para quem ele entregou o texto sugerindo uma melodia. Ele estava contemplando a paisagem pela janela do ônibus, sabendo que Lizzie estava grávida e que ele em breve seria pai. No hotel, Tavito decidiu combater o tédio dedilhando ao violão a melodia que consagrou a música:

Eu quero uma Casa no Campo
onde eu possa compor muitos rocks rurais
E tenha somente a certeza
dos amigos do peito e nada mais

Eu quero uma Casa no Campo
onde eu possa ficar no tamanho da paz
E tenha somente a certeza
dos limites do corpo e nada mais

Eu quero carneiros e cabras
pastando solenes no meu jardim
Eu quero o silêncio das línguas cansadas
Eu quero a esperança de óculos
E meu filho de cuca legal
Eu quero plantar e colher com a mão
a pimenta e o sal
Eu quero uma Casa no Campo

do tamanho ideal, pau-a-pique e sapé
onde eu possa plantar meus amigos
meus discos e livros e nada mais

Onde eu possa plantar meus amigos
meus discos, meus livros e nada mais
Onde eu possa plantar meus amigos
meus discos e livros e nada mais

(Sendo que Lizzie Bravo era a esperança de óculos.)

Com Gal, o Som Imaginário foi ao famigerado Festival de Verão de Guarapari em feveiro de 1971. A ideia era fazer um "Wodstock brasileiro", mas foi apenas uma catarse. Muitos jornalistas e nenhuma infra-estrutura disponível. Na verdade, centenas de jornalistas, que ficaram sem condições de enviar suas notícias, pois não havia nenhum meio de comunicação disponível, nem mesmo telefone. Esperava-se trinta, quarenta mil pessoas, mas o público oficial ficou em quatro mil espectadores. Sem nenhum apoio das autoridades locais, o evento quase foi cancelado. Muitos artistas desistiram na hora, pois a qualidade do som era precária e o caos estava instalado nos acampamentos. No final, o festival ficou marcado pelo acidente com Tony Tornado, que se atirou do palco (diving stage) ferindo uma moça na plateia, quando cantava BR-3.

No início dos anos 1970, o mundo estava deixando de ser um amontoado de aldeias isoladas para se transformar em uma aldeia global, via comunicações e abertura das economias, o novo mercado. Começava a era da automação. A televisão era um fenômeno consolidado e maciçamente presente na vida dos brasileiros. No cinema, Easy Rider (Sem destino), com Peter Fonda, Dennis Hopper e Jack Nicholson era o filme de estima da geração musical, na trilha do rock'n roll. No Brasil, sob o comando do general

Emilio Garrastazu Médici, o país mergulhava em trevas políticas aproveitando o sucesso da Copa do Mundo, graças ao tricampeonato do México, que consagrou Pelé como o rei do futebol.

Podemos dizer que 1971 foi um ano agitado na vida de Zé Rodrix. Sua situação no grupo Som Imaginário estava ficando cada dia mais delicada, insustentável mesmo. Uma série de desentendimentos com Wagner Tiso (também tecladista e arranjador) pavimentaram sua saída do grupo. Os dois tinham, basicamente, as mesmas funções na banda. Na opinião crítica de Fredera, "o Zé sempre esteve afastado, deixando claro que seu projeto pessoal era mais importante".

O capítulo final aconteceu no polémico show de Milton Nascimento e Som Imaginário no MAM, no Rio, no meio do ano. Como prenúncio do que estava para acontecer, Fredera lembra de um episódio de destempero do grupo, dias antes, na casa de Zé e Lizzie, em Ipanema:

– Era uma reunião de trabalho, mas foram meninas junto e a coisa degringolou. O Zé, que estava casadão, se portou de maneira até agressiva, fazendo duras desfeitas ao pessoal. Isso aconteceu dias antes do show do MAM.

No dia do show, havia muita expectativa e a casa estava lotada esta noite, com uma plateia jovem e vibrante. Antes mesmo de entrar no palco, os músicos da banda já se mostravam preocupados, conversando baixinho sobre as condições de Milton, naquele momento, visivelmente embriagado. Estava totalmente descontrolado; havia consumido um litro de vodca. Em suas memórias, Márcio Borges deixou registrado:

"O Som Imaginário entrou primeiro em cena e abriu o show. A introdução musical já havia se prolongado uns oito compassos além do convencionado. Os músicos se entreolhavam sem saber o que fazer a não ser repetir indefinidamente a introdução. Finalmente, Bituca surgiu com o microfone na mão. Ao erguer o braço num gesto de saudação ao público, ele perdeu de vez o equilíbrio que o mantinha balançando como um pêndulo e desabou para trás, estatelando-se sobre a bateria de Robertinho Silva."

Da parte de Fredera, que continuou tocando sua guitarra agressivamente como se fosse uma metralhadora, a reação foi imediata:

– Fiz um discurso em defesa do Milton, começando por dizer à plateia: "Se vocês esperavam ver aqui no palco um artista embrulhado em celofane e com fita cor-de-rosa, enganam-se! Esta é a realidade do artista autêntico no Brasil, hoje".

Em meio ao tumulto que se criou, Fredera lembra ter visto Zé Rodrix encaixotar o seu instrumento no case do teclado, colocar tudo embaixo do braço e resmungar, antes de abandonar o palco e a banda para sempre:

– Pra mim, chega!

Em suas próprias palavras:

– Nessa hora, eu peguei as minhas coisas e fui embora, não vi o discurso do Fredera, que foi um discurso pendente, culpando a ditadura por aquilo ali que nós estávamos vivendo, uma obra-prima de manobra política. Essa foi uma lembrança muito triste para mim, eu saí de lá me sentindo desqualificado, porque eu dizia: "Não é necessário isso, não é isso, nós não estamos no mundo para isso".

O que significa dizer que nos dois álbuns seguintes, *Som Imaginário*, de 1972, e *Matança do Porco*, de 1973, não aparecia mais o nome Zé Rodrix. Em nenhuma faixa.

Uma ausência que fez falta, segundo Robertinho Silva:

– O Zé e o Fredera, que saiu logo depois, fizeram falta na banda. Eu senti a ausência deles na parte musical.

Em depoimento ao radialista Spessoto, gravado no ano de sua terceira e definitiva morte, Zé Rodrix declarava sua opinião sobre o Som Imaginário:

– O grupo era um sexteto trabalhando em estilos e conceitos diferentes. Vinha desta riqueza de influências a nossa liberdade. Praticamente não houve ensaios, cada um de nós foi tocando e se apresentando aos outros, oferecendo sugestões para o repertório e tudo foi se moldando naturalmente. Foi um período muito enriquecedor.

Com a filha Marya, do casamento com Lizzie Bravo.

Acervo Tavito

Para equilibrar o astral, Lizzie e Zé marcaram o chá de bebê no pequeno apartamento de Ipanema. Foi uma reunião animada com a presença de alguns parceiros do Som Imaginário e Gal Costa. Em 30 de outubro de 1971, nascia Marya Bravo, com y, que ficaria conhecida como Marya Bravo Rodrix, a primeira filha de Zé ou, "a filha de cuca legal" da qual falava a música *Casa no Campo*. Para formalizar a relação, depois do nascimento da criança, ele e Lizzie decidiram se casar oficialmente no cartório civil e, extraoficialmente, num terreiro de umbanda que ele frequentava no subúrbio de Lins de Vasconcelos. Ambos vestindo roupas brancas.

"CASA DE CAMPO" VENCE O FESTIVAL DE JUIZ DE FORA

JUIZ DE FORA (O GLOBO) — "Casa de ampo", de José Rodrix e Tavito, defendida pe- e próprios autores, foi a vencedora do IV Fes- val de Música Popular Brasileira de Juiz de ora. O resultado provocou muitas vaias do úblico, inconformado em não ver "Cantiga ntiga", do compositor local Rui Gonçalves, a primeira colocação.

Um começo glorioso para Zé e Tavito

Recorte de Matéria, 1967, O Globo.

Sua volta ao teatro não aconteceu como ator, mas na direção musical de uma peça de Maria Clara Machado chamada *Miss Brasil*, remontada por eles como *Miss Apesar de tudo Brasil*. Era uma montagem que desconstruía a peça original. Algo como o diretor Zé Celso tinha feito com *Roda Viva*, de Chico Buarque. Estava na moda. Acontece que Maria Clara ficou ofendida com a tal desconstrução e portou-se de forma bastante clara com Zé Rodrix, seu ex-aluno:

– Como você pode participar disso?

Foi quase por acaso que ele e Tavito inscreveram a música *Casa no Campo* no Festival de Música Popular de Juiz de Fora, em 1971, cujo coordenador geral era Augusto Marzagão e o diretor musical Guarabyra – que havia vencido o FIC, no Maracanãzinho, com *Margarida*, no ano anterior. Foi Guarabyra quem insistiu na participação deles, lembrando que ele mesmo tinha vencido o festival do ano anterior, com *Casaco Marrom*, uma parceria com Renato Correa, dos Golden Boys, e interpretada por Evinha. A música *Casa no Campo* foi defendida por seus autores, Zé Rodrix, ao piano, e Tavito, na viola de 12 cordas, com o apoio do jovem Grupo Faya, cujo baixista, Sérgio Magrão, ainda faria história na MPB. Apesar das vaias da plateia, eles venceram o Festival e ganharam como prêmio, além de um troféu, uma quantia em dinheiro e a participação automática, sem depender de eliminatórias, no Festival Internacional da Canção, FIC, no Maracanãzinho. Aos jornais, Zé Rodrix declarou:

– o dinheiro do prêmio para pagar minhas dívidas.

Entre um festival e outro, enquanto se preparara para voltar a defender *Casa no Campo*, em entrevista ao jornal O Globo ele dizia querer que o filho "nasça no Maracanãzinho", onde a mãe, Lizzie, estaria defendendo a canção no festival, ao seu lado, atuando no backing vocal.

Vamos dizer que a participação deles no FIC não teve grandes repercussões não fosse por um detalhe que acabaria resultando em um acontecimento feliz: Elis Regina presidia o júri e ficou encantada com a música. Depois da apresentação oficial, ela procurou os autores no camarim para dizer que estava vivendo aquele momento que a canção menciona, morando em um sítio retirado de São Paulo, na Mantiqueira, procurando a paz no campo. Ela foi direta com Zé Rodrix:

– Eu quero gravar esta música e espero que você me dê exclusividade. Outra coisa: você tem mais?

O resultado é conhecido: a gravação de *Casa no Campo* feita em 1972 no LP Elis, pelo selo Phonogram, em apenas quatro canais, foi um megassucesso de dimensão nacional. Antes, movida pela empolgação, Elis resolveu gravar a toque de caixa um compacto duplo, com *Casa no Campo* e *Nada será como antes*, de Milton Nascimento. O jovem assistente de gravação, Sepeh de los Santos, um gaúcho recém-chegado ao Rio, participou deste trabalho e lembra do clima maravilhoso e emocional que tomou conta do estúdio nesse dia:

– Foi no estúdio da Avenida Rio Branco. O Zé chegou com a Lizzie para mostrar a música para a Elis, ao piano. Foi emocionante, eles choravam e depois eu fui saber que a Elis estava apaixonada pelo Cesar Camargo Mariano, que acabou fazendo o arranjo, e estava no estúdio confabulando com Menescal, outro craque no arranjo musical.

No futuro – e para sempre –, Zé Rodrix deixaria claro em seus depoimentos: "Foi a Elis, com sua gravação de *Casa no Campo* quem conferiu a mim e ao Tavito o certificado de compositores da linha de frente da MPB. Depois disso, tive que mudar a minha maneira de interpretar a música, assumindo o tom visceral que era dela."

Sobre Rodrix, o historiador e especialista em MPB, Zuza Homem de Mello, declarava na época:

"Seu espírito inquieto, sua inteligência evidente, seu olhar de 180 graus através de grossas lentes levaram-no a uma das carreiras mais copiosas entre os músicos brasileiros. O trio Sá, Rodrix e Guarabira é o responsável pela vertente denominada Rock Rural, com marcantes canções que fazem parte da memória de uma geração."

Como resultado do seu prestigio como "articulista", a revista Rolling Stones (na primeira fase) publicava um pequeno texto assinado por Zé Rodrix, que depois seria reproduzido, na íntegra, na capa de um disco de Astor Piazzola. Assim, Rodrix enaltecia e recomendava aos leitores o novo trabalho do músico argentino:

"Eu não quero que você ouça Gardel ou as típicas canções dos anos 30-40. Eu quero que você ouça Piazzola. Porque Astor Piazzola tem a sabedoria dos mestres. No momento em que o tango argentino era uma sangueira estratificada, sem saídas nem sonoras e nem literárias, Piazzola, considerado "loco mui loco" por seus contemporâneos, transformou a lata de biscoito do tango em um pavê da mais alta qualidade. Assim como Paulinho da Viola dá uma saída totalmente inusitada para o tradicional samba impedindo a sua transformação em simples macumba para turistas, assim faz Astor Piazzola com o tango."

Em agosto, ainda na repercussão do grande sucesso da temporada e da saída dele da banda, o prestigiado Caderno B do Jornal do Brasil publicava reportagem intitulada *Zé Rodrix, a vez da simplicidade*, assinada pela repórter Margarida Autran. O ambiente da entrevista foi a casa dele, com Lizzie por perto, enquanto explicava que estava ensaiando e compondo com os novos parceiros Luiz Carlos Sá e Guarabyra, ainda sem uma ideia clara do que poderia acontecer:

– Estamos usando tudo, samba, baião, rock, rasqueados venezuelanos, o negocio é juntar tudo e fazer um chiclete, que é uma coisa pequena que todo mundo mastiga. Vamos usar todo o instrumental, mas sem esquecer que a palavra é muito importante.

ROCK RURAL

Fora do Som Imaginário, Zé Rodrix continuava ativo em várias frentes, aproveitando a visibilidade que o momento lhe conferia. Intensificou o relacionamento com eventuais parceiros, especialmente com o carioca Luiz Carlos Sá, seu conhecido das noitadas do Sachinha's. Nestes dias, Sá – que amargava um fracasso no casamento – estava morando no apartamento de Guarabyra, em Ipanema, onde eles passaram a se encontrar para tocar violão, compor e estimular as parcerias. O "pedaço" era animado, pois Guarabyra dividia o apartamento com dois amigos jornalistas, entre eles José Trajano, um conhecido editor de esportes dos jornais cariocas. (A irmã dele, a cantora Maria, era casada com o baixista Luiz Alves, do Som Imaginário). O endereço era nobre: Rua Alberto de Campos 111, onde se podia ouvir, a qualquer hora do dia ou da noite, James Taylor cantando *Fire and Rain*: *I've seen fire and I've seen rain I've seen sunny days that I thought would never end I've seen lonely times when I could not find a friend But I always thought that I'd see you here one more time again.* (Ou em tradução livre: "Já passei por fogo e por chuva, já passei por intermináveis dias ensolarados, já enfrentei tempos solitários, quando não pude encontrar um amigo sequer... Mas sempre pensei que poderia ter você aqui comigo, pelo menos uma vez mais".)

Assim, quando no capítulo anterior, Elis perguntou se Zé Rodrix tinha mais composições suas para apresentar, ele ofereceu *Olhos abertos*, parceria com Guarabyra, que acabou sendo gravada no mesmo LP de 1972. A música também tinha uma temática campesina, embora estivesse longe de ser um rock. No estúdio, Elis gravou com tratamento final de Cesar Camargo Mariano, que estava deixando de ser apenas o arranjador de seus discos:

Atravessando uma ponte de noite no meio da chuva
Cercada pelo silêncio daquela cidade do interior
...
Eu preciso encontrar as pessoas
Ficar de mãos dadas com elas
Conversar com a boca e os olhos do coração

Zé Rodrix em preto e branco.

Acervo Pessoal

Foi o jornalista e crítico de música Júlio Hungria (JB, Pasquim), coordenador do Festival de Juiz de Fora, quem falou primeiro depois após ouvir, separadamente, Sá, Rodrix e Guarabyra, até então parceiros isolados. Ele estava num elevador com Luiz Carlos Sá:

– Mas vocês já formam um trio, basta formalizar. As vozes se encaixam...

A ideia foi prontamente aceita por todos, pois os sinais desta predestinação já eram evidentes. Estava criado o trio Sá, Rodrix e Guarabyra, que o próprio Hungria definiu como "caipira progressivo". Como áudio guia eles adotaram o vocalize de Crosby, Stills,

Nash e Young, uma das grandes atrações de Woodstock. Para facilitar as coisas, os três tinham contratos individuais com a mesma gravadora, Odeon, onde Mariozinho Rocha era o gerente artístico. Mariozinho, também compositor, já era parceiro de Guarabyra em uma ou duas canções.

Para o primeiro trabalho deles na gravadora, um disco ainda em produção, havia duas músicas emprestadas do cancioneiro da Igreja Batista, que fizeram história. A ideia foi do baiano Gutemberg Guarabyra, filho de pastor missionário e versado em hinos religiosos. Mesmo antes de gravar em estúdio uma versão final, eles foram se apresentar ao vivo no programa de Flávio Cavalcanti, na TV Tupi:

> (...)
> Abre bem as portas do teu coração
> e deixa a luz do céu entrar...

Rodrix, Sá e Guarabyra, nesta ordem.

Acervo Luiz Carlos Sá

A repercussão que o arranjo de Guarabyra provocou com o hino religioso, chamou a atenção do público, mas também chamou a atenção de autoridades da Igreja Batista, que não gostaram do que ouviram – e decidiram proibir as apresentações em ambientes profanos. Quando Flávio Cavalcanti soube da proibição, que o seu programa era "profano", a polêmica aumentou, ele abriu câmeras e microfones para protestar contra a arbitrariedade. Como lembra Guarabyra:

– Podemos dizer que o trio Sá, Rodrix e Guarabyra foi lançado nesta circunstância no programa de Flávio Cavalcanti, que era um sucesso de audiência. Foi lançado antes mesmo de existir o disco nas lojas. Para fechar a questão, voltamos a nos apresentar no programa dele, agora sem as músicas religiosas. As atenções, finalmente, estavam voltadas para o trio.

Uma revista semanal, Amiga, especializada em fofocas do mundo artístico, registrava o lançamento:

"Na crista da onda, como se encontram, as solicitações já começam, e as suas aparições na TV já foram de imenso agrado. Nestes dias está sendo vendido um compacto do trio que traz dois hinos evangélicos estilizados em ritmo popular, arranjo que fez grande sucesso quando lançado no programa de Flávio Cavalcanti."

Eles fizeram, ainda, outra apresentação ao vivo dos hinos, no pequeno palco do Colégio Sacre Coeur, na rua Tonelero, em Copacabana. Neste caso, o ambiente era adequado e não houve contestação. Sobre o episódio com o hino Batista, Zé Rodrix diria: "Foi o cimento que nos uniu".

Nesta mesma época, Zé Rodrix e Guarabyra compuseram e gravaram *O que é que houve, o que é que há?*, tema do personagem do ator Cláudio Marzo na telenovela *Minha doce namorada*, de Vicente Sasso, na TV Globo. Era, como eles diziam, "uma oportunidade de ouro" pois o mercado de trilhas sonoras e temas de novela era a grande novidade no mercado.

Por outro lado, a proximidade de Luiz Carlos Sá com Zé Rodrix também costumava ser fértil enquanto parceria musical. Eles eram objetivos e rápidos no gatilho: faziam, digamos, seis canções para acabar deletando quatro e trabalhando no acabamento de apenas duas. Era assim que funcionava, na memória de Sá:

– Nossa interação musical era quase metafísica: eu ia pra casa dele, um apezinho de quarto e sala na Prudente de Morais, onde ele morava com a Lizzie, e passávamos dias e noites compondo todo tipo e espécie de música, das geniais às ridículas: jingles, sátiras, sinfonias, tudo isso saía das máquinas de compor que éramos. Quando eu desanimava, o Zé me animava, acenando com um futuro melhor para além da censura oficial e do atraso crônico de contas a pagar que então sofríamos.

Assim, com bastante agilidade e aproveitando a boa fase, saiu também o primeiro álbum do trio, em 1972, o LP em vinil, *Passado, Presente e Futuro*, que tinha capa desenhada pelo artista Waltércio Caldas, com fotos de Amarildo Gastal. Algumas músicas deste disco ajudaram a consolidar, informalmente, as bases do gênero rock rural (acompanhando a tendência preconizada em *Casa no Campo*), principalmente as faixas *Cumpadre meu, Hoje é dia de rock e Primeira canção da estrada*:

Eu tinha apenas 17 anos
no dia em que saí de casa
e não fazem mais de quatro semanas
que eu estou na estrada...

Sá, Rodrix & Guarabyra, nesta ordem

Acervo Tavito

(A música foi gravada com este erro gramatical, pois o certo é "...e não faz mais de quatro semanas"...)

Foi um sucesso imediato, pois era disso que a juventude brasileira estava falando: da opressão social e da necessidade de mudança dos códigos de comportamento. As letras e músicas do trio ajudaram a reverberar os ideais da contracultura, tão em voga naqueles dias. A explosão dos meios de comunicação, especialmente do rádio e da televisão, amplificava os anseios da juventude por mais liberdade e participação nos destinos do país. Atitudes que dialogavam com a necessidade das mulheres de romper a barreira dos preconceitos e de se posicionar, sobretudo ou inclusive, sexualmente. Faça amor, não faça guerra.

O trio afinado com os sucessos.

(1972) Passado, presente & futuro (Sá, Rodrix e Guarabyra) - Odeon - LP, CD. Fotos: Miguel Rio Branco.

O lançamento do primeiro disco do trio foi acompanhado por uma temporada no Teatro Opinião, inicialmente programada para dois fins de semana. O sucesso foi tão espetacular, que o show ficou em cartaz durante três meses, de quarta a domingo. Para superar as exigências de um show ao vivo, eles tinham que arregimentar mais dois músicos, "para engrossar o caldo": um baixista e um baterista, que viriam complementar a formação de piano e dois violões. O baixista convidado foi ideia de Zé Rodrix, que sugeriu Sérgio Magrão, do grupo Faya; o baterista, trazido por Magrão, era Luiz Moreno, mais conhecido como Morenão. Entre os dois atos do show era projetado um vídeo clip realizado por Paulo Magalhães com cenas da peça Rocky Horror Show, onde ele aparecia.

Foi um momento importante, assim lembrado hoje por Luis Carlos Sá, na época com 26 anos:

– Dos três eu era o mais inexperiente em espetáculos públicos. Na verdade, eu nunca havia tocado antes num evento tão importante para minha vida. Minha decisão era ali: chegava a hora de provarmos que podíamos ser tão bons ao vivo quanto no estúdio. Todos estavam de olho em nós, querendo perceber se éramos para ficar ou se nos tornaríamos em pouco tempo mais um pipoco estéril igual a tantos outros que apareciam e aparecem até hoje no cenário musical.

O rock no ambiente rural.

(1973) Terra (Sá, Rodrix e Guarabyra) - Odeon - LP, CD.

Para ele a estreia no Opinião era decisiva:

– Entrei naquele palco como o toureiro entra na arena, e eu tinha quatro lados de público para tourear. A princípio hesitante, inspirei-me na inabalável autoconfiança do Zé, que me abraçara na coxia, minutos antes:

– Vamos botar pra quebrar!

Deu tudo certo. Atestando o sucesso e o prestígio do trio, a revista feminina Romântica, em sua edição 135, abria espaço para Sá, Rodrix e Guarabira:

"Nossos Beatles caipira? O long-play do trio, *Passado, Presente e Futuro*, está vendendo muito bem e tem provocado as mais estranhas e contraditórias opiniões por parte da crítica especializada. Muitos classificam suas composições como caipiras, outros descobriram traços medievais e houve até quem os comparasse aos Beatles."

O prestigiado jornal Última Hora escancarou a novidade na capa do seu caderno de cultura, chamado UH Revista:

Rock Rural – o som caipira entra em choque.

Na abertura da reportagem, um esclarecimento: O trio se uniu para fazer uma nova música de guitarras elétricas. O jornal errava (provavelmente induzido por ele) ao dizer que Zé Rodrix era baiano e tinha passado a infância em Rio de Contas antes de ir para o Rio. No perfil de cada um, Rodrix era apresentado como um estudioso de música, autor dos arranjos do grupo.

Nestes dias, um dos grandes nomes da música era o cantor e compositor Taiguara, um frequentador das paradas de sucesso. Em maio de 1972, o jornalista Sérgio Bittencourt, também jurado do Programa Flávio Cavalcanti, entrevistou para sua coluna *Corpo a Corpo*, de O Globo a revelação da MPB. A certa altura da entrevista, depois de falar do sucesso da canção *Hoje*, Taiguara foi instado a revelar o nome de três cantores favoritos. A resposta:

– Sá, Rodrix e Guarabira.

A efeméride dos 150 anos da Independência do Brasil, em 1972, seria bem explorada pelo mundo dos espetáculos, com uma leva de eventos relacionados, tanto no teatro como no cinema. Nas telas, Tarcísio Meira interpretando D. Pedro II e Glória Menezes a Marquesa de Santos levaram mais de 7 milhões de pessoas aos cinemas para assistir Independência ou Morte, dirigido por Carlos Coimbra. Foi a maior bilheteria do ano. No teatro, a grande produção do ano ganhou o apoio do Governador do Estado, Antônio de Pádua Chagas Feitas, e ficou em cartaz no Teatro João Caetano, na Praça Tiradentes. Tinha texto e direção de Hélio Bloch. Encabeçando o elenco, Nestor de Montemar, Isabel Ribeiro e Arlete Salles. Fregolente era D.João VI. Também no elenco, mas com menos destaque, um nome que logo seria próximo de Zé Rodrix: Edyr de Castro, atriz e cantora. A música era de Zé Rodrix, que no programa oficial, distribuído à plateia em forma de livreto, fazia algumas considerações técnicas sobre o arranjo das músicas. Por exemplo:

“Eu, na exaustiva pesquisa sobre a música da época, apenas aproveitei a base harmônica, rica, com detalhes quase das constantes de, perdoem-me os leigos, baixos-pedais, terça nos baixos, sétimas nos trompetes, órgão substituindo cordas (já que é um pequeno grupo de músicos) e a contribuição de John Lage, que todos ouvirão ao piano preparado para soar como cravo, piano do bar do oeste, instrumento de percussão e o que mais quiserem, já que John Lage, além de ser do século XX, não tem nada a ver com a música da época de Neukonn & Haydn.

No fundo, na tona, eu realizei aqui o maior dos sonhos. Assinado: Zé Rodrix".

A imprensa especializada publicou reportagem sobre a festa na noite de estreia no Teatro João Caetano: "D. Pedro, diga ao povo que canto", informava que Zé Rodrix "compôs 40 músicas com letras de Hélio Bloch e do jornalista Renato Sérgio".

Em outubro de 1972, um acontecimento que aparentemente se revestia de pioneirismo, como um evento inaugural: acontecia no Brasil, erroneamente anunciado pela produção como "o primeiro festival de rock ao ar livre depois de Woodstock", quando na verdade era o segundo (o de Guarapari aconteceu em 1971). Foi em Duque de Caxias, na baixada fluminense, e estava sendo anunciado como "O Dia da Criação, uma explosão de som ao ar livre". Era uma novidade no mundo do *show buziness*. No elenco de atrações anunciadas, Sá, Rodrix & Guarabyra, Milton Nascimento, Som Imaginário, O Terço, Jorge Mautner, Equipe Mercado, Diana e Stul, Serguei, Liverpool Sound (banda de Porto Alegre) e Lô Borges, todos em início de carreira. (Sabe-se que Milton Nascimento e o Som Imaginário não compareceram.) Foram vinte horas de som direto, apesar da precariedade dos equipamentos de som (se comparado a Woodstock).

Não é difícil imaginar que a vida de Zé Rodrix, nesta fase intensa de agendas, tenha entrado num torvelinho de viagens, shows e gravações, e que ele estivesse dedicando pouco tempo para Lizzie e Marya. A verdade é que Lizzie sentiu a mudança no seu comportamento, suas ausências e irritações. Ela passava a maior parte do tempo em casa, sozinha, cuidando do bebê. Quando passou a desconfiar que ele estava "ficando" com outra pessoa, Lizzie entendeu que a situação estava chegando ao seu limite. Assim, logo que a pequena Marya completou oito meses, eles se separaram. Na verdade, um belo dia Lizzie arrumou a mala com todos os pertences dele, inclusive roupas, livros e palhetas de tocar violão, e a deixou pronta na sala, para não haver nenhuma dúvida. Quando ele chegou, não teve outra saída. Foi um momento difícil para ela, pois ainda se reconhecia apaixonada e, neste momento, com um futuro incerto pela frente.

Não cabe aqui investigar se Zé Rodrix estava ou não "ficando" com outra pessoa mesmo antes da separação. O certo é que nos dias seguintes, ele seria visto circulando pela cidade em companhia de Edir de Castro, atriz negra de notável beleza, que estava no elenco da peça *Independência* ou *Morte*. Antes, entre 1969 e 1970, Edir tinha se destacado na montagem paulista de *Hair*, dirigida por Ademar Guerra no Teatro Bela Vista. Ao lado dela, no elenco, estavam outros jovens ainda desconhecidos que mais tarde se tornariam grandes astros do cinema e da televisão: Sônia Braga, Ney Latorraca, Armando Bogus, Ricardo Petraglia e outros. O impacto e o sucesso de *Hair* se justificava tanto pela temática jovem, com destaque para a trilha sonora, quanto pela cena de nu frontal que escandalizava e atraia as plateias. Zé Rodrix também foi atraído pelo fenômeno que marcou época no teatro brasileiro. O pacifismo estava na moda, como antítese à guerra do Vietnan. A peça ficou dois anos em cartaz, com várias mudanças no elenco.

Em dezembro de 1971, mais uma experiência no teatro, quando ele assinou a direção musical de *Sanctus, Sanctus, Sanctus*, uma criação de Luís Sergio Lima e Silva e Airton Barbosa, músico do Quarteto Villa-Lobos. No elenco, além do próprio Quarteto Villa-Lobos, Norma Suely e José Wilker. A polêmica da temporada ficava por conta da distribuição de hóstias durante o espetáculo. Para o Jornal de Ipanema, Zé Rodrix declarava:

– Acho que não vai ter grilo com a igreja. A gente está encarando o negócio com a maior seriedade. Todo mundo que tá fazendo o espetáculo é religioso de uma forma ou de outra, todo mundo lida com religião ou magia, então tem o maior respeito pela coisa.

Sanctus, Sanctus, Sanctus ficou em cartaz no Teatro Santa Rosa, RJ.

Ainda em 1972, Zé Rodrix aceitou o convite para compor a trilha sonora do filme *Salve-se quem puder – Rally da Juventude*, com direção de J.B. Tanko, um dos grandes nomes das chanchadas. O elenco era composto por estrelas da época: Norma Suely, Tião Macalé, Wilson Grey, Zezé Macedo. No final do ano, começou a trabalhar na trilha sonora do filme *Como era gostoso o meu francês*, de Nelson Pereira dos Santos, tarefa que dividiu com outro compositor, Guilherme Vaz, antigo morador do Solar da Fossa e adepto da música de vanguarda. O filme, com Ana Maria Magalhães e Arduíno Colassanti no elenco, iria às telas no ano seguinte com grande repercussão popular.

Como era de se imaginar, seu namoro com Edyr passou a exigir um lugar reservado, ainda que provisório, para que eles pudessem “encostar os corpos”. Depois de alguns improvisos, a melhor ideia foi aceitar a hospitalidade do produtor Carlos Imperial, que se mantinha ativo como revelador de grandes talentos da música popular. Assim, Zé e Edyr foram viver um tempo na casa de Imperial, na Barra da Tijuca, onde ocuparam uma meia-água que havia nos fundos do terreno. Zé Rodrix fazia parte da equipe de músicos contratados por Imperial para escrever a trilha sonora do musical infantil *O Jardim das Borboletas*, de André Adler, sucesso de público no Teatro Casa Grande. Com ele, na equipe de compositores, estavam Taiguara, o maestro Eduardo Souto Neto, Jorge Omar e o filho de Imperial, Paulinho. No papel principal, a atriz Ligia Diniz, irmã de Leila. As dez canções produzidas pela equipe foram eternizadas em disco vinil pela gravadora RCA, com produção de Imperial.

A estreita convivência de ambos nestes dias, iria resultar em uma abordagem feita por Imperial na sua coluna, publicada em revista especializada no showbiz, com o título Os hábitos de um gênio. No texto, Imperial se dizia convencido de que Zé Rodrix era um gênio:

– Zé Rodrix e sua mulher, Edir de Castro, passaram uma semana como meus hóspedes. Eu tive o prazer de ouvir esse cara durante uma semana. É um gênio. E porque Zé Rodrix é um gênio? Porque trabalha sem parar 48 horas por dia. Dorme diariamente à meia-noite e acorda às sete da matina. Acorda e vai direto para a praia, onde medita de pernas cruzadas na areia. No momento, ele está estudando Princípios de Orquestração, de Rimski-Korsakoff, que não é mole.

Outra observação feita por Imperial sobre o cotidiano "do gênio":

– Zé curte seus instrumentos diariamente. Isso vai até o jantar. Sem parar, acontece uma salada musical. Depois do jantar entra em cena a audição de sua imensa coleção de discos, incluindo todos os musicais da Broadway.

Dias depois, Imperial escreveria uma nova coluna citando várias vezes o amigo Rodrix. Na verdade, ele aproveitava os temas das conversas que tinham sobre assuntos variados para fazer um Balanço Rio-São Paulo. Eles comungavam desta peculiaridade de viver entre as duas cidades. A coluna *Plá do Imperial* abria com esta intimidade nem um pouco velada, que revelava aquilo que os dois amigos tinham em comum, a insolência e a total ausência de discrição:

"Estava eu abatendo uma lebre na minha mansão no Morumbi, quando eis que de repente, e não mais que de repente, Zé Rodrix invade a minha casa e grita. "É trolha". A lebre, que era minha parceira no nobre esporte que eu praticava na ocasião deu um salto de banda, e confirmou: "Na xavasca". Depois do tumulto, devolvi a lebre ao mundo. Eu e o Zé Rodrix demos um balanço do que está acontecendo em matéria de arte entre Rio e São Paulo."

Ele informava que Zé Rodrix fazia parte do fã-clube de Benito de Paula, "o maior sucesso artístico dos últimos anos. Benito continua dono da noite paulistana". E continuava o seu balanço:

"Eu e Zé Rodrix anotamos tudo isso e discutimos bastante esses valores. As grandes promessas para 1973 são Sandra Pêra e Gugu Olimecha."

Ele encerrava a coluna, ilustrada por uma foto de Zé Rodrix de colete, lenço no pescoço e óculos redondos, fazendo um elogio entre amigos:

"A gravação de *Os anos 60*, de Sá, Rodrix & Guarabyra é a maior curtição do momento. Tchau".

A mesma revista, semanas depois, certamente pautada pela coluna do Imperial, publicava reportagem de duas páginas com o título: *Nasce um novo som*, com Sá, Rodrix e Guarabira: "A reunião de três respeitáveis nomes da geração atual está revolucionando a nossa música e já se fala no advento de nova etapa, a do rock rural. O trio nasceu da necessidade que eles tinham de dar o tratamento que queriam às suas músicas, fugindo da comercialização fácil. Com o êxito alcançado, provaram que qualidade também vende".

Logo depois, para encurtar a distância, Zé e Edyr agradeceram a Imperial, mas aproveitaram a oferta de outro amigo e foram morar nos famosos apartamentos que havia no Tambá, no morro do Vidigal, ao lado da favela. Era um conjunto residencial famoso porque lá moravam, além de alegres comissários da Varig, os músicos Sérgio Ricardo, Jards Macalé, Jorge Mautner e os atores Lima Duarte e José Lewgoy, ambos em evidência nas telas de cinema e televisão. Com o fim do Solar da Fossa, em 1972, muitos desalojados foram morar no Vidigal. Finalmente, como último e permanente endereço, Zé e Edyr alugaram um apartamento na rua Oliveira Rocha, no Jardim Botânico, próximo ao Hospital da Lagoa

Como prova de prestígio, o jornal Última Hora voltava a falar do trio em reportagem de página inteira: "A viola entra no Rock", onde destacava que, apesar do nome de armazém de secos e molhados, o trio "usa de tempero para fazer um som bossa. Eles criaram o rock rural" armazém de secos e molhados, o trio "usa de tempero para fazer um som bossa. Eles criaram o rock rural".

Na entrevista, Rodrix aproveitava para comentar a expressão "rock rural", agora definitivamente associada ao trio:

– Foi um termo que a imprensa inventou e funcionou pelo menos para as pessoas que queriam saber o que iam ver no nosso show. O termo rock rural é legal como ponto de partida, como chamariz para acender o interesse das pessoas, mas absolutamente não define o espírito da coisa que a gente fez ou está fazendo.

Considerando que o show não podia parar, em 1973 era lançado o segundo LP do trio Sá, Rodrix e Guarabyra, *Terra*, em vinil, ainda com trabalho gráfico de Waltércio Caldas, que usou uma fotografia de Miguel Rio Branco na capa. O disco seguia a trilha dos sucessos populares, marcadamente *Mestre Jonas* (ideia bíblica de Guarabira que o inusitado Zé Rodrix transformou em música), *Blue Riviera* e *O pó da estrada*, canções que consolidavam a presença do rock rural no panorama da nova MPB. Neste mesmo álbum, eles gravaram *O Brilho das pedras*, canção que Guarabyra compôs no dia da morte do amigo Torquato Neto, 10 de novembro de 1972.

Sobre a música *Mestre Jonas*, diria Tavito do alto dos seus conhecimentos musicais: "Talvez seja a música brasileira com maior liberdade temática, trabalhando na zona do improvável. E com sucesso". A letra diz:

Dentro da baleia mora mestre Jonas,
desde que completou a maior idade
A baleia é sua casa, sua cidade,

dentro dela guarda suas gravatas, seus ternos de linho.
E ele diz que se chama Jonas,
e ele diz que é um santo homem,
e ele diz que mora dentro da baleia por vontade própria,
E ele diz que está comprometido,
e ele diz que assinou papel,
que vai mantê-lo dentro da baleia,
até o fim da vida,
até o fim da vida.

Dentro da baleia a vida é tão mais fácil,
nada incomoda o silêncio e a paz de Jonas.
Quando o tempo é mal, a tempestade fica de fora,
a baleia é mais segura que um grande navio.

E ele diz que se chama Jonas,
e ele diz que é um santo homem,
e ele diz que mora dentro da baleia por vontade própria,
E ele diz que está comprometido,
e ele diz que assinou papel,
que vai mantê-lo dentro da baleia,
até o fim da vida,
até o fim da vida,
até subir pro céu.

A partir deste momento, houve um acordo técnico entre eles que, definindo que, mesmo que uma parceira fosse de apenas dois deles, os três assinariam a música.

Como uma tendência natural, dentro do projeto musical do trio, subitamente abriu-se uma janela para a publicidade, onde se podia ganhar mais dinheiro em menor espaço de tempo. O gatilho foi o bem-sucedido jingle da forte campanha da Pepsi Cola, apoiada na frase *Só tem amor quem tem amor pra dar*, criação assinada por Guarabira. No início, acreditava-se que o governo militar iria proibir a mensagem, por considerá-la subversiva:

Hoje existe tanta gente que quer nos modificar
Não quer ver nosso cabelo assanhado com jeito
Nem quer ver a nossa calça desbotada, o que é que há?
Se o amigo está nessa ouça bem, não tá com nada!
Só tem amor que tem amor pra dar...

O paraíso publicitário, entretanto, estava em São Paulo. Eles visavam entrar para o milionário mercado de jingles – e tinham qualificação musical para isso. Nesta época, um ponto de encontro de bastante prestigio entre a rapaziada carioca era a cantina Pizzaiolo, em Ipanema, que reunia a fina flor da juventude criativa. Lá estavam, todas as noites, gente como Sá, Rodrix e Guarabyra, as Frenéticas, Tavito e... Leila Cravo, atriz de beleza notável que se destacava dançando o tema de abertura do programa Fantástico, o show da vida. Ela tem lembrança daqueles dias felizes:

– Era uma festa todas as noites. Eu e minhas amigas, incluindo a Bebel, que depois casou com o Sá, nos encontrávamos no Acapulco, em Copacabana, e seguíamos à pé, em grupo, para o Pizzaiolo, encontrar a turma. Com o Zé a conversa era sempre ilustrada pela vasta cultura dele, verdadeira aula de sabedoria.

O felizardo Guarabyra tem na memória a noite em que encontrou o fotógrafo David Drew Zingg no Pizzaiolo. O americano David era ativo na publicidade paulistana e Guarabyra foi incisivo:

– David, quem você me indicaria para procurar em São Paulo, na área de produção de jingles?

Ele não obteve uma resposta imediata, mas na noite seguinte, quando voltaram a se encontrar no mesmo bar, o americano tinha uma resposta na ponta da língua, carregada de sotaque:

– Gut, lembrrreeeei... procurre o maestro Rogério Duprat, que você conhece dos festivais, arranjador dos tropicalistas. Ele tem uma agência de jingles, um belo estúdio.

O contato foi feito e, com a receptividade de Duprat e do estúdio Vice-versa, rapidamente os três decidiram mudar de cidade. Sá e Guarabyra estavam disponíveis e foram na frente. Chegaram e fizeram jingles de sucesso logo nas primeiras semanas, muitos deles premiados. Neste momento acontece a primeira separação do trio. Na lembrança de Guarabyra, foi assim que o trio foi se desfazendo, aos poucos:

– Não houve uma briga, um motivo específico para a separação. Depois de três anos, dois discos e muitos shows pelo Brasil, era o fim de um ciclo. Foi uma separação total, não sobrou nem a dupla. Tempos depois, quando fui assistir a um show do Sá e sua banda, em São Paulo, nos reencontramos no camarim e tivemos a ideia de voltar a tocar juntos. E voltamos como Sá & Guarabyra.

Do ponto de vista de Zé Rodrix, expresso em depoimento gravado, o trio, quando esteve junto, se completava:

– Lembro que eu e o Sá tivemos forte influência sobre o Guarabyra, na questão vocal, enquanto ele nos apresentou elementos da sua infância que ampliaram o nosso horizonte. Ele vinha do sertão da Bahia e nos apontou a semelhança entre a embarcação conhecida como Gaiola, que desce o rio São Francisco, com as barcas do Mississipi, do blues.

O jornal tablóide Alto Falante, distribuído gratuitamente nas lojas de discos, anunciava em sua edição de dezembro de 73, na primeira página, o fim do trio, com uma foto dos três sorridentes:

"Antes, eram apenas sorrisos – agora, o trio está desfeito. As suas carreiras individuais, no entanto, não param aí: já saiu o compacto simples de Luiz Carlos Sá; o Guarabyra está terminando de gravar o dele e o primeiro LP individual de Zé Rodrix é uma das principais novidades das fábricas brasileiras para dezembro."

A dupla Sá & Guarabyra continuou o sucesso do trio.

Acervo Luiz Carlos Sá, no sítio de Rogério Duprat. Foto: Mário Thompson.

O desacelerado Luiz Carlos Sá, acostumado a conviver em grupo, apenas lamenta o curso desta história:

– Minha empatia musical com ele fazia com que fôssemos capazes de compor várias músicas no mesmo dia. Impaciente, porém, ele não se ligava muito no acabamento. Nossas semelhanças – filhos únicos, letristas e melodistas, teimosos e aferrados a nossos próprios conceitos – nos puseram muitas vezes, paradoxalmente, em choque direto, o que dificultava as coisas para o trio. A impressão que ele dava era de ser uma pessoa em perpétua viagem para algum lugar. Paz e tranquilidade não era com o Zé, embora às vezes eu pensasse que sua agitação era justamente fruto dessa procura.

O sucesso e o prestígio do trio já estavam consolidados quando eles se separaram. Foram três anos de boas performances. Além da resposta do público com relação a discos e shows, sempre concorridos, aconteceram também manifestações culturais mais profundas, como a tese acadêmica do universitário Victor Henrique de Resende: *O Rock rural de Sá, Rodrix e Guarabyra: romantismo contracultural no Brasil dos anos 1970*. O estudo foi apresentado no Programa de Pós-graduação em História da Universidade

Federal de São João Del Rei, e comprovou, com pesquisas e depoimentos, que o trabalho deles contribuía significativamente para a cultural popular brasileira.

Vamos resumir dizendo que a continuidade da dupla Sá & Guarabyra consolidava a criação de vários sucessos, musicais e publicitários. Juntos, eles viveram fortes emoções no palco e na vida, como a viagem que fizeram a Bom Jesus da Lapa, terra de Guarabyra no sertão baiano. Viveram as emoções de tocar para as crianças ribeirinhas de pés no chão, que se acercavam cheias de curiosidade, sobretudo pelas roupas e cabelos compridos. No final, criaram o *Xote Correntino*, em homenagem ao rio Corrente, que cruza a região com suas águas leitosa:

> Faz pouco tempo que passei por Correntina
> mesmo no frio Correntina tem calor
> Dá tanto gosto ver a pele das meninas
> bem se vê que esse Corrente trata a gente com amor
>
> Rio das Éguas vai passando em Correntina
> Traz novidade lá das bandas de Goiás
> jamais se cansa de molhar por onde passa
> Traz o peixe, traz a caça
> traz fartura até demais
> Corrente "véio" dá água boa e limpa
> Fazendo o que era seco verdejar
> A gente esquece que ainda tem caminho à frente
> Na corrente do Corrente
> Na sombra do jatobá
> (...)

COMO UMA MÁQUINA

Like sex machine

Para Zé Rodrix, separado dos parceiros, surgiu a possibilidade de partir para a realização do sonho da carreira individual que ele tanto almejava. A partir de então, sua figura nada imponente ganhava o adorno de um bigode negro e espesso, muitas vezes afilado e retorcido nas pontas, lembrando Salvador Dalí. Pelo menos por duas vezes, no futuro próximo e no remoto, a dupla convidou o parceiro Zé Rodrix para participar de espetáculos pontuais, como os dez anos de Sá & Guarabyra, fazendo participação especial também em shows e discos.

De repente, mais um acontecimento inusitado envolveu uma improvável parceria musical; Rodrix conheceu o produtor Jairo Pires, naqueles dias trabalhando com o cantor Odair José. Eles conversavam frugalmente no estúdio da gravadora Phillips quando surgiu um assunto que os mobilizou. Zé Rodrix se queixava que a música não tinha mais importância, "se você faz um bom arranjo a música fica boa", dizia. O produtor contestou: "Duvido que um arranjo faça o Odair José deixar de ser brega e ficar chique". O desafio foi aceito. Zé Rodrix escolheu no repertório do cantor uma música chamada *Cristo, quem é você* e convidou o Som Imaginário para acompanhá-lo no estúdio, com a benção do produtor Jairo. O resultado, do ponto de vista de todos, foi tão convincente que eles resolveram gravar duas músicas para o LP *Este sou eu...*, de Odair José, lançado em 1972. A outra parte instrumental do disco ficou por conta do grupo Azymuth, com arranjos e regência do maestro Waltel Branco.

Os trabalhos de bastidores eram frequentes, quase sempre como arranjador. Foi assim no disco *Os frutos de mi tierra*, do paraguaio Fábio, que explodiu em 1969 com o sucesso *Stella*. Três anos depois, ou seja, em 1972, Fábio lançava o álbum duplo que trazia os créditos para Nelson Motta, como diretor de produção, e Zé Rodrix como responsável pelos arranjos de cordas. Eles já se conheciam desde 1970, no Festival de Juiz de Fora, que Fábio concorreu com *Encoraçado*, de Suely Costa e Tite de Lemos. Mas o que veio uní-los definitivamente foi um desencontro, um infortúnio. Fábio se recorda do espisódio:

– Eu tinha sido convidado a participar do Festival de Música da Venezuela. O Zé, muito competente, preparou os arranjos para *Os frutos de mi tierra*, de minha autoria. Ele fez tudo, construiu as partituras e, na hora de embarcar num vôo que seria para Nova York com escala em Caracas, onde desembarcamos – eu e o meu empresário. Foi quando aconteceu o infortúnio: a pasta com as partituras do Zé ficaram no avião e seguiu para Nova York. Foi uma frustração. Eu tive que apresentar a música apenas com o violão.

Vida de artista tem destas coisas. Quando ele estava trabalhando sozinho, surgiu um convite fora do contexto: uma apresentação especial no concurso Miss Brasil 1973, que iria acontecer pela primeira vez em Brasília. Ele estaria dividindo o palco com Moacir Franco e a cantora Simone, cada um com seu show nos intervalos do desfile, feito em três etapas: com as moças em traje de passeio, em gala com vestido longo e, finalmente, de maiô. Quando entrou para fazer o último show da noite, antes do anúncio das misses escolhidas pelo júri, Moacir fez uma brincadeira ao microfone que era no mínimo temerária na época de ditadura militar:

– Estou vindo dos bastidores e posso garantir que a Miss Brasil já está escolhida. É um coronel.

Ele percebeu um gesto brusco de Zé Rodrix ao lado do palco, na coxia, atrás da cortina. Eles se conheciam desde o tempo em que

Moacir apresentava um show de variedades chamado *Fantastikos*, no antigo Teatro das Nações, na avenida São João. Agora, o amigo gesticulava com a boca, as mãos e as pernas, apenas, sem emitir ruído: Você está maluco?

Quando eles voltavam para o hotel, a equipe inteira dentro de uma Kombi, o paranóico Zé Rodrix ainda estava na expectativa, falando do risco que estavam correndo, etc. Ao descer em frente ao Hotel Nacional, ele percebeu um sujeito vetusto, com um terno caqui, sentado numa cadeira ao lado da porta, esticando o pescoço, visivelmente interessado em ver quem descia da Kombi. Na lembrança de Moacir, foi tudo muito rápido:

– O Zé desceu na calçada, olhou o sujeito andando na nossa direção e voltou imediatamente pra dentro da Kombi. O sujeito chegou, enfiou a mão no bolso, tirou uma caneta e um pedaço de papel e me perguntou: "Posso ganhar um autógrafo?"

Na fase da carreira solo.

Acervo Pessoal

Em outubro de 1973, exatamente no dia 24, Zé Rodrix entrou no estúdio para gravar seu primeiro disco solo, onde tinha quatro parcerias com Tavito, inclusive em *Coisas pequenas*, uma homenagem aos pais, Hermano e Lourdinha. As outras seis faixas do disco eram de sua autoria, exclusivamente. Na faixa quatro estava *Essas coisas sempre acontecem,* música que ele mostrou primeiro para o amigo Ronnie Von, sem nenhum comentário. Foi o amigo que, ao ouvir a primeira estrofe, comentou: "Parece a minha história". Ele confirmou: "Fiz pensando em você, amigo Ronnie. Este é você. " A letra diz:

Era uma vez
um menino normal que vivia muito bem na sua casa
Com empregadas carros e brinquedos
levava o tempo sempre vadiando
com seus amigos muito normais
até que um dia foi dar de encontro
com uma fada nem boa nem má

E dessa vez
O menino normal que vivia muito bem
Perdeu o jeito
que sempre teve de fugir das coisas
Abriu o cofre onde estava guardado
O seu cansado coração
E se entregou de vez, sem demora
Pr'aquela fada nem boa nem má

Essas coisas acontecem sempre

e saiu pelo mundo
pelo braço da fada

que ensinou o menino
como viver pra viver

e os amigos antigos
e a velha empregada
inventavam histórias
pra explicar e mentir

Mas desta vez
o menino normal ta vivendo muito melhor
porque aprendeu
que nada morre, tudo tem um jeito
usar seu tempo vivendo feliz
com pouca coisa pra chatear
Sem empregadas, carros e brinquedos,
Poucos amigos,
pouco interesse
em coisas bobas que não fazem parte
da sua fada nem boa nem má (ooooooh)

Essas coisas acontecem sempre

e saiu pelo mundo
pelo braço da fada
que ensinou o menino
como viver pra viver

e os amigos antigos
e a velha empregada
inventavam histórias
pra explicar e mentir

Mas desta vez
O menino normal está vivendo muito melhor
Porque aprendeu
que nada morre, tudo tem um jeito
usar seu tempo vivendo feliz
com pouca coisa pra chatear
Sem empregadas, carros e brinquedos,
Poucos amigos,
pouco interesse
em coisas bobas que não fazem parte
da sua fada nem boa nem má (ooooooh)

Essas coisas acontecem sempre (3X)
Essas coisas

No sentido figurado, a fada "nem boa nem má" era a namorada e futura esposa de Ronnie Von, a bela Aretuza. Dias depois, Ronnie estava com ele no estúdio na hora da gravação:

– Ele fez tudo, a música, a letra, o arranjo e a regência, no caso, da Orquestra Sinfônica de São Paulo. Era interessante ver aqueles músicos clássicos serem regidos por ele, que era chamado por todos de "maestro Rodrigues".

O disco foi chamado *I Ato (Primeiro ato)* e seria lançado pela gravadora Odeon. A temporada no teatro começou em São Paulo e continuou no Rio. A notícia foi divulgada na coluna de Sergio Bittencourt *Rio à noite* em O Globo, que finalizava com a informação que ele gravou "um quadro para o Fantástico". O disco era dedicado à Edyr de Castro e Marya Bravo Rodrix.

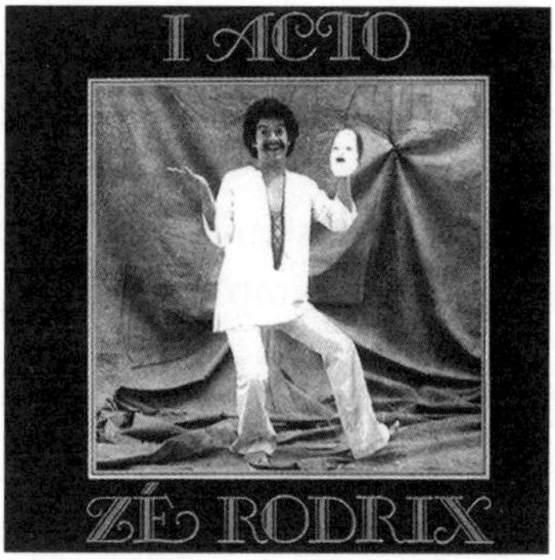

O primeiro disco solo. Parcerias com Tavito.

(1973) Lacto (Zé Rodrix) - Odeon - LP, CD.

Às vésperas do Natal de 1973, já desfeito o trio, deu uma entrevista de meia página para o jornal carioca O Dia, na qual brandia: "Não tenho compromisso com a MPB":

"Meu compromisso é com a minha música. Venho de uma época em que predominava o rock e é natural que a minha música sofra toda a influência do rock, que, por sinal, está ai até hoje, firme e forte, embora todo dia apareça um fariseu anunciando que o rock está morrendo".

Ele rebatia as críticas de que sua música não era genuinamente brasileira, pela influência do rock e por usar instrumentos eletrônicos. No final da entrevista, uma declaração no mínimo perigosa para um mitômano que se preza: ele garantia ter nascido no mesmo quarto de maternidade em que a esposa, Lizzie, na Policlínica de Botafogo.

Ainda sobre o desfecho consolidado do trio, o jornal Última Hora registrou aquele que seria o show de despedida, no teatro Cachimbo da Paz, em Ipanema: "O último show do Rock Rural". Em página inteira, um perfil de cada um deles. Referindo-se a Zé Rodrix, a matéria destacava que o músico já tinha sido hippie no Rio Grande do Sul:

"Autor de *Casa no Campo*, Zé Rodrix afirma que a paz, ele só consegue com um cigarro de palha e seu cavalo alazão. E arremata:

Cada vez mais as nossas músicas estão ficando intuitivas, mais claras e com letras bem simples, sem rótulos ou modismos. Nada de metafísica ou astrofísica. Não é isso que a gente quer. A gente ouve de tudo. Mas a medida que o tempo passa, me convenço de que estou escrevendo para bandas do interior".

Na virada do ano, foi agendado no Teatro Treze de Maio, em SP, um show "confessional", como ele mesmo definiu em entrevista ao Jornal da Tarde. Foram duas semanas em cartaz, que o jornalista da área de cultura, Maurício Kubrusly definiu como "Um monólogo pop em dois atos". O jornalista, na verdade, não gostou do que viu em cena, chamando de "desanimadora" a impressão deixada pela música de Zé Rodrix, hoje, longe dos parceiros Sá e Guarabira e das boas influências.

Com a Agência de Mágicos.

(1974) Quem sabe sabe quem não sabe não precisa saber (Zé Rodrix) - Odeon - LP, CD.

Quando se diz que Zé Rodrix era um sujeito dinâmico, agitado, que levava a vida no maior pique, não há nenhum exagero nisso. (O amigo Moacir Franco dizia que ele tinha "volúpia de falar".)

Enquanto preparava seu próprio álbum, encontrou tempo para aceitar um convite do produtor Moracy do Val, que trabalhava no lançamento de um novo petardo midiático, predestinado a fazer sucesso em disco e no palco: Secos & Molhados. O trio, formado por Ney Matogrosso, Gerson Conrad e João Ricardo, contou com o apoio de alguns músicos de estúdio, entre eles Zé Rodrix, responsável pelo arranjo da faixa *Fala* e pelo teclado *moog*, piano, acordeão e ocarina. O *big* sucesso do lançamento da gravadora Continental se justificava pelo repertório eclético, com destaque para uma parceria inusitada de Gerson Conrad e Vinícius de Moraes em *Rosa de Hiroshima*. O sucesso em disco foi reproduzido nos palcos e nas apresentações pela televisão, que explorava a voz aguda e os trejeitos de Ney Matogrosso. O figurino do trio era escandaloso, colorido, carregado em máscaras, plumas e paetês. Ninguém permanecia indiferente quando eles cantavam, por exemplo, *O vira*, originalmente um fado, de João Ricardo e Luhli, que contava com o acordeom do Zé:

> Bailam corujas e pirilampos
> entre os sacis e as fadas
> e lá no fundo azul da noite da floresta...

Na memória de Gerson Conrad, a pequena, porém, substancial participação de Zé Rodrix no disco foi o início de uma amizade que se prologou por anos:

– O Zé era um sujeito interessante e culto. Ele nos foi apresentado pelo Ney, que era amigo da Lucina e da Lulhi. Depois tivemos um hiato nos encontros, que foram retomados mais tarde, quando ele veio morar em São Paulo.

Em setembro de 1974, depois de uma gravidez tranquila e planejada (Edyr fez questão de exigir o comprometimento dele com a criança, assumindo a paternidade em cartório), nascia Joy Silva de Castro Rodrigues Trindade, segunda filha de Zé e primeira de Edyr.

No mesmo dia ele compôs uma peça musical que chamou de *Cordis Sacerdotalis Exemplar*, um concerto em 5 movimentos para conjunto de percussão e mais vibrafone, xilofone, triângulo e outros instrumentos. Ele definia, no papel da partitura, a disposição de cada instrumento no salão. Era dedicada à filha Joy. Foi na casa do Jardim Botânico que Joy nasceu e passou boa parte da infância.

Se a maternidade afastava Edyr momentaneamente dos palcos, para ele estava reservada uma volta espetacular ao teatro, sua antiga paixão.

Aproveitando a sua faceta de ator, a revista POP, principal divulgadora de novos astros e estrelas, prestigiada pelo público adolescente, publicou um bem produzido ensaio fotográfico *A História segundo Zé Rodrix*. Usando figurinos requintados, ele posava como personagens da história: Colombo (tentando botar um ovo em pé), Nero (em um jardim clássico assistindo TV), Napoleão (montando um cavalinho de madeira) e Luiz XV (em aposentos reais cuidando da vistosa peruca). Era um material importante para a divulgação do seu trabalho, um sinal de prestígio com a mídia.

Bendito fruto entre as Frenéticas (Edir é a primeira à esquerda, com Joy) e a filha Marya (no colo de Leiloca).As outras frenéticas são: Sandra Pera e Regina (atrás) Lidoka (com uma criança não identificada) e Dhu Moraes, com a flor no cabelo).

Acervo Pessoal, Foto Lizzie Bravo

Foi nesta época, meados de 1974, que uma menina brejeira, de Belém do Pará, entrou para a história da MPB. Tinha apenas dezesseis anos e muita alegria estampada em um largo sorriso; cantava em rodas de serestas desde criança, com nove, dez anos, misturando-se sem temor aos bambas do terreiro. Maria de Fátima, ou melhor, Fafá de Belém, como era mais conhecida, costumava passar férias no Rio, onde era amiga de Guarabyra e do ator David Pinheiro, mais conhecido pelo seu personagem na televisão, o empolado Sambarilove, da Escolinha do Professor Raimundo. Quem lembra é Fafá:

– Um dia o David veio me dizer que havia um teste para cantora de *backing vocal* no show que Zé Rodrix faria na boate Pujol, onde o MC de plantão era o Miéle. Eu fiz o teste. Dias depois o David estava me procurando para dizer que eu tinha passado. O trio contratado para cantar com o Zé era formado, ainda, por Tamara Taxman e Júlio Braga, irmão da Sônia. Como eu era menor de idade, a minha mãe teve que autorizar por escrito.

Um chicletes musical: Soy latino americano.

(1976) Soy latino americano (Zé Rodrix) - EMI-Odeon - LP, CD.

Ainda hoje Fafá se recorda da atmosfera criativa daqueles anos, quando ela iniciava uma longa e bem sucedida carreira na música e no teatro:

– Os meninos do rock rural trouxeram frescor para a MPB, cantando os ideais de uma Casa no Campo, uma maneira mais simpes e honesta de viver.

No final do ano começaram os ensaios para a montagem brasileira do musical inglês *Rocky Horror Show,* com direção de Rubens Correia e cenários de Hélio Eichbauer. Na assistência de direção, David Pinheiro, o amigo de Fafá. A montagem original, encenada em Londres, era sinônimo de sucesso. A Zé Rodrix coube, inicialmente, fazer a importante versão das músicas para o português. Mas ele tinha também uma pequena participação no elenco, vivendo Riff Raff, um personagem em cadeira de rodas. Eduardo Conde, Wolf Maia, Diana Strella (cantora, fazia a mocinha Janet Weiss) e Lucélia Santos, também estavam no elenco. No coral de várias vozes, Lizzie Bravo. A peça permaneceu uma longa temporada no Teatro da Praia, atravessando o ano de 1975.

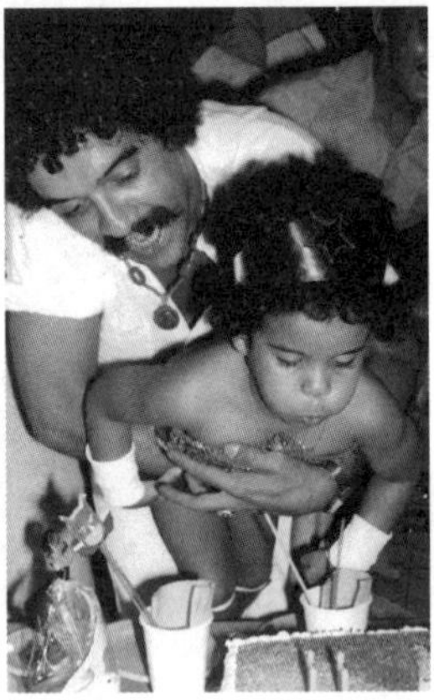

Com a filha Joy, do casamento com Edir.

Acervo Pessoal

Para David Pinheiro, a convivência com Zé Rodrix foi intensa durante a temporada de *Rock Horror Show*. Ele lembra que Zé aparecia no ensaio com Edyr e a filha Joy no bebê-conforto. Destes encontros ficou a certeza de que o amigo Rodrix era, por trás dos disfarces de "porra-louca", um "intelectual muito sério":

– Parecia que o Zé sabia tudo. Qualquer assunto. Um dia estávamos falando de mágicos e ele se apresentou como mágico. Fez mágicas e no dia seguinte apareceu com sua "caixa de mágico" para desfilar novos truques. Era criativo. Eu vi ele fazer um anjo de chafariz, enchendo a boca de água, colocando os pés para trás e depois soltando a água pela boca, no biquinho, como um anjo de chafariz... Impagável!

Um título inusitado

(1977) Quando será? (Zé Rodrix) • EMI-Odeon • LP.

Na mesma balada, Zé Rodrix criava o tema de abertura da telenovela *O Espigão*, mega sucesso da TV Globo, com 150 capítulos que ocuparam quase o ano inteiro de 1974, de abril a novembro. Era, como se dizia, a novela das dez. Tinha texto de Dias Gomes, direção de Regis Cardoso e, mais uma vez, elenco de grandes estrelas: Milton Moraes, Betty Faria, Ary Fontoura, Cláudio Marzo, Débora Duarte, Suzana Gonçalves... Ele foi para o estúdio gravar a trilha com a nova banda A Agência de Mágicos. Na letra da música, uma referência ao personagem principal da trama, Lauro Fontana, um empresário ganancioso vivido por Milton Moraes:

Hoje eu não preciso mais coçar as costas
Inventaram o coça-costas eletrônico
Eu só fazia força
quando ia abrir a porta da minha Mercedes
O único exercício que eu fazia
(era abrir a porta)
Hoje o meu motorista faz por mim
(ah, sim!)

Também de 1975, uma música nunca gravada com o título *Terra Prometida* foi encontrada em suas anotações como se fosse destinada a uma trilha sonora, onde ele assina letra e música. Eis uma amostra da letra:

A gente andou pelo mundo
com a bagagem nas costas
tentando encontrar depois do morro
a terra prometida
E vinha gente de todo lugar
pra procurar a terra prometida...

A amizade de Zé Rodrix com o produtor Carlos Imperial, um sujeito igualmente exagerado, tinha um lado positivo e prático, pois o gordo era uma usina de trabalho, atuando em várias frentes ao mesmo tempo: disco, cinema, rádio, teatro e televisão. Sua produção para o cinema de *O Esquadrão da Morte*, baseado em um livro de Pinheiro Júnior, em 1975, tinha no elenco Stênio Garcia e Carlos Vereza. A trilha sonora era de Zé Rodrix e tornou-se uma espécie de disco cult no submundo das raridades.

Ao mesmo tempo, sem que isso significasse qualquer desgaste por acúmulo de tarefas, ele voltava ao estúdio para gravar o segundo LP solo, *Zé Rodrix e a agência de mágicos: Quem sabe sabe, quem não sabe não precisa saber,* pela nova gravadora EMI, que incorporava a Odeon. Nas doze faixas, predominavam mais uma vez músicas de sua autoria. Era o que se podia chamar de um disco psicodélico, com muitos efeitos de teclado e sugestões de fluidez onírica. No *backing vocal* de seis vozes, Lizzie Bravo, que participava da gravação mesmo depois de separada dele. O disco era dedicado à Joy de Castro Rodrigues, filha de Edyr.

O ano de 1976 foi igualmente intenso na vida de Zé Rodrix. Enquanto Edyr de Castro era arrebatada pelo sucesso estrondoso do grupo As Frenéticas, ao lado de outras cinco mulheres esfuziantes, Leiloca, Lidoka, Sandra Pêra, Regina e Dudu, Zé Rodrix acabava de lançar o seu terceiro álbum, *Soy Latino-americano*, com doze faixas e a regravação de *Casa no Campo*. Cada lançamento era seguido de muita publicidade e participações garantidas em programas de televisão. Assim, ele podia ser visto bastante elegante em seu terno claro, entrevistado por Airton e Lolita Rodrigues no programa Clube dos Artistas, da TV Tupi, ao lado de outras atrações como o amigo Imperial e o cantor Sergio Reis.

Era convidado com frequência para os musicais e programas da TV Globo, agora líder de audiência. Foi entrevistado por Marília Gabriela no programa TV Mulher, quando reclamou da vida de artista, no que se refere, sobretudo, aos "compromissos formais" com a imprensa e a exaustiva agenda. Na gravação do programa Globo de Ouro, um musical, Zé Rodrix repetia a elegância, vestindo *summer* branco, black (no caso white) tie, tocando pistão e cantando acompanhado por um conjunto em formação clássica atrás dele:

Não acordo muito cêdo
mas não fico preocupado
Muita gente me censura
e acha que eu estou errado
Deus ajuda a quem madruga
mas dormir não é pecado
O apressado come crú
e eu como mais descansado...

Soy latino-americano
e nunca me engano, nunca me engano...

Em dezembro, participou de um mega show no estádio do Sport Club Corinthians Paulista ao lado de Rita Lee (e a banda Tutti-fruti) e Made in Brazil, estes representantes do rock puro.

É possível que Edyr tenha sentido previamente os sintomas de afastamento, ou seja, que ele estivesse "ficando" com outra pessoa, como afirma Lizzie com relação ao fim do casamento dela. O fato é que, em 1977, quando um músico solo, Zé Rodrix conheceu a atriz e apresentadora de televisão Norma Blum, uma loura carioca tipo espetacular. Ela era oito anos mais velha e tinha começado cedo na televisão, aos doze anos, como assistente no programa do pai, Mr. Blum, que dava aulas de inglês na TV Tupi, ao vivo. Depois, quando já era já era um rosto conhecido, Norma foi convidada a fazer parte do elenco que deu início às atividades de dramaturgia na TV Globo, participando das novelas *Bravo!* e *Escrava Isaura*. Ela vinha de um casamento desfeito com o ator Milton Moraes, companheiro de trabalho, com quem teve três filhos. Norma lembra o inicio do seu namoro com Zé Rodrix:

– Ele se mostrou interessado e, logo em seguida, insistente. Certo dia, ainda no estágio da paquera, foi me levar em casa, na rua Visconde de Ouro Preto, em Botafogo. Neste dia, me perguntou qual era a minha flor favorita. Eu respondi que eram todas as flores, que todas me agradavam igualmente. No dia seguinte ele passou na floricultura e encomendou todo o estoque, ou seja, um buquê de cada espécie, o que resultou numa quantidade enorme de flores que me foram entregues em casa.

Zé e Norma foram jurados de um concurso de escola de samba promovido por Carlos Imperial em (Nova) Friburgo, na serra fluminense. Com eles estavam a vedete Wilza Carla, o autor de teatro João Bittencourt e o ator Hugo Bidet (ou Bidê), fundador da Banda de Ipanema e homem com trânsito direto no semanário Pasquim. O episódio acabaria em confusão depois de Imperial vetar o nome do jurado Bidet quando soube que uma filha dele desfilava por uma escola de samba concorrente.

Também aqui acontece o afastamento de Zé Rodrix de Edyr e de Joy, repetindo a circunstância de ausências prolongadas, quer seja por trabalho ou outro motivo qualquer. O fato é que, ao final de quase quatro anos, chegava ao fim o casamento com Edyr. Ele saiu de casa, enquanto ela e a filha de dois anos continuaram morando no bairro Jardim Botânico. Para Edyr, ainda era tempo de colheita como atriz. O sucesso das Frenéticas iria terminar junto com o grupo, em 1981, mas a exibição do seu talento seria transferida para inúmeras telenovelas e programas da TV Globo: *Roque Santeiro, Anos rebeldes, Cambalacho, Chiquinha Gonzaga, Chico Anísio Show* (era uma das mucamas de Painho)...

Sobre ela, diria Leiloca, quarenta anos depois: "A Edyr era a mais talentosa das Frenéticas, a mais inteligente, nossa líder".

(Quando este livro estava sendo escrito, Edyr de Castro encontrava-se afastada de todas as atividades profissionais, vítima de Alzhaimer, vivendo no Retiro dos Artistas, em Jacarepaguá, Rio de Janeiro. Leiloca, ainda morando no Rio, transformou-se na astróloga favorita de nove entre dez estrelas brasileiras. Veja no final desta edição o Mapa Astral de Zé Rodrix feito por ela.)

Na sequência frenética de discos produzidos e lançados por Zé, em 1977 foi a vez de *¿Quando será?*, com dois pontos de interrogação, seguindo a mística dos títulos inusitados. Ele definiu assim a música: "Um mote cubano, muito utilizado em Porto Rico, que eu coloquei em outro contexto, criticando a eterna esperança nacional, que nunca resulta em nada, mas mantém os esperançosos vivos para sofrer mais um dia":

Quando sera el dia de my suerte,
sé que antes de my muerte
este dia llegará...

Quando finalmente Zé e Norma decidiram casar, em 1977, foram morar em um apartamento da rua Álvaro Ramos, também em Botafogo, próximo ao endereço antigo dela. Foi um namoro festivo, pois o momento profissional de ambos favorecia o bom astral. Ela fazia sucesso no Teatro Ginástico com a peça, *Cinderela do Petróleo*, de João Bittencourt. Nesta época, os mais frequentes eram Tavito e Ronnie Von, com quem Norma sempre manteve boas relações. Paulo Coelho também estava presente, na memória de Norma:

– Tem um disco do Zé com muitas parcerias de ambos. O Paulo ia lá pra casa e escrevia as letras para o Zé colocar melodias. Foram vários dias. O Paulo sempre pedia para eu fazer um bolo de chocolate, que ele adorava.

Foi neste endereço que ele começou a colocar em prática uma ideia antiga de biblioteca, reunindo seus livros e preparando espaço para os novos que viriam. O apartamento era amplo, com quatro quartos, mas para ele bastava o quartinho onde estavam seus objetos pessoais, gravadores, violão, vários instrumentos, as ocarinas e os livros, que se amontoavam do rés-do-chão até o teto. Para tentar facilitar a vida e o trabalho, criaram uma firma com tudo que havia de prático e profissional, incluindo envelopes e papéis timbrados com a marca Blum – Rodrix – Empreendimentos Artísticos Ltda.

Foi usando este material de escritório que ele redigiu quatro páginas sobre o mercado de trabalho publicitário, particularmente sobre a invenção de um cargo novo na estrutura das empresas capitalistas: o Gerente de Marketing. Sua preocupação era com o mercado fonográfico. Eis um trecho da sua tese:

– A indústria do disco hoje (1980) no Brasil é um reflexo perfeito das relações econômicas que nos vêm sendo impostas desde 1964. Por esta época descobriu-se dentro dos grandes complexos multinacionais de exploração da música a necessidade de acompanhar a ascensão dos tecnocratas, imposta ao povo brasileiro com a implantação do que Delfim Neto e seus acólitos chamam de "o milagre brasileiro". E esta ascensão dos tecnocratas criou, dentro das multinacionais da música, a figura do Gerente de Marketing. Este cargo, nascido das relações de poder dentro do sistema capitalista que foi imposto ao povo brasileiro, é uma variação sofisticada do cargo de Gerente de Vendas. Nós sabemos como a coisa funciona, porque temos visto durante muito tempo, que qualquer um que fala economês consegue desbundar o povo.

Seu raciocínio saudava a criação de um novo termo e de uma nova figura nas relações do mercado cultural: o produto independente.

– Foi exatamente ai que surgiu a opção correta. Os artistas brasileiros descobriram (e vêm provando) o valor da atitude desvinculada dos grandes interesses. Não é por acaso que se dá neste momento a ascensão das gravadoras independentes, o que acontece, basicamente, ao nível ideológico.

No verão do ano seguinte, aproveitando um período de férias de ambos, ele levou Norma para conhecer Rio de Contas, na Bahia, onde ainda morava sua família, tios, tias e primos. "Minhas raízes", ele dizia. Foi uma viagem divertida, quando eles foram visitar uma fazenda em Feira de Santana, onde havia um enorme rebanho de búfalos e Norma aceitou um convite para comandar de brincadeirinha a manada. Eles ficaram um mês na Bahia, mas encontraram tempo na volta para uma rápida passagem por Maceió, onde curtiram um descanso merecido à beira mar, em praias paradisíacas.

A viagem de férias foi tema de uma reportagem na revista *Amiga*, com uma grande foto de Norma, com os cabelos bem curtos, estilo "Joãozinho", e o titulo:

Norma e Zé: "Só agora que Norma Blum e Zé Rodrix encontraram tempo para a sua lua-de-mel: eles chegaram na Bahia, onde passaram onze dias. Norma e Zé dividiram o tempo entre Salvador e Feira de Santana, num passeio que ambos consideraram maravilhoso e tranquilizador".

Na volta ao Rio, ele pegou firme no trabalho para cinema, compondo a trilha sonora de dois filmes. O primeiro, *Motel*, tinha direção de Alcino Diniz e um elenco estrelar: Carlos Eduardo Dolabella, Mauricio Sherman, Ary Fontoura, Tânia Sher, Bibi Voguel. Era uma comédia maliciosa, conhecida como pornochanchada, que rendeu um disco em vinil com a trilha sonora em seis faixas. Ele compôs também a trilha sonora de outra pornochanchada, *As grã-finas e o Camelô*, dirigida por Ismar Porto, com Carlo Mossy e Marisa Summer nos papéis principais.

Hora Extra: parcerias com Paulo Coelho.

Hora extra (Zé Rodrix, 1979) • EMI-Odeon • LP. Autor da Foto: Daeco.

Em setembro de 1978, em um show do tipo caça-níquel, no Grajaú Country Clube, se apresentou acompanhado pelo conjunto Odeon, um regional típico dos bailes-shows do subúrbio.

Este momento coincide com a gravidez de Norma, que se afastava temporariamente das produções para curtir o filho que estava chegando. Na verdade, uma filha. Contrariando todas as opiniões médicas que diagnosticavam uma gravidez de risco, em 11 de outubro de 1978 nascia Mariana Blum Rodrigues, terceira filha de Zé e a quarta de Norma.

Frenetic Dancing Days Discotheque a pista de dança mais frenética do Rio.

www.rockbrasileiro.net

A vida continuava atribulada. Acontecia tudo de bom, mas nada era verdadeiramente cor-de-rosa, em lugar algum do planeta. Em Londres, morria o baterista Keith Moon, da banda The Who, vítima de overdose. Na tentativa de atender à demanda urgente, a ONU declarava 1978 o Ano Internacional Antiapartheid, visando combater a intolerância racial, sobretudo na África, onde o líder negro Nelson Mandela continuava preso. Na Itália, membros da Brigada Vermelha, uma organização paramilitar de guerrilha comunista, matavam o Primeiro-ministro Aldo Moro, depois de quase cinquenta dias de prisão em cativeiro. Acontecia em São Paulo a primeira greve dos metalúrgicos, liderada pelo líder sindical Luís

Inácio da Silva, mais conhecido como Lula. Na televisão, o grande sucesso era a novela *Dancing Days*, de Gilberto Braga, um fenômeno de audiência que revelava a beleza e o carisma de Sônia Braga – depois de *Hair*. Na trilha sonora de sucesso múltiplo e instantâneo, destaque para a música tema com as Frenéticas:

Abra suas asas
solte suas feras
caia na gandaia
entre nesta festa...

Mariana e a mãe, Norma Blum.

Acervo Mariana Rodrigues

Não se pode dizer que o filme *A noiva da cidade* era uma pornochanchada. Pelo contrário, com roteiro do emblemático Humberto Mauro, era dirigido pelo crítico de cinema e intelectual Alex Vianny (na época áurea do cinema americano, nos anos 1950, foi correspondente da revista *O Cruzeiro em Hollywood*), que poucas vezes ficara atrás das câmeras. A música tema era de Chico Buarque e a trilha sonora de Francis Hime. O filme se encaixava no gênero romance. No elenco lotado de estrelas, destaque para Elke Maravilha, Grande Otelo, Wilson Grey, Paulo Porto, Carlos Imperial e.... Zé Rodrix, no papel de prefeito da cidade. Sempre que podia, ele aceitava convites para voltar a atuar. O filme, com problemas de distribuição, renegado pela Embrafilme, foi exibido em apenas seis salas de cinema e, por não ter cópias disponíveis, virou um cult. Afinal, entrava para a história como "*o último filme do mestre Humberto Mauro*".

Em seu recolhimento familiar com a pequena Mariana, Norma registrava com tristeza suas frequentes ausências de casa. Eram viagens a trabalho ou não, funcionando como indício de que algo estava acontecendo. Em se tratando de Zé Rodrix, era possível que o motivo principal fosse, digamos, passional. Norma reconhece que ele era um mulherengo incorrigível, "galinha" mesmo, sempre disposto a se envolver em uma nova paixão. Usava de todos os recursos, até do talento, para seduzir uma alma feminina. Era um romântico. Com o agravante de que não tinha o hábito de desfazer um relacionamento antes de iniciar um novo.

Do ponto de vista psicológico, pode ser um sinal de que Zé Rodrix não gostava de ficar sozinho, sintoma típico de filhos únicos. Certa vez, chegou a passar quase três meses em São Paulo sem dar notícias. Depois de algumas semanas, seu pai, Hermano, percebeu a ausência do filho e apareceu para ajudar Norma fazendo companhia para a pequena Mariana.

Com as filhas Marya, Joy (da frenética Edir) e Mariana, de Norma Blum.

Acervo Pessoal

Nesta época, quando ainda estava com saúde, Hermano praticava judô e muitas vezes lutou com o filho, também judoca. Zé Rodrix, mesmo sem muita constância, frequentando as aulas sempre que podia, desde a adolescência, dizia ter conquistado a faixa preta – mas há controvérsias. A verdade é que existe uma foto dele com quimono, ainda adolescente (apesar de ser uma foto em preto & branco, pode-se perceber que não era uma faixa preta) e outra, mais tarde, já com bigode, aplicando um golpe no pai, seu Hermano. Certa vez, já adulto, foi ao colégio da filha Marya, onde participou de uma exibição de judô. Assim foi até uma determinada competição, quando sofreu forte lesão nos dois joelhos e decidiu parar de treinar e competir. Foi a última vez que vestiu o quimono.

Sabe-se que Zé Rodrix tinha um novo ciclo de amizade em São Paulo, onde passava a maior parte do tempo. Um destes novos amigos era o produtor de jingles, o irreverente Tico Terpins, que surgiu com a ideia de fundar uma produtora de som em sociedade. Ele já tinha o nome: Áudio Patrulha. Para Norma, não havia dúvida: tinha surgido outra mulher no enredo. Talvez as duas coisas. Ele se justificava dizendo que o trabalho nos estúdios e nas agências de São Paulo o estavam absorvendo, mas que logo "tudo vai entrar nos eixos e vamos estar juntos novamente".

UM CAPÍTULO À PARTE

O encontro com Paulo Coelho era inevitável. Morando ambos na mesma cidade e circulando pelos mesmos lugares, nada mais previsível do que a aproximação destes dois talentos. Aproximação, inclusive, temática, pois ambos eram místicos, espiritualizados e frequentadores de candomblé. Durante alguns meses, nos anos 1960, Paulo tinha vivido do Solar da Fossa e, agora, dez anos depois, desfrutava do prestígio que lhe conferiam suas parcerias musicais com Raul Seixas. Foram vários sucessos. Ele não era músico, mas um escritor que gostava de teatro e de música. No encontro com Rodrix, estava claro que ele cuidava das letras e o Zé das melodias. As primeiras parcerias aparecem no disco *Hora extra*, onde assinam juntos cinco das doze faixas do vinil. Na faixa título, Zé Rodrix aparece como sempre foi, múltiplo, ora operário de construção, ora enfermeiro, advogado, tratorista, pipoqueiro, inclusive no clip de lançamento exibido no Fantástico:

Meu querido amigo
eu vou lhe contar
toda minha vida.
Eu trabalho tanto e não tem remédio
estou sem saída...
A minha mulher já não quer mais me dizer bom dia
E a vida que eu levo tá me botando numa fria
Meu filho mais moço eu nem vi crescer
já virou rapaz
E tenho a impressão que ele não me conhece mais...
Ao me ver dormindo ele chama a mãe e sempre reclama:
Tem um "homi" estranho na sua cama.
Pega, dobra, aperta, vira e sacode pra valer

Leva, traz, carrega, abaixa e não deixe endurecer
Pois a hora extra em vez de pagar o meu aluguel
Vai me empurrar sempre para dentro do Pinel
(...)

Em setembro, um lançamento rápido do disco no clube Magnatas de futebol de salão, no Rocha, subúrbio carioca. Era o que ele chamava de *pocket show*, uma noite apenas. Completando o elenco, algumas das bandas mais prestigiadas na época: a gaúcha Almôndegas, Peso e Analfabitles, criadas no embalo do rock'n roll.

Em 1978, um acontecimento inusitado (mais um) fez com que, depois de uma polêmica com o jornalista Sergio Cabral, fosse publicada, na íntegra, uma carta sua com a qual ele ocupava toda a coluna do jornalista. Era uma réplica a um artigo anterior, no qual o jornalista dissera que Zé Rodrix era um exemplo de que "há certas figuras da nossa música com todos os recursos para atingirem uma boa posição, mas não chegam lá porque não querem". A carta foi publicada com o título *Música Popular Brasileira, segundo o cantor Zé Rodrix* e ocupou quase meia página do jornal O Globo, no dia 8 de junho. Ele era acusado, entre outras coisas, de escolher um caminho "inconsequente e comercial" para sua música. E se defendia, usando o espaço do jornalista:

"Fiquei até comovido quando li que sei "tocar, cantar e compor". Depois a comoção passou, porque saber essas coisas não é suficiente. Qualquer partideiro da velha escola, que fale diretamente ao pessoal que o escuta, sabe muito mais que Beethoven, Bach, Bacharach e nós juntos. Música é o rio no qual deve correr o barco da nossa palavra, e essa esquadra de barcos deve ter um propósito mais alto e melhor definido que o simples "deleite dos sentidos, "catarse", "satisfação de egos, etc.".

"O mais notável é que, em 1979, Zé Rodrix lançava dois discos por duas gravadoras rivais, a EMI-Odeon e a RCA Vítor, permitindo uma leitura subliminar do seu ritmo e ansiedade. Ele não parava de trabalhar. E dizia: "Meu prazer é fazer tudo que sei fazer, porque o desprazer está sempre em ter que fazer o que não sei". Ele desfrutava, neste momento, de sua maior popularidade. Graças às exposições na televisão, era frequentemente reconhecido e abordado nas ruas, bares e restaurantes. Foi capa da revista Música, estampada nas bancas de jornais, tema de uma grande reportagem intitulada "Eu, Zé Rodrix".

Recebeu uma carícia no ego, quando ele foi informado de uma entrevista de Elis Regina para a Rádio Jovem Pan, no programa Dois Diretores em Cena, apresentado pelo locutor Randal Juliano. A certa altura da conversa, quando falavam da vida na Serra da Cantareira e da música Casa no Campo, Randal sugeriu que Elis cantasse apenas um trecho para ativar a memória dos ouvintes. Ela cantou, mesmo à capela, sem nenhum acompanhamento, e se emocionou. Na gravação do áudio é possível identificar a voz embargada da cantora que acentuava as emoções da canção:

Eu quero carneiros e cabras
pastando solenes no meu jardim...

Quando terminou, Elis – humilde e serena – se desculpou pelo ocorrido, por ter chorado.

O título do novo disco era uma brincadeira com uma famosa marca de absorvente feminino, *Sempre livre,* e celebrava a amizade com Paulo Coelho eternizando nove parcerias. Apenas duas faixas eram assinadas exclusivamente por Zé Rodrix: a abertura, chamada exatamente *Melô da abertura,* e a faixa nove, *Não, não, não*. Paulo Coelho (Paulinho, como ele o chamava) era, nesta época, diretor artístico da gravadora RCA – e isso facilitava tudo. O disco tinha ainda a participação especial do sertanejo Sérgio Reis na faixa *Carga pesada.*

Na capa do vinil, Zé Rodrix aparecia com o negro bigode cofiado e um cigarro na mão direita, já que ostentar cigarro, nesta época, era uma virtude. Para a imprensa especializada, a gravadora praticamente divulgou um dossiê onde Zé Rodrix declarava com todas as letras:

"Esse trabalho me deixou satisfeito, talvez seja, de todos os meus discos solos, o que me deixou mais satisfeito. Depois de três anos sem fazer arranjos e sem cuidar da parte sonora dos meus discos, descobri a noção de medida. Foi o disco mais direto que já fiz. O outro vai ser mais direto ainda; quero fazer um disco como se estivesse conversando com as pessoas."

O tal dossiê, preparado e assinado pela funcionária Hilneth, ia mais longe e promovia, além do lançamento do disco, o lançamento do MAFHO – Movimento a favor do homem objeto:

"Feminista à sua maneira, Zé Rodrix fundamenta a sua observação do que está acontecendo, as pessoas assumindo a sua sensualidade, e afirma: "Eu acho que o homem está aqui para servir à mulher e não o contrário". E, tal como as mulheres marcaram sua posição queimando sutians, Zé Rodrix declara guerra à cueca."

No estúdio, ele se fazia acompanhar do que havia de melhor na praça: Mamão (bateria), Oberdan (baixo), Peninha, Marcio Montarroyos (sopro) e Serginho Dias, guitarrista dos Mutantes.

No sentido mais popular da palavra, a música de maior sucesso do disco estava na faixa seis, justamente *Abaixo a cueca*, uma bazófia com as manifestações feministas, ou, como diria Fredera, um factóide do Zé:

Homens
chegou o momento da luta
Vamos queimar essa coisa humilhante
que é símbolo da nossa escravidão!

Abaixo a cueca!
Levante a cabeça!
Liberdade pro corpo masculino!
Já chega de mamãe mandou
Já chega de mulher falou
O homem é que tem que ser dono
Do seu destino

Quero aparecer nu em revista
E quero por elas ser sustentado
E também quero ouvir palavrões nas esquinas
Eu quero mesmo é ser um homem-liberado!

Quero que ela me bote de porre
E tente depois me levar pro motel
E que ela cubra meu corpo com muitos presentes
Pra eu cumprir direito o meu papel

Como parte da promoção de lançamento da música, a revista *Sétimo Céu* pubicou um ensaio fotográfico que respaldava o que ele sugeria na música: nu em pelo, ou seja, sem cueca. O título da reportagem: "Não escondo meu corpo. Afinal, o macho foi feito para servir". Para contemporizar qualquer reação de espanto, ele dizia: "Foi minha mulher, Norma Blum, quem reparou que depois dos show as conversas giravam sobre beleza, corpo e sensualidade". Ele aparecia em três fotos ao lado de uma bela modelo, naquela que seria, sem dúvida, a sua graduação no ranking dos factóides.

É verdade que mesmo trabalhando com factóides, ele e Paulo Coelho não se sentiam inteiramente confortáveis, sobretudo pela presença ostensiva da Censura. Algumas foram refeitas para escapar das artimanhas dos censores, mas muitas acabaram definitivamente afastadas do repertório. Sobre *Somos o que você quiser*, parceria da dupla, o funcionário Roberto Batista de Carvalho, do Serviço de Censura de Diversões Públicas, atestou no despacho que vetou a obra:

"A letra em síntese contém conotações que ferem a moral e os bons costumes, previstas no decreto 90.493/46, motivo pelo qual considero o referido veto. Rio, 11 de janeiro de 1978."

Eis uma amostra do delito que, segundo a censura, faz uma invocação ao amor livre:

(...)

Venha pra cá
chega pra lá
eu não preciso insistir
pois quem experimentou
eu sei que gostou
e vai querer repetir
quem sonha pouco
nunca vai dormir...

Chega a ser bizarro. Dois meses depois, um novo parecer da Censura Federal analisava outra parceria da dupla, agora na canção *A velha questão,* onde o técnica de Censura, Angela Maria Azevedo, pedia o veto da letra, que dizia:

Meu bem, não venha com essa história
de tédio mortal, não
Não sou culpado da situação, não
Você é que insiste sempre na mesma questão

Se eu quero algo diferente
você não aceita

E quer repetir sempre
a mesma receita
Dessa maneira a coisa
acaba mal feita

Porque o amor se alimenta
de tantas coisas banais
E nunca pode crescer
Sem muita pimenta
as noites são sempre iguais

Meu bem você é que é culpada
da situação, pois
seu preconceito
é o x da questão
Acabe o problema
mudando de posição

Segundo parecer de um chefe de serviço do Departamento de Censura da Polícia Federal, a letra em análise era de difícil interpretação, então ele sugeria que fossem designados "mais dois censores, para ajudar no exame". A música, finalmente, acabou liberada, em março de 1979.

Mesmo a letra de *Abaixo a cueca*, que havia sido anteriormente censurada, acabou liberada após recurso apresentado pela gravadora RCA. No parecer, a técnica de censura Gabriele Wagner Gomes justificava assim o veto imposto por ela: "A letra em exame utiliza-se de um tom humorístico para conclamar os homens a um pensamento comum que poderíamos considerar como o reverso do feminismo".

A maldição da censura foi implacável também com uma parceria de Zé Rodrix e Luis Otávio de Melo Carvalho, o Tavito.

Neste caso, tratava-se de uma proibição nunca revogada. Eis a letra inédita de *Maria Helena*:

Maria Helena era uma vítima
dos homens que passaram em sua vida
e logo ela que só vivia o dia a dia

Maria Helena caiu no mundo
por pouco menos que dez mil réis
E logo ela que não saia
depois das dez

Mas acontece que no muro da casa
tudo acontece muito mais depressa
Havia uma maneira de quebrar a corrente
e era essa...

Agora, outra canção inédita abatida a tiros pela censura, provavelmente criada para ser trilha sonora de teatro ou cinema, com letra e melodia de Zé Rodrix:

Fora das Grades (Canção do ex-presidiário)

Eu saí da prisão faz 3 dias
e estou tentando entrar no mundo de novo
Mas um ovo quebrado não volta ao que era
Eu não sou mais a mesma pessoa

Tenho um terno e mais cinco cruzeiros
que eu pretendo gastar num grande sorvete
e depois visitar minha casa e família
Eu não sou mais a mesma pessoa (...)

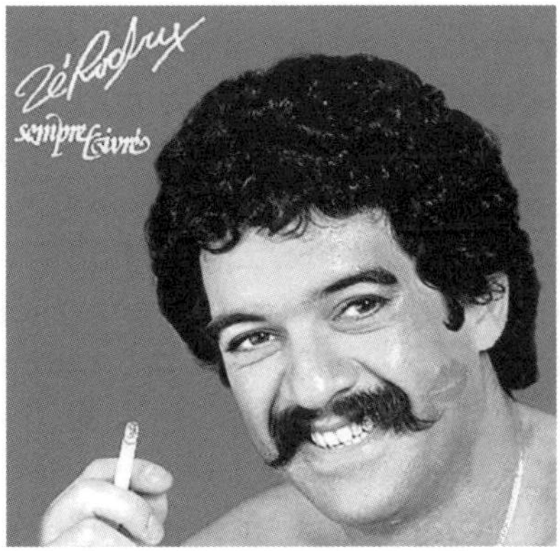

Sempre livre: antecipando o estilo sex machine.

(1979) Sempre livre (Zé Rodrix) • RCA Victor • LP.

Em 1979, e ainda com o beneplácito de Paulo Coelho na RCA-Vitor, ele gravou outro compacto simples da categoria "factóide". Vale dizer: compacto simples era como se chamava o disco em vinil com 38 rotações por minuto, com apenas uma faixa gravada. *Faça de mim um objeto* era mais uma provocação às feministas que propunham como lema o fim da "mulher objeto", um basta na exploração da sexualidade feminina para, digamos, finalidades torpes. A sugestiva batida funk criada por ele no arranjo sustentava a mensagem politicamente incorreta da letra de Paulo Coelho:

Faça de mim um objeto
do seu prazer pessoal
que é tão bom ser usado, agarrado
curtido e tratado
como um animal...

Mas o mulherengo incorrigível estava prestes a preparar nova e espetacular confusão no campo das conquistas amorosas. Nestes dias aconteceu o imponderável: ele teve um romance instantâneo, frugal mesmo, com uma divulgadora da RCA contratada para ajudar no lançamento do disco *Sempre livre*. Era ela quem assinava o dossiê sobre Zé Rodrix, que acompanhava o pacote para a imprensa especializada. Ficaram bons amigos, colegas, até a noite em que saíram para tomar uns drinques (maneira de dizer, pois ele não bebia) e foram jantar na cantina Fiorentina, no Leme. Depois, ele a levou para casa de táxi e.... aconteceu. Tinha tudo para ser um romance sem consequências, não fosse o fato de que, nove meses depois, a moça lhe informava que ele era pai. Nascera em Natal, RN, exatamente dois anos depois de Mariana, o primeiro filho homem de Zé Rodrix, Gabriel, que seria reconhecido por ele anos mais tarde em cartório: Gabriel Correia Trindade Rodrigues. E sem a exigência de exame de DNA, pois o garoto era a cara do pai – e, com o passar do tempo, esta semelhança só iria se acentuar. Estamos em maio de 1980. Hilneth Correia – o nome completo da moça – explica detalhes da trama:

– Na verdade, eu tinha decidido ter um filho e não me importava quem seria o pai. Era um projeto pessoal. Escolhi o Zé, sobretudo, pelo caráter. As primeiras pessoas que souberam da gravidez foram o Paulo Coelho e a Graça, uma colega da RCA. Um mês antes, decidi voltar para casa, em Natal, para cuidar do nascimento do bebê. No início, o Zé ficou chateado pela maneira como tudo aconteceu, mas depois curtiu muito o filho. Eu liguei e lhe disse: não quero nada de você.

Nem mesmo a gravidade da situação abalou o casamento de Zé Rodrix e Norma Blum; pelo simples fato de que Norma demorou muito tempo para conhecer a história verdadeira. Depois de meses, ela passou a receber telefonemas de pessoas anônimas dizendo coisas que soavam absurdas, falando que Zé Rodrix tinha um filho em Natal, que ela devia procurar saber melhor, etc... Ela nunca levou à sério tais conversas, considerando que eram manifestações inconsequentes de alguma fã mais afoita. Mas ele rompeu a amizade com o ator Sérgio Mamberti depois que soube de comentários feitos nos bastidores sobre um filho "abandonado" pelo pai Zé Rodrix. Como explica a filha Mariana:

– Meu pai ficou indignado com o Mamberti, pois ele não tinha abandonado ninguém; na verdade, ele se achava injustiçado nesta história. Ligou para o Mamberti irritado por aquilo que ele chamava de "intromissão na vida alheia". E falou: "Se você me encontrar na rua, por favor, mude de calçada".

Em fevereiro de 1980, José Rodrigues Trindade era admitido no Sindicato dos Músicos Profissionais do Rio de Janeiro (matrícula 1456). Completava, assim, o ciclo de sua regularização funcional; anos antes se matriculara na Ordem dos Músicos (13.868). Em julho, precisamente no dia 16, uma notícia capaz de abalar a alegria deste grupo de amigos: depois de uma forte depressão motivada sobretudo pelo alcoolismo, morria, aos 35 anos, o violonista e compositor Sidney Miller, amigo e parceiro de Guarabira na administração do Teatro Casagrande, nos anos 1970. Uma morte cercada pela polêmica de um possível suicídio, mas que, na verdade, foi um mal súbito (infarto) provocado pela depressão e pelo álcool. Era, no máximo, uma espécie de suicídio – semântica jamais aceita pelos bons médicos que reconhecem o alcoolismo como uma doença, não como atitude voluntária.

Houve um momento em que Zé Rodrix e Norma Blum se envolveram com a política, frequentando algumas reuniões do PC do B carioca. Juntos, participaram de reuniões prévias para a criação de um partido que seria fundado naqueles dias: o Partido dos Trabalhadores. Eles tinham reuniões no Jardim Botânico, onde se concentravam os novos diretórios da Gávea, Humaitá e Leblon. Nestas reuniões, por volta de 1980, conheceram o jovem Luiz Antônio Aguiar, que representava o movimento estudantil no processo de criação do PT. Na memória do ex-estudante, tudo foi muito rápido neste primeiro encontro:

– Eu era espectador e fã da Norma no programa Teatrinho Trol. Ela era linda. Mas nossos encontros naquela ocasião, foram superficiais. Nas reuniões, o Zé e a Norma se apresentavam como representantes do PC do B. Foi um coisa rápida, logo nos separamos. Eu viria a ter um novo contato com o Zé no futuro, quando a vida já estava diferente.

O ritmo alucinado de trabalho em várias frentes iria levar Zé Rodrix novamente aos estúdios da gravadora Continental, em São Paulo, para preparar um novo single de 33 rotações. Era o ano de 1981. O mix de *Seu Abelardo/Rock do Planalto* homenageava o apresentador Chacrinha, enaltecendo algumas virtudes do velho guerreiro, e sugeria seu nome para Presidente da República. Eis uma amostra da quilométrica letra de doze estrofes, escritas no início do governo do general João Batista Figueiredo:

Seu Abelardo,
tem uma coisa que eu queria tornar pública:
A nossa vida sem você seria trágica,
seria um saco, seria um palavrão!

Seu Abelardo,
se você fosse Presidente da República,
Brasília iria ser um grande palco,
iluminado e tão acolhedor!

Seu Abelardo,
essa marchinha chega a ser um pouco cívica
Eu precisava que isso acontecesse rápido
antes do dia, da tal da sucessão!

Seu Abelardo,
se você fosse Presidente da República,

o nosso povo gritaria em bloco:
"Salve Chacrinha, o nosso campeão!"

Ó Terezinha, ó Terezinha,
É um barato a Presidência do Chacrinha!

(...)

Entre 1981 e 1984, Zé Rodrix trabalhou na produção de vários musicais entre Rio e São Paulo, quase sempre em parceria com Miguel Paiva, o ex-colega do Colégio de Aplicação, que acabaria enveredando pelo caminho do desenho. Eles se encontraram anos mais tarde, quando Miguel retornou de um período de alguns anos em Milão, e viraram parceiros musicais. Primeiro, fizeram juntos o musical *Heleno, um homem chamado Gilda,* sobre o jogador de futebol do Botafogo Heleno de Freitas, considerado um homem bonito "como Gilda", personagem de Rita Hayworth no cinema. A dupla fora motivada pelo entusiasmo de um botafoguense histórico, o empresário Almeida Braga, o Braguinha, e do homem da noite, Ricardo Amaral, dono da boate Hipopótamo. Zé e Miguel trabalharam durante um bom tempo escrevendo o texto, criando as músicas e bolando os figurinos. Os ensaios, ou melhor, a escolha do elenco, aconteceu em uma sala do Copacabana Palace – detalhe que deixava tudo mais pomposo.

Certo dia, quando estavam exatamente neste labor, tocou a campainha na casa de Zé e Norma, em Botafogo. Miguel olhou pela janelinha da porta e quase caiu para trás. Era Heleno de Freitas, ou melhor, Luiz Eduardo de Freitas, fotógrafo, filho de Heleno. Foi uma surpresa e eles ficaram arrepiados. O rapaz era a cara do pai, um sósia. Para aumentar a dramaticiadade do momento, o pai de Zé, seu Hermano, chegou casualmente para uma visita. E ficou chocado com a semelhança, pois acreditava estar vendo Heleno, o jogador do Botafogo, que ele conhecia muito bem. Tudo foi potencializado. Na lembrança de Miguel, a excitação e a reação do parceiro foi literalmente visceral:

– O Zé enlouqueceu. O rapaz entrou, o Zé foi para o piano e apresentou a peça inteira. Ele explicava tudo, acompanhava as cenas pelo script falando o texto de todos os personagens. Foi um espetáculo que durou duas horas. No final, quando terminou, o Zé vomitou no banheiro.

Apesar de todos os esforços, a montagem do musical foi atribulada. Enfim, foi um fracasso. Os possíveis patrocinadores desistiram no meio do caminho. A montagem mais significativa aconteceria através da Orquestra Brasileira de Sapateado, com o ator Raul Gazola no papel título. Muitos anos depois aconteceu uma montagem para teatro, a primeira, no Teatro Delfim, no Humaitá. Nesta montagem, a participação de Zé Rodrix foi apenas como autor, inclusive do texto do programa nunca impresso, que ele chegou a redigir e começava assim:

"Um dia eu e o Miguel estávamos na casa dele, tentando arrumar um assunto para uma boa música, e pensamos em fazer uma canção sobre um ídolo esportivo, mas tinha que ser um dos menos votados, que não tivesse sido nem rei nem ministro. Lembramos de Heleno de Freitas, que eu tinha conhecido quando era criança, num jogo de futebol no hospício de Barbacena. Eu me lembrava muito dele, já gordo e acabado, dando alteração na varanda do Botafogo, em General Severiano."

O mesmo envolvimento se aplica à comédia musical *Os reis do improviso*, uma produção do Teatro Paulista de Comédia, de Jandira Martini e do ator Marcos Caruso, apresentada no Teatro Bibi Ferreira. Na ficha técnica ele assinava as músicas, as letras e a direção musical. No elenco, além do próprio Caruso, estavam Eliana Rocha e Eduardo Silva. Na direção, Noemi Marinho.

Outra parceria da dupla Rodrix-Paiva foi no musical *Pó de Guaraná*, dirigido e coreografado por Wolf Maia; o elenco encabeçado por Cininha de Paula e Guilherme Karam. Aliás, quando o ator Karam sofreu um acidente de automóvel, ao se completar a centésima apresentação do espetáculo, Zé Rodrix foi convocado às pressas para substituí-lo no palco, interpretando um cantor homossexual. Ele pegou um avião em São Paulo e no mesmo dia já estava ensaiando. A revista Contigo registrou assim sua participação no elenco: "O incrível desempenho de Rodrix serviu para abrilhantar a festa de aniversário da montagem que fala dos conflitos e da alegria de um grupo de cantores em busca de fama e dinheiro." Como ilustração, uma foto dele no palco usando apenas uma mini-tanga e botinhas de salto carrapeta. A revista Romântica também registrou a participação dele na peça, destacando que "Zé Rodrix assumiu o lance sapecando até um apaixonado beijo na boca do ator Cláudio Savieto. Foi glorioso."

O espetáculo era uma adaptação do original americano *Fortune*, de Russel e Melrose, mas, para a montagem brasileira, ganhou duas novas canções criadas por Zé Rodrix e Miguel Paiva: *Rock do Planalto* e *Pó de Guaraná*. Zé dividia o trabalho musical com o maestro Eduardo Prates, na montagem das partituras. Ficou em cartaz durante os cinco primeiros meses de 1982, no Papagaio Café Cabaret.

Ainda no Rio, mas na eminência de se mudarem para São Paulo, os dois criaram o musical *Band-Age*, sucesso no Teatro Glória, com direção de Marcos Flaksman. Contava a história de dois grupos de pessoas, os dançantes e os pensantes. O cenário era um curso de vestibular, onde jovens de diversas origens e classes sociais se defrontavam com dois problemas característicos da adolescência: sexo e política. No elenco, Liane Maya, Elida L'Astorina e Monica Torres. Miguel lembra que na noite da estreia ele e Zé

Rodrix, nervosos, assim que a peça começou foram para o hall do teatro, fumar um cigarro:

– O Zé estava tenso, fumando, mas assim que ouvimos gargalhadas da plateia, relaxamos. Era sinal de que estavam gostando....

Uma nova montagem de *Band-Age* seguiu depois para temporada em São Paulo, no Teatro Cultura Artística, com direção de José Possi Neto. Foi neste momento que eles decidiram se mudar, definitivamente, para São Paulo. Uma terceira montagem de *Band-Age* foi programada para o Rio, com direção de Cininha de Paula e um novo elenco, onde se destacavam nomes como Daniele Winits, Marya Bravo e Lupe Gigliotti. Na iluminação, Maneco Quinderé. Ficou em cartaz no Teatro Delfim, que existia no Humaitá. Como um sinal de afinidade entre os parceiros, Zé Rodrix e Miguel Paiva se mudaram para São Paulo no mesmo dia: 2 de maio de 1983.

Acervo Pessoal

O FATOR ELIS

A primeira morte

Zé Rodrix ainda estava morando sozinho em São Paulo, preparando a mudança de Norma e da pequena Mariana, quando a tragédia aconteceu. A notícia teve repercussão nacional, na manhã daquele dia quente, 19 de janeiro de 1982: morria em São Paulo a cantora Elis Regina. Zé Rodrix estava almoçando em um restaurante na cidade, quando foi procurar um telefone e ouviu um rapaz perguntar para alguém, na sua frente: "A Elis Regina morreu? Que coisa!". Ele pensou tratar-se de um engano, uma brincadeira de mal gosto, um mal-entendido. Mas, quando ligou o rádio do carro estava tocando *Casa no Campo*... Trocou de estação e estava tocando outra música com Elis Regina... Ele reagiu na hora: "Morreu mesmo, agora acredito".

Segundo o noticiário, Elis fora vítima de uma dose letal de cocaína e álcool. A notícia explodiu como um petardo na cabeça de Zé Rodrix, pois ele perdia uma amiga por quem nutria grande admiração, independentemente da importância que ela tinha na sua vida profissional. Ele a admirava, sim, pelo talento, mas também pelo caráter e personalidade. Eles eram semelhantes em vários aspectos; explosivos e muito exigentes na condução dos trabalhos e nas relações afetivas. Eram passionais.

A reação dele à morte da amiga, sobretudo pela circunstância, foi devastadora. Naquele dia, ele tinha passado mais cedo pela tal festa que entraria para a história como "a cena do crime". Não se pretende aqui promover nenhuma investigação do tipo policial, apenas entender as fortes razões que levaram Zé Rodrix, o careta, a entrar em um período prolongado de depressão. Ele foi ao velório, no Teatro Bandeirantes, em estado de choque. Se recusou a dar entrevistas às televisões, se esgueirando entre amigos. Depois confessou que era a primeira vez que conseguia olhar para uma pessoa morta. Estava flutuando. Chegou a dizer a quem estava por perto que não sentia os pés no chão...

Como consequência deste impacto, Zé Rodrix tomou a decisão de nunca mais trabalhar com música, compor ou subir em um palco para cantar. Abalado emocionalmente, decidira desistir. Sua rotina foi se complicando. Não queria sair do quarto, andava de pijamas e não tinha ânimo para nada. Sentia-se culpado por não ter interferido na vida de Elis, por não ter tido tempo de dizer para ela o que ele, intimamente, pensava sobre as drogas. Vira Elis cheirando e bebendo naquele dia, mas não gostou do que viu. Ele não era reacionário, mas as drogas não funcionavam com ele e podiam não funcionar com ela. E foi assim, sem nenhuma distorção da realidade, que Zé Rodrix se afastou por mais de vinte anos da música, cumprindo uma promessa anunciada a poucos amigos. O parceiro Tavito foi testemunha deste período nefasto:

– O Zé ficou mal com a morte da Elis, entrou em profunda depressão. Ele era careta, embora muitas pessoas pensassem o contrário.

A bronca dele não era com a música, mas com o sistema imposto aos artistas pelas grandes gravadoras, que ele chamava de *majors*. "Para ficar bem com as *majors* você tem que lançar pelo menos um disco por ano". A partir deste momento, ele não teria mais vínculo, contrato, com nenhuma gravadora e nem planos de se apresentar em teatros ou boates. Empresário? Nem pensar. Zé Rodrix considerava que o preço a pagar pelo sucesso era muito alto no showbiz, que a máquina triturava impiedosamente as pessoas, consumia suas almas. "Aconteceu com a Elis", dizia. Seus argumentos foram expressos como princípios éticos que, sem nenhuma bravata, sempre acompanharam seus passos na profissão:

– É preciso compreender que a arte vai apenas até o momento em que o artista considera sua obra pronta e acabada. Daí em diante é apenas comércio, maneiras de ganhar dinheiro com aquilo que foi arte.

Anos depois, em entrevista a uma rádio de São Paulo, Zé Rodrix lembraria:

– A primeira vez que eu me impressionei com a Elis foi ouvindo ela cantar *As curvas da estrada de Santos*. Ela cantava de uma forma tão visceral que não pude ficar indiferente. Não é todo dia que você encontra uma cantora se entregando assim, abrindo o peito sem nenhum medo de se mostrar. Depois, ela confirmou esta tendência cantando *Como nossos pais*, do Belchior, rasgando...

Seu ganha-pão, a partir de agora, seria resultado do trabalho exclusivo na publicidade. Sua parceria com Tico Terpins, na criação da produtora de jingles tão sonhada, estava apenas começando.

Nos intervalos, um trabalho que sempre fazia com prazer eram as trilhas sonoras para o cinema e a televisão. Fazer música em estúdio era tolerável – o que não era tolerável eram as obrigações acumuladas em agendas de shows e viagens. Em 1983, Zé Rodrix criou o tema de abertura do seriado *Mário Fofoca*, da TV Globo. O personagem, um detetive cômico que sempre vestia um escandaloso terno quadriculado, era interpretado por Luís Gustavo, ator que tinha conquistado fama anos antes vivendo o impagável *Beto Rockfeler,* sucesso da TV Tupi. Mário Fofoca apareceu inicialmente na novela *Elas por Elas*, em 1982, mas o personagem caiu no gosto popular e acabou rendendo um seriado de dezessete episódios e, posteriormente, um filme com roteiro do autor original, Cassiano Gabus Mendes, e o mesmo elenco: Sandra Bréa, Júlia Lemmertz e Maria Luiza Castelli. Norma Blum estava no elenco de *Elas por Elas*, a novela original. Na música-tema, Zé Rodrix advertia:

Esta é a história de um herói
que não tem fama e nem glória
detetive diplomado
pelo reembolso postal...
Ele se veste na captura do Falcão Montez
Acerta a pontaria e encana um urubu português

Ma ma Mário Fofoca
Só pra não dar trabalho a velha
toma um refresco de groselha
e janta um saco de pipoca

Ma ma Mário Fofoca
Isso é que é super-herói nacional
Exaqueca, divórcio, chantagem, bobagem e o caso do Trem Pagador
Ele resolve... ou não!

Neste mesmo ano, finalmente, Norma e Mariana conseguiram se mudar para São Paulo. Elas chegaram para uma nova vida cercadas de expectativas e festividades – e todos foram morar numa confortável casa na Chácara Flora, na zona sul. Foi quando ele conseguiu ampliar seu projeto de biblioteca, criando algo espetacular – ele brincava dizendo que o modelo era a biblioteca do Congresso americano – mas que nunca chegou a ser definitivamente executado. Ele já tinha encontrado o marceneiro, que nunca chegou a iniciar efetivamente os trabalhos. A esta altura, seus livros – que já se podiam contar aos milhares – ganhavam a contribuição da biblioteca pessoal de Norma, deixando tudo quase espetacular. No testemunho isento de Guarabyra, "nesta época ele lia uma média de dez livros por mês, sem exagero". Olhando de longe, o autor de *Abaixo a cueca* não parecia, mas era um intelectual.

De maneira quase automática, Norma deu sequência à carreira de atriz participando ativamente de oito episódios de *Caso Verdade*, série produzida em São Paulo pela TV Globo. A cada semana era apresentada uma história diferente e real. Eram histórias descritas em cartas enviadas à produção pelo público e selecionadas por Walter Negrão e Eloy Santos, também responsáveis pelo roteiro final. Para Zé Rodrix, finalmente, chegava a hora de se afastar do estúdio Scatena e do parceiro Tavito e firmar parceria com Carlos Alberto Terpins, o Tico, seu novo amigo. E prestar atenção na banda dele, a originalíssima Joelho de Porco.

A decisão de se afastar do showbiz era o tema principal da entrevista feita com ele pelo tabloide *Refletor*, auto-denominado "o jornal do teatro", editado no Rio. O título da entrevista resumia sua disposição naquele momento: "Não me iludo mais com a carreira musical". O mais curioso é que ele falava de uma carreira bem-sucedida, do ponto de vista comercial, financeiro. Na abertura da entrevista, foi apresentado assim pela repórter Christina Moreira:

"Com novo visual, sem querer se expôr, apaixonado pelas filhas. Foi esse o Zé Rodrix que entrevistei. Com uma consciência política e social bem definida, ele conversa e explica a decisão de abandonar sua carreira de cantor. Mas nos dá também uma imagem mais ampla do artista que é. Além de cantor e compositor, Rodrix já fez teatro, escreveu livros, fez adaptações de peças teatrais e muitas outras coisas."

Mas não ficou apenas nisso. O mesmo assunto – seu afastamento do mercado musical – era tema da revista *Romântica*, que estampava em seu título, em caixa-alta: *Zé Rodrix garante que não vai mais cantar*. Ele argumentava: "Não quero vender minha alma ao diabo. Foi uma decisão tomada em cima de fatores muito importantes pra mim, como o prazer e a alegria de fazer arte." Ele encerrava a defesa do seu ponto de vista, da sua decisão de se mudar para a publicidade, argumentando:

– Se é para fazer comércio, faço comercial. É mais honesto, sou bem pago para vender e ninguém me enche o saco. Não vou vender a mim, nem um personagem que vendi durante muito tempo, fazendo música para levantar um troco e fingir que estava fazendo arte.

E, por fim, encerrando o assunto, a revista especializada TV Contigo, estampava em reportagem de página dupla: *Zé Rodrix não canta mais*, onde ele aparecia irascível ou mesmo irritado com a realidade que o cercava. A revista preferiu chamar a declaração de desabafo:

"Eu não tenho mais saco para gravar um disco, batalhar nas rádios e nas emissoras de televisão, porque não é o tipo de gente com quem gosto de lidar ou conversar. Não tenho mais necessidade de ascender socialmente."

Seu desabafo tinha coerência com as decisões tomadas, tanto do ponto de vista espiritual como prático. Seu raciocínio era claro:

"Durante todo esse tempo não houve nenhum enriquecimento espiritual. A carreira me deu muito pouco, porque não consegui conhecer dez pessoas que eu possa considerar como amigos. Claro que há exceções.. Por exemplo, o Chacrinha."

Em 1984, quando no topo da lista dos *best sellers* estavam *Tocaia grande*, de Jorge Amado, e *A insustentável leveza do ser,* do tcheco Milan Kundera, Zé Rodrix passou a assinar, aos domingos, uma coluna semanal na *Folha de São Paulo*, chamada *Leitura Dinâmica*. Ele tratava, prioritariamente, do mercado editorial – autores, livros e livrarias. No dia 25 de março, participou como convidado da Escola de Belas Artes, de uma mesa redonda sobre "O livro como divulgador de Cultura". Depois de dizer que se perdera na USP, tanto pelo deslumbramento quanto pela falta de sinais, chegou à mesa e lá estavam Caio Graco, da editora Brasiliense, Ruth Rocha ("com que prazer eu sentei ao lado dela") e a Amélia Império Hambuerger, professora de Física. Dentre as suas considerações, expressas na coluna, ele lembrava que o livro, em confronto com a modernidade, estava em discussão: “”Será que no futuro próximo, que o Caio Graco prenunciou, a obra de arte feita em papel, chamada livro, será definitivamente substituída pelos terminais de vídeo? E se assim for, como é que nós os viciados em livros, sobreviveremos?”.

A VOZ DO BRASIL – JOELHO DE PORCO

A primeira produtora de som de Tico Terpins e Zé Rodrix, criada em 1979, se chamava Áudio Patrulha. Os dois tinham características profissionais diferentes mas complementares: Tico, um guitarrista de garagem, era administrador versátil e competente; Rodrix, músico criador e letrista emérito, era um administrador de garagem. Ambos tinham características pessoais semelhantes, em vários aspectos: eram irônicos, atrevidos e muitas vezes insolentes. Juntos, potencializavam, além de várias virtudes, os seus piores defeitos: eram inconvenientes e, muitas vezes, anárquicos e irresponsáveis. Enquanto Tico iria cuidar das finanças e da administração, Zé Rodrix seria o diretor de criação da produtora. Tico era de 1955, portanto, oito anos mais jovem.

No início era tudo muito precário, como lembra Adriana Terpins, mulher de Tico e mãe de seus filhos:

– Eles entregavam os jingles para os clientes em fitas cassetes, destas bem rudimentares. Mas o trabalho deles era sempre divertido e, como o Tico sabia economizar e investir, logo o negócio prosperou.

O primeiro endereço da agência ficava na rua Barão de Tatuí, no bairro de Santa Cecília. O estúdio, de muito prestígio junto aos músicos, tinha mais de trinta metros quadrados e, com seus 16 canais disponíveis, atendia às necessidades técnicas de bandas contratadas da gravadora WEA, como Ira!, Ultraje a Rigor, Titãs e Magazine, que lá gravaram seus discos. Não demorou muito para Zé Rodrix se envolver com estes jovens. Logo ele produziria, no seu próprio estúdio, o disco de lançamento de uma banda que faria história: Língua de Trapo. O primeiro LP em vinil do grupo, produzido pelo pessoal da Lira Paulistana (grupo que se reunia em torno de teatro, poesia e outras artes) tinha a participação efetiva de Zé Rodrix e seguia o mesmo gênero do Joelho de Porco: o sarcasmo. Na contracapa um aviso: "este foi considerado OLP do ano pelo líder Yasser Arafat, da Organização pela Libertação da Palestina". O baixista do Língua, Sérgio Gama, ainda se lembra desta rica convivência:

– O Zé teve muita influência no início do Língua de Trapo, participando do primeiro disco como músico e arranjador. A faixa Xingu é toda dele. Ele e o Laert representavam uma dose dupla de criatividade e trabalhavam em grande harmonia. E com muito humor.

O Laert a quem ele se refere é Laert Sarrumor, compositor e cantor, fundador da banda, que acompanhou tudo muito de dentro:

– Eu era fã declarado do Zé Rodrix. Quando os nossos caminhos se cruzaram, foi tudo de bom. Ele era muito divertido, bom astral.

Laert lembra que, mais tarde, seus encontros com Zé Rodrix se tornaram mais frequentes, sobretudo durante o Festival dos Festivais, da Globo, quando eles se cruzavam nos camarins, nos hotéis e restaurantes, durante as três etapas do evento, concluído no Rio de Janeiro, quando *Escrito nas estrelas*, defendida por Tetê Espíndola, foi a vencedora. As duas bandas, Joelho de Porco e Língua de Trapo, foram classificadas e estiveram no mesmo palco, como finalistas. Na memória de Laert ficou o radicalismo anárquico do Joelho, particularmente de Tico Terpins:

– Teve um episódio em que Leila Cordeiro, repórter da TV Globo, estava fazendo uma entrada ao vivo nos bastidores, quando o Tico surgiu por trás manuseando um consolo, um pênis de borracha, que balançou perto da orelha dela... E foi ao ar. Ele era demais!

Laert lembra também de um detalhe que lhe pareceu bastante significativo:

– Me chamou atenção que nesta noite Zé Rodrix tocou um teclado Prophet 5, um sintetizador, instrumento sofisticado no gênero e muito estimado pelos especialistas.

Quem também frequentava o estúdio Áudio Patrulha e, mais tarde, A Voz do Brasil, era a cantora Cida Moreira. Certa noite, Tico e Zé apareceram no teatro para assistir ao show *Summertime*, de Cida, que era dirigido por José Possi Neto, e tiveram a ideia de convidá-la para gravar um disco, o seu primeiro disco. A primeira sugestão foi gravar ao vivo no teatro Lira Paulistana, o mesmo reduto onde nasceu o Língua de Trapo. Assim, no ano seguinte era lançado o vinil *Summertime*, com clássicos de jazz e blues. Na memória de Cida, uma paulistana da gema, alguns detalhes ficaram marcados pela personalidade de Zé Rodrix:

– Na música ou na publicidade, ele se tornou o melhor dos melhores, era assim com tudo que fazia. Tinha fome de vida... Era solar, afetivo, irônico, e genial artisticamente. Sua melhor qualidade eram todas estas numa pessoa só.

Na lembrança de Luis Carlos Sá, quando a dupla Sá & Guarabira decidiu comemorar dez anos de carreira, em 1982, convidou Zé Rodrix para uma participação especial num memorável show em São Paulo. E tudo aconteceu sem o menor ressentimento em noitada festiva no Circo Mágico da rua Caio Prado. O elo estava refeito.

Um ano depois, Cida lançava seu segundo LP em vinil, *Abolerado blues*, ainda com o selo da Lira Paulistana, em coprodução com a gravadora Continental. Trazia duas músicas de Zé Rodrix, uma em parceria com Tico Terpins (*Traçado*) e a outra com Miguel Paiva (*A turma do bilhar*).

Nesta época, Tico Terpins circulava pela cidade pilotando um vistoso Jaguar vermelho, sinal inequívoco de prosperidade. Entre os principais clientes d'A Voz do Brasil, no início dos anos 1980, estavam a Kolynos (com o lançamento da pasta gel), a rede de lojas populares Riachuelo e o batom Boka Loka, que mereceu um clip efusivo e escandaloso, com mulheres espetaculares e bocas vermelhas como a paixão. Uma peculiaridade sobre o jingle da rede de lojas C&A, para o qual uma cantora desconhecida foi selecionada para interpretar o clássico *Summertime*, de George Gershwin. O sucesso do anúncio foi tão grande que a cantora, Rosa Maria, em curto espaço de tempo, tornou-se um dos grandes nomes da MPB. O primeiro disco dela contou com o trabalho de estúdio de Zé Rodrix, como produtor e arranjador. Na lembrança de Ivo Barreto, técnico de estúdio que trabalhava com a dupla, Zé Rodrix era impagável:

– Ele era uma enciclopédia, o *google* daquela época. Além de ler sem parar, tinha uma memória excepcional. Eu também lia, mas não tinha nem a metade da memória dele. Quando alguém tinha alguma dúvida, logo ligava para o Zé...

O locutor de plantão que eles sempre tinham à mão no estúdio era o jovem mineiro Antônio Viviani, recém-chegado de Poços de Caldas. Com voz e memória aguçadas ele explica, hoje:

– Trabalhar com aquela dupla era sensacional. O Tico tinha um coração maravilhoso, era uma pessoa generosa, apesar das brincadeiras de mal gosto que eles aprontavam. Do ponto de vista profissional, eram muito competentes.

O ano de 1982 foi particularmente rico em acontecimentos nefastos e bizarros: foi o ano da Guerra das Malvinas e da morte – por overdose – do músico e comediante John Belushi, da banda Os Irmãos Cara-de-Pau, originalmente Blues Brothers, uma espécie de Joelho de Porco internacional. Qualquer semelhança com Tico Terpins é mera coincidência, embora ambos pudessem ser identificados como "poetas sujos", nos exageros e nas atitudes politicamente incorretas. Cada um a sua maneira.

Tico Terpins perdia um amigo mas não perdia uma piada. Neste sentido, apresentava comportamento idêntico ao de Zé

Rodrix e, juntos, podiam ser reconhecidos como irmãos, irmãos cara-de-pau. Ficaram famosas as "pegadinhas" criadas pela dupla, quase sempre de mal gosto e sem limites. Na verdade, eles mantinham uma certa disputa para saber quem era o mais inconsequente. Como no dia em que resolveram, juntos, "sacanear" um amigo que tinha comprado um carro novo, um Chevette estalando de fábrica. Sorrateiramente, eles abriram a caixa de câmbio do carro e colocaram dentro o conteúdo de uma lata de sardinha – nem mais e nem menos. Resultado: nos dias seguintes, o cheiro de sardinha apodrecendo ficou insuportável e acabou intrigando o proprietário, que não conseguia descobrir a causa. A situação se agravou e o amigo não teve outra alternativa a não ser vender o carro por um preço abaixo do mercado.

Na maioria das vezes, as traquinagens eram organizadas e bem produzidas. Eles mandaram fazer, em uma fábrica especializada, um grande adesivo para a lateral de automóveis, com os dizeres: Funerária Esperança, o seu último descanso, telefone tal... etc. Quando alguém chegava para uma visita ou reunião na produtora, eles colocavam às escondidas o adesivo na lateral oposta à porta do motorista, no lado do carona, e o sujeito saía pela cidade "pagando aquele mico". Eles se divertiam...

Outra vítima da dupla foi o veterano músico Caçulinha, o do acordeão, para quem armaram uma boa cilada. Conseguiram uma folha em branco, timbrada, usada em processos judiciais, e falsificaram uma intimação. Dizia que a empresa Antartica Paulista exigia, pelo uso indevido do nome do seu refrigerante guaraná Caçula, uma indenização milionária. Caçulinha ficou arrepiado. No dia seguinte, bastante apreensivo, acompanhado do seu advogado, foi ao Fórum se informar sobre o caso. Foi quando ficou sabendo, através de um funcionário da Justiça, que olhou o papel contra a luz, que o documento não tinha a marca d'água característica. Era falso.

Na memória do locutor Viviani, ficou um lote de dezenas de "pegadinhas" da dupla:

– Durante a Copa da Itália, em 1990, Jack Terpins, irmão do Tico, o próprio Tico e o Zé aprontaram uma para o apresentador esportivo Milton Neves, que estava em Roma trabalhando na cobertura do evento. Eles ligaram de São Paulo, dizendo que também estavam em Roma, tinham acabado de chegar, e convidavam em nome da empresa A Voz do Brasil, quatro pessoas para jantar no sofisticado Piccolo Mondo, na via Aurora. Quem ligou primeiro foi o Jack, que voltou a ligar minutos depois, dizendo que podiam levar mais quatro pessoas, oito no total".

Do ponto de vista de Milton Neves, foi uma "pegadinha" salgada e sem graça, apesar da sua sólida amizade com Jack Terpins:

– Depois do Jack, o Tico ligou duas vezes e o Rodrix uma, dizendo que estavam indo nos encontrar no restaurante. Marcamos para as oito da noite. Quando deu dez e meia, cansados de esperar, decidimos jantar e eles não apareceram. A conta passou de dois mil dólares, ficou além do limite do meu cartão de crédito. Foi um sufoco para pagar. Como eles diziam que estavam hospedados no espetacular Hotel Excelsior, mandamos um operador de áudio ir até lá e ele não conseguiu entrar no prédio, sequer chegar na recepção...

Teve um episódio curioso envolvendo o músico Juca Chaves, primo de Tico. Eles ligaram se dizendo produtores de um comercial para a televisão e ofereceram R$ 1,5 de cachê. A mesma pessoa explicou que outros artistas estavam envolvido na gavação, e que a chacrete Rita Cadilac, por exemplo, estava também convocada, com um cachê de R$ 5 mil. Em seguida houve um mal-estar, quando a assessoria de Juca pediu mais informações. No final não houve acordo, pois o cachê anunciado não foi aceito. E era tudo armação...

Para variar, certa vez foi Zé Rodrix quem aprontou para o amigo Tico, que havia chegado à produtora como sempre fazia, deixando o carro na vaga destinada a ele. Logo depois, Zé pegou a chave e, sorrateiramente, levou o carro de volta à casa de Tico, deixando-o na garagem – e chamou um táxi para voltar ao estúdio. Ele esperou pacientemente até o final do dia para acompanhar as consequências. Na hora de sair, Tico não encontrava o carro. E ficou intrigado, cada vez mais intrigado. Onde estava o carro mesmo? Zé Rodrix foi claro com o amigo:

– Tico, hoje você veio sem carro, vá por mim, você chegou de táxi...

Tico ligou para casa e acabou ouvindo da mulher:

Seu carro está na garagem, no lugar de sempre.

A verdade é que junto com a agência de jingles, Zé Rodrix ganhava também uma banda de rock, a pioneira no gênero punk no Brasil, a indefectível Joelho de Porco, criada anos antes por Tico Terpins, Próspero Albanese, Walter Baillot, Conrado Ruiz e Rodolfo Braga. A estreia aconteceu numa noite memorável no palco do Tuca, em São Paulo, ano de 1972. Eles tiveram como madrinha a cantora Aracy de Almeida, convidada mais do que especial e, mesmo que involuntariamente, um ícone do punk nacional; eles diziam que eram "amadrinhados" por ela. O primeiro disco, um compacto simples, tinha a produção do ex-Mutantes Arnaldo Batista. Depois, fizeram algum sucesso com *Boeing 723897* e com a gravação da inusitada *Mardito Fiapo de Manga*:

Mardito fiapo de manga
preso no maxilar inferior...

A formação do Joelho de Porco com David Drew (alto à esquerda) , Tico Terpins, Zé Rodrix e Próspero Albanese em primeiro plano.

(1988) 18 anos sem sucesso (Joelho de Porco) • Eldorado • LP.

A banda se dissolveu por volta de 1977, com a saída de três integrantes. Assim, quando Zé Rodrix entrou na vida de Tico Terpins, passou também a integrar a banda Joelho de Porco, assumindo os teclados. Para confirmar uma forte tendência ao bizarro, o quarto integrante convidado era o fotógrafo decano David Drew Zingg, o amigo publicitário de Guarabyra, que compunha o figurino usando um nariz de porco de borracha, o mesmo usado pela torcida do Palmeiras. Zingg tocava razoavelmente uma gaitinha de boca. A banda estava formada assim: Tico Terpins (guitarra), Zé Rodrix (teclados e vocal), Próspero Albanese (bateria e vocal) e David Zingg (harmônica).

Convém deixar claro, a pedido do próprio Zé Rodrix, que ele considerava a experiência com a banda Joelho de Porco uma terapia, não exatamente uma volta ao show business. Ele não queria saber de empresário e nem de agenda lotada, por isso a banda era uma brincadeira levada a sério. Em entrevista ao VJ Thunderbird, ele explicava:

– O Joelho de Porco é terapia. Quando tudo está aborrecido, chato, a gente fala: vamos dar uma joelhada?

Com a nova formação da banda foi gravado, em 1983, o álbum *Saqueando a Cidade*, pela gravadora Continental, em nova parceria com o grupo Lira Paulistana, de onde saíram os sucessos *Vigilante Rodoviário* (uma obra prima do sarcasmo) e *Vai fundo*. Tinha ainda uma versão roqueira para uma canção clássica italiana, *Funiculi, funiculá*. Mas foi com a música *A última Voz do Brasil*, com a qual eles participaram do Festival dos Festivais da TV Globo, em 1985, que a repercussão mudou o rumo da história. Eles ganharam o prémio de melhor letra do festival e aproveitaram para mudar o nome da agência de jingles, que passou a se chamar A voz do Brasil:

Dez para às sete
tá quase na hora
de ouvir pelo rádio
a última Voz do Brasil...

Na lembrança do baterista Próspero Albanese, integrante original da banda, as coisas aconteceram assim:

– Eu estava em casa, depois da primeira morte do Joelho de Porco, quando o Tico me ligou dizendo: "Estou com o Zé Rodrix aqui, vamos retomar a banda, venha pra cá...". Eu já era fã do Zé, desde a época do trio com Sá e o Guarabyra, e tinha o sonho de um dia poder gravar um disco com ele. De repente, virou realidade. Ainda hoje me emociono quando ouço *O Rock do relógio*, onde fiz o vocal com o Zé no estúdio:

Noutra volta do relógio
quando já tiver passado bastante tempo
nós vamos nos encontrar
e vamos nos divertir à beça

Rindo de tudo isso
que a gente vive agora
O relógio nunca para...

Durante o trabalho de mixagem do disco, eles conheceram na editora da gravadora Continental, um jovem que, além de fã do Joelho, se mostraria um grande amigo e aliado: o ruivo Antonio Carlos Senefonte, recém-chegado de Londres, que logo ganharia o apelido de Kid Vinil. No entanto, para Zé Rodrix, ele passou a ser apenas o Kid Venal, que lembra ter sido vítima contumaz da dupla:

– Certo dia, armamos uma árvore de Natal na entrada da minha sala, na gravadora, e assim que a dupla viu aquelas bolinhas de vidro vermelho, começaram a arremessá-las em mim, como se eu fosse um alvo. Foi uma chuva de vidro por toda sala e eu me agachando pra não levar bola de vidro na cara. Parecia cena de pastelão.

Em contrapartida, eles também abraçaram a causa da banda de Kid Vinil, a Verminose, que trilhava um caminho semelhante ao do Joelho de Porco, algo entre o rock punk e o deboche puro e simples. Zé e Tico Terpins passaram a fornecer sugestões de repertório, além de propor a mudança do nome da banda para Magazine. Eles davam palpites para Kid Vinil e para o produtor Pena Schmidt, o Peninha, que trabalhava no lançamento da nova banda. Foi com uma música da dupla que Kid Vinil* e a banda Magazine chegaram ao topo da parada de sucessos. Era o hit *Sou boy*:

* *Quando este livro estava sendo escrito, em maio de 2017, morria Kid Vinil, vítima de um ataque cardiádo.*

Acordo sete horas
tomo ônibus lotado
Entro oito e meia
eu chego sempre atrasado
Sou boy, eu sou boy

Sou boy, boy, sou boy...

E ainda teve o sucesso tipo "chiclete" de *Tic tic nervoso*, de Marcos Serra e Antonio Luiz:

Estou preso no trânsito com pouca gasolina
O calor tá de rachar e lá fora é só buzina
Perdi o meu emprego que já era mixaria
e ontem fui assaltado em plena luz do dia

Isso me dá
um tic tic nervoso,
um tic tic nervoso.

Com pefil semelhante ao de Kid Vinil, inclusive na estima pelo punk rock, Luiz Thunderbird, da primeira geração de Vjs brasileiros, nascida com o canal de televisão MTV, era um fã declarado de Zé Rodrix:

– O Zé e o Joelho de Porco eram o que havia de interessante no universo do punk rock brasileiro. Eu o encontrei pela primeira vez nos estúdios Áudio Patrulha e, mais tarde, na Voz do Brasil. Ele e o Tico eram impagáveis. Estive em sua casa gravando uma entrevista e fiquei encantado com tudo, inclusive com a tartaruga que mordiscava meu tênis All-Star. Hoje eu tenho uma banda, a Devotos de N.S. Aparecida, que tem muita influência do Joelho, inclusive, e deliberadamente, no repertório.

Foi para deixar todo mundo nervoso. Em julho de 1983, uma tragédia imensa, de proporções catastróficas, se abateu sobre a cidade catarinense de Blumenau. Chuvas torrenciais que se prolongaram por mais de trinta dias, provocaram enchentes e inundação do rio Itajaí-açu, afetando mais de 135 cidades, fazendo 49 mortos e 198 mil desabrigados. Sem dúvida, a maior tragédia natural registrada na região. O país inteiro se condoeu pelo drama das pessoas e acompanhou a paulatina recuperação dos danos causados.

A reação da sociedade catarinense, encabeçada pelas indústrias e pelo empresariado local, foi imediata. Enquanto a recuperação física de prédios, pontes e monumentos se concretizava, teve início a recuperação moral da população. Uma das iniciativas foi intensificar o calendário de eventos turísticos, para que a solidariedade dos brasileiros pudesse se consolidar em ações.

Em 1984, era criado o Primeiro Oktober Fest, um festival de tradições germânicas que tinha como modelo o original da cidade alemã de Munique. Muita cerveja e polkas executadas por uma bandinha típica dos Alpes garantiam a animação. Para o evento inaugural foram listadas algumas celebridades que seriam convidadas de honra da cidade. Entre os nomes ilustres estavam os dos atores globais Tony Ramos e Paulo Figueiredo, com as respectivas esposas, e também Zé Rodrix e Norma Blum. O apresentador de televisão Marcos Hummel, da TV Globo, que participou da festa em companhia da mulher, Márcia, lembra que Zé Rodrix se destacava na multidão:

– Ele se revelou um verdadeiro artista, um contador de piadas tipo profissional. No ônibus, no trajeto do hotel para os locais turísticos, ele dava show de talento e simpatia.

Uma nova e inusitada parceria da dupla Miguel Paiva-Zé Rodrix, se deu com o produtor e ator Cláudio Cunha, que nesta época encenava com grande sucesso a comédia *A velhinha de Taubaté*, de Luís Fernando Veríssimo. Para Cunha, eles fizeram uma versão musical de *O analista de Bagé,* também de Veríssimo, outro grande sucesso no palco do teatro Procópio Ferreira, em São Paulo. Na fase áurea, tinha Paulo Cesar Pereio no papel título e cenários de Miguel Paiva. Nesta época, Miguel trabalhava com Veríssimo, seu parceiro nas tiras de Ed Morte, um personagem de histórias em quadrinhos publicada em jornais e revistas. A aproximação deles propiciou uma nova parceria da dupla na trilha sonora de uma nova e ousada produção de Cláudio Cunha: o polêmico filme *Oh! Rebuceteio*, (uma mistura da peça *Oh! Calcutá*, com uma referência ao sexo feminino) talvez o mais representativo filme pornográfico brasileiro, desta vez com sexo explícito nas telas. Cunha já realizara cinco filmes, todos considerados pornochanchadas, mas nenhum com tamanha ousadia e repercussão. No elenco, muitos atores e atrizes, todos praticamente desconhecidos. A trilha sonora feita pela dupla Rodrix-Paiva tinha oito músicas especialmente compostas para o filme.

Apesar da aparência de tranquilidade e harmonia, para Norma Blum não havia mais dúvida: ele estava saindo de casa, dando sinais de que a paixão tinha se esgotado e de que não tinha mais nada a dizer. A pequena Mariana, apesar da pouca idade, lembra hoje que nesta época o pai parecia um saltimbanco, andando pelo Brasil:

– Ele passava em casa, apenas passava. Foi a primeira fase do nosso relacionamento. Na minha memória de criança ficaram as brincadeiras, as visitas dos amigos e a alegria contagiante dele. Apesar de ter apenas cinco anos, eu já tinha sensibilidade para entender que as coisas não estavam bem. Quando minha mãe veio explicar que eles estavam se separando, eu disse: "Que bom, mãe, não vai mais ter briga".

Haviam se passado oito anos desde aqueles dias maravilhosos de conquistas amorosas e paixão ardente. A favor de Norma, como sorte do destino, o fato de que sua carreira de atriz só progredia, garantindo-lhe o glamour e a sobrevivência ao lado da filha. O casamento acabou em 1985, mas logo Norma estava preenchendo a vida fazendo parte do elenco da telenovela *Sinhá Moça*, da TV Globo, ao lado de Lucélia Santos, Marcos Paulo e Mauro Mendonça.

A parceria com Miguel Paiva suscitou, em meados de 1986, mais um trabalho musical: eles fizeram uma versão em português de *Yes, it is*, de Lennon e McCartney, que virou *Demais*. A música foi gravada com sucesso no mesmo ano pela cantora Verônica Sabino e fez parte da trilha sonora da novela *Selva de Pedra*, da TV Globo, como tema de Simone, personagem vivida por Regina Duarte:

Foi um vento que passou
que te trouxe
e te levou
deixando no corpo
a marca do amor
que ficou no ar
Ilusão luar
a chuva que esse vento
traz
faz com que
eu me lembre mais
de todos os sonhos
que a gente sonhou
Planejou demais
demais
Bem que eu podia
tentar te encontrar
Mas um vento forte
que me afastou, te levou
te escondeu
longe demais
A chuva que esse vento
traz
faz com que
eu me lembre mais
de todos os sonhos
que a gente sonhou
Planejou demais
demais
e cada vento

que soprar
pode te fazer voltar
Encher o vazio
que ficou no ar
Me marcou demais
Me marcou
demais

O disco com a trilha de Selva de Pedra foi lançado com duas canções de Zé Rodrix, pois incluia também *A garota do teatro rebolado*, apenas dele, tema da personagem Funny Marlene, interpretada por Heloísa Helena.

Um dia surgiu a possibilidade de fazer um teste de ator para uma série de comerciais dos brinquedos Estrela. Zé Rodrix estava morando, então, na casa do parceiro Miguel Paiva e resolveu se submeter ao teste. Procurou pessoalmente a Diana Filmes, onde conheceu uma jovem produtora, bela e charmosa, chamada Júlia. Depois de ter sido escolhido, suplantando vários candidatos, teve de enfrentar dias e dias de trabalho intenso, quando ele e Júlia estreitaram a amizade. No total, foram 28 filmes curtos produzidos em menos de um mês, em um ritmo considerado normal para Zé Rodrix. Quando o namoro com Júlia efetivamente começou, ele alugou uma casa na rua Lisboa, travessa da avenida Rebouças, no bairro de Pinheiros. Foi da sacada desta casa que ele avistou uma outra casa para alugar, na mesma rua, e convenceu Tico Terpins a instalar ali a nova sede d' A voz do Brasil. Não deu outra: em poucos dias Zé Rodrix estava morando a poucos metros do local de trabalho. O que, para qualquer pessoa normal, seria um privilégio, para ele era uma situação incômoda:

– Morar perto do trabalho significa trabalhar mais. Vou me mudar logo desta casa.

Também aqui pouco importa se ele estava "ficando" ou não com a nova namorada, antes de se separar de Norma. O fato é que logo depois Júlia Maria Alves Viani também foi morar na casa da rua Lisboa, para onde ele transferiu alguns pertences (instrumentos musicais, roupas, incensos e uma máquina de escrever), além de sua estimada biblioteca, agora razoavelmente enriquecida. Ele dizia para Júlia, fazendo graça:

– A cada casamento eu dobro o tempo de duração. O primeiro durou dois anos, o segundo quatro anos, e o terceiro, com a Norma, durou oito anos. Acredito que nós temos pelo menos dezesseis anos de união estável pela frente.

Com Júlia grávida e os pais.

Acervo Pessoal

Para celebrar a aliança, no dia 15 de outubro de 1986, Zé Rodrix e Júlia subiram ao altar da igreja da Cruz Torta, em Pinheiros.

Antes, acredite leitor, eles participaram de um evento chamado Encontro de Noivos, que fazia parte do Curso de Preparação para o Casamento, no Santuário de Nossa Senhora de Fátima, no Sumaré.

Na cerimônia da igreja, Júlia estava de vestido branco e grinalda, ele de terno cinza, gravata, bigode espesso e um cravo branco na lapela. Não foi uma cerimônia de casamento inteiramente tranquila. Com a igreja ricamente decorada com azaleias, o que chamava atenção mesmo era Tico Terpins, com um blazer colorido, gravata borboleta e tênis All-Star vermelhos. Há quem garanta ter visto, numa cena muito rápida, Tico tirar o pênis para fora da braguilha e balançá-lo três vezes, imitando o padre ao borrifar água benta nos noivos. Outras pessoas preferem não acreditar que isto aconteceu; seria apenas parte do folclore dos dois amigos. "Talvez o Tico tenha apenas enchido a mão com o órgão genital, sem colocá-lo para fora da calça. Ele fazia muito isso", opina outro amigo. Como diria o próprio Rodrix: "Se a lenda superar a realidade, imprima-se a lenda."

O que aconteceu realmente, na igreja foi uma trapalhada promovida por Tico, que trocou as partituras dos músicos de uma pequena orquestra, que devia tocar temas escolhidos pelo noivo. A troca confundiu os músicos que não puderam executar o que havia sido combinado, ou seja, não houve música.

No universo das criações de Zé Rodrix, nada se compara ao exercício que representou a invenção de um país imaginário chamado *Meneghal*, o paraíso possível. Na verdade, o nome oficial era *Resprivata Meneghalesca*, mais conhecida como *Meneghal*. Ele e Tico Terpins mergulharam na criação deste trabalho magnífico, que exigiu grande dedicação de ambos, uma espécie de graduação na experimentação ficcional. Como diriam os jovens de hoje, "você não tem noção", nobre leitor.

Primeiro eles escolheram o espaço físico (a ilha de San Suely, que ficava no caminho da frota de Pedro Álvares Cabral, onde o navegador fez uma escala em 1502), depois, desenharam com detalhes o mapa físico e seus relevos; escreveram uma Constituição e criaram uma moeda e uma bandeira para o tal lugar. Com sofisticado instrumental técnico, projetaram exemplares da arquitetura de Meneghal: casas, edifícios, pontes em plantas que eram desenhadas em papel próprio de engenheiros e arquitetos, com cerca de um metro de largura. Tudo no maior capricho. Karadium era a capital do Alto Meneghal, enquanto Kudioutro era a capital do Baixo Meneghal. Em destaque, na parte sul da ilha, o magnifico estádio San Serginho. Ao lado, quase anexada à ilha de Meneghal, ficava a Ilha das Virgens Gordas, que se transformou num antro de piratas no século XVII; o ponto continental mais próximo de Meneghal era Porto Rico.

O fundador de Meneghal chamava-se Amçeto Meneghetti, brasileiro de origem italiana.

O mapa de Meneghal, o país (ilha) imaginado.

Acervo Pessoal

Com dedicação admirável, Zé Rodrix (sempre dialogando com Tico) escreveu a história de Meneghal, sua independência de Portugal, sua colonização e estrutura administrativa. O documento oficial e cartorial de Meneghal incluía sua História e Geografia, definia limites e fronteiras, atividades econômicas, financeiras, apresentava dados demográfico; e, também, ações literárias e artísticas. Abordava temas da presença brasileira no país: a geração de 1960, a revolução de 1946, música e poesia de vanguarda.

Os figurinos das roupas dos habitantes de Meneghal eram primorosos: os infantis, os masculinos e os femininos eram ricamente desenhados. Lembravam o futurismo preconizado em *Star Treck* e mantinham algumas semelhanças com os uniformes da tripulação estelar do Capitão Kirk.

Um extenso documento, datilografado em máquina de escrever, fundamentava a história de Meneghal. Abordava todos os temas da Constituição do país, começando pelo nome:

"Há controvérsias quanto à origem do nome Meneghal. Aceita-se que o nome se originou do sobrenome do fundador da Resprivata Menehalesca, Amlete, nascido no Brasil de pais italianos, conhecido na América do Sul como o único ladrão criativo do século. Fugindo de casa, numa certa ocasião, Amlete Meneghetti veio dar com seus costados nas costas da ilha de San Suely, onde, junto a alguns companheiros e vários autóctones da ilha, fundou o que hoje conhecemos como Resprivata Meneghalesca ou Meneghal."

O documento segue descrevendo aspectos da história e da cultura do país fictício, uma espécie de nação ideal imaginária. Todo este material escrito e desenhado, está arquivado até hoje no baú do Rodrix.

No cotidiano da produtora A Voz do Brasil, a rotina incluía bons minutos na padaria da esquina (padoca, como eles diziam), a tradicional CPL, na rua João Moura, com mesinhas na calçada. Quando eles chegavam em grupo, a água ao redor ficava turva, ou seja, o ambiente se agitava. Uma testemunha destes momentos era o jovem punk Marcos Valadão Rodolfo, fã declarado do Joelho de Porco, que estava sempre pela vizinhança, sonhando em tocar numa banda. Ele ficava por perto prestando atenção nos caras que tanto admirava. (Anos depois, quando o jovem cresceu e conseguiu empunhar um microfone, passou a se chamar Nasi, e veio a ser vocalista do grupo Ira!)

Foi uma época em que a noite paulistana era marcada pelas agitações das boates Madame Satã e Aeroanta, onde, pontualmente, Zé Rodrix costumava aparecer. Eram pontos de encontros entre artistas, performers e produtores. Foi no Aeroanta que surgiu Marisa Monte.

As duas casas apresentavam o grupo *Harpias e Mansfield* (de Marcelo Mansfield) formado por mulheres fantásticas, entre elas a gaúcha Gracie Gianoukas, especializada em fazer a plateia rir – e esta, a veia histriônica, era seu ponto em comum com Zé Rodrix. Grace e Zé tinham outra coisa em comum: eram artistas, digamos, eloquentes, exagerados e não tinham medo de se exibir.

Com Júlia e Marya em Nova York visitando John Lennon no Central Park, 1987.

Acervo Pessoal, Foto Lizzie Bravo

No ano seguinte, 1987, ainda à guisa de lua de mel, Zé e Júlia foram passear em Nova York, onde Lizzie e Marya Bravo estavam morando. Foi um reencontro tranquilo e amigável. Hospedaram-se em um hotel no centro de Manhattan, mas foram jantar uma noite na casa de Lizzie e Marya. Foi Lizzie quem agilizou os tíquetes para o show que eles escolheram assistir: Steve Wonder. Foram ainda ao musical *Into the Woods*, na Broadway, por um interesse manifesto e particular de Rodrix por musicais. Marya estava junto, pois também era admiradora de Stephen Sondheim, o autor das músicas.

O festival gastronômico da temporada incluiu um jantar no famoso Alfredo di Roma e um café inesquecível, onde ele foi conhecer *in vitro* a receita original de um tiramissú. À tarde, passeando pelas ruas de Manhattan, Marya ganhou do pai um presente muito estimado naqueles dias: uma bota *dock marten's*, original, tipo coturno, clássica dos punks americanos. A temporada terminou com todos visitando o trágico edifício Dakota e, para atenuar o espírito, o cantinho arborizado do Central Park dedicado a John Lennon, o bucólico *Strawberry Fields*. Atenta aos movimentos, a fotógrafa profissional Lizzie Bravo registrou a cena: Júlia de cabelos brancos, Marya encostando a cabeça no ombro do pai, que simula um ar de tristeza em homenagem ao ídolo perdido. Foram dias de descanso e intensa programação cultural.

Para Zé Rodrix, a vida parecia se completar com as atividades na produtora A Voz do Brasil e nos ensaios da banda Joelho de Porco, que se preparava para gravar um novo LP.

Antes, veio a criação de um jingle, que se tornaria famoso, para o lançamento do Chevrolet Opala 88, com o qual a produtora ganhou os principais prêmios da publicidade brasileira e internacional. Foi um sucesso, cercado por lances espetaculares e histórias fabulosas. Fabulosas... Bem. Segundo testemunhas, neste caso tudo é verdadeiro: ele recebeu a encomenda do clip às 11 horas da manhã e às 14 horas entregou a versão final ao cliente. As qualidades técnicas do trabalho parecem corroborar uma quebra de parâmetros: ele sentou-se ao piano e preocupou-se em fazer uma poesia, simplesmente, algo distante de um anúncio comercial. O resultado:

É no silêncio *do meu Chevrotet*
que o meu coração bate mais alto

Enquanto o mundo perde a forma
eu me encontro em mim...

E é aqui que eu sempre vou seguir....
meu coração
bate mais alto dentro de um Chevrolet...

No jingle premiado para a Chevrolet, 1988

Acervo Voz do Brasil/Campanha McCann Erickson.

A versão final veiculada na televisão também era repleta de novidades, pois ele mesmo aparecia ao piano, cantando, de óculos, vestido sobriamente com um pulôver tipo colete de *cachemere* azul. Aquele do jacaré. Na segunda parte, em um atrevimento ainda maior, ele falava na primeira pessoa, como se fosse – sim, era – um depoimento pessoal:

"Antes eu entrava num táxi e o *chofeur* dizia: Pô, você não é aquele cara do pistão que tocava aquela música? Um belo dia o *chofeur* de táxi olhou pra mim e falou: Tu não é o cara que fez aquela música do Chevrotet?"

Definitivamente, não era um anúncio como os outros. No meio publicitário, louvou-se a iniciativa da criação, créditos que enriqueceram de prestígio a produtora A Voz do Brasil. Foi um período que, para eles, representou também uma fase de estabilidade financeira: estavam ganhando algum dinheiro e tudo parecia organizado do ponto de vista administrativo.

As viagens, antes frequentes por causa dos shows, agora eram pontuais e se confundiam com passeios. Por iniciativa do *chefe* Tico, eles tinham o costume de visitar anualmente as feiras de tecnologia que aconteciam nos EUA, para as quais os olhos do mercado estavam sempre voltados. Em 1988, durante uma destas viagens, Zé Rodrix mandou um cartão postal para Júlia, dizendo: *New York whithout you looks like Nova Iguaçu,* com direito a rima e tudo.

Tico era ávido, louco por conhecer as novidades e acompanhar os avanços dos equipamentos de gravação. Certa vez, em Miami, eles tinham combinado jantar no famoso restaurante Rusty Pelican, especializado em frutos do mar. Queriam comer lagostas. Algumas horas antes da reserva, Zé Rodrix começou a reclamar de dor na perna, aparentemente sem maiores consequências, mas "inexplicável", segundo ele. A dor foi aumentando e, quando chegou a hora, ele conseguiu entrar no táxi, mas não conseguiu sair. Na porta do restaurante foi ajudado pelo porteiro da casa, mas sem sucesso; ele estava quase gritando de dor. Pediu aos amigos que entrassem, que fossem se divertir, mas ninguém entrou. Todos voltaram com ele para o hotel. No dia seguinte, andando pela rua, eles leram uma notícia acachapante no Miami Herald estampado numa banca de jornal: "Explosão no *Rusty Pelican* mata dois". Ficaram perplexos, pois uma das vítimas era o porteiro que tentou ajudá-lo a sair do táxi. O episódio ficou registrado em ambiente restrito como mais uma das premonições de Zé Rodrix.

Em uma outra feira similar, desta vez em Los Angeles, o atrevido Tico Terpins falsificou um crachá colocando nele um nome de mulher, Carol, que com o sotaque americano e o sobrenome inventado por ele, ficava assim: Carol Buceta. Sobre estas atitudes politicamente incorretas e até deselegantes, Tico costumava dizer, ainda em tom de pilheria: "Papai bebia muito e batia na mamãe, por isso sou assim". Era o que se podia chamar de "uma atitude punk".

Outra vez, eles combinaram um passeio de lazer, os dois casais, Zé e Júlia, Tico e Adriana, para a ilha de San Martín, no mar do Caribe. Queriam encontrar o paraíso na terra. Foi difícil organizar a viagem, encontrar alguém para ficar com as crianças. Na negociação, prometeram brinquedos e presentes aos pequenos. As mães de Zé e Júlia, as avós, eram escaladas para fazer o papel de babá. Zé Rodrix se encarregou de todo o resto: passaporte, visto, dólar, passagens, tudo na mão, faltava embarcar. Quando eles chegaram no aeroporto de Guarulhos, uma surpresa: Rodrix tinha esquecido o passaporte em casa. Deu um branco geral, pois eles tiveram que cancelar a viagem. Quando voltaram para casa, encontraram crianças decepcionadas, pois não iam ganhar brinquedos e nem presentes. Freud explica?

No playground da vida, um episódio para lá de curioso: em 1987, durante um passeio de barco pelo litoral paulista, como costumava fazer nas horas de lazer, o irmão de Tico, Caio Terpins, encontrou boiando no mar algumas latas fechadas e sem rótulo. Várias delas. Movido pela curiosidade, ele pescou algumas e ficou intrigado, pois estavam, pelo menos aparentemente, cheias e não era possível saber o que havia dentro delas. Ao abri-las, uma surpresa: cada uma delas continha aproximadamente um quilo e meio de maconha. As latas haviam sido jogadas no mar pelos tripulantes do navio Solana Star, que chegou da Austrália para receber o carregamento e levá-lo para Miami. Era um carregamento de 22 toneladas acondicionadas em cerca de 15 mil latas. Caio Terpins recolheu pelo menos 40 latas e levou-as para São Paulo, onde o achado foi a atração naqueles dias. Como dado biográfico, pode-se dizer, com segurança, que Zé Rodrix fumou "um da lata", pelo que nisso tinha de pitoresco. O episódio ficou conhecido nacionalmente como "o verão da lata".

O trabalho publicitário de Zé Rodrix e sua turma, enfim, seus jingles, já era amplamente reconhecido. Maré boa, portanto, para a volta do Joelho de Porto aos estúdios, mais discos de vinil.

Em 1988, a banda resolveu dar uma nova joelhada: entrou nos estúdios da Eldorado para gravar um novo LP, usando de muita sinceridade ao chamá-lo de *18 anos sem sucesso*, que refletia com fidelidade o estado de espírito anárquico do grupo. Eram treze faixas sem predominância de nenhum gênero. Uma mistura de versões pessoais do cancioneiro americano, como Gershwin (*The man I love*), clássicos brasileiros de Herivelto Martins (Mamãe, mamãe, és a rainha do lar...) e João Roberto Kelly (Twist de branco) e a faixa título, by Joelho, dedicada ao abismo de gerações:

O meu pai sempre dizia
"quero ver você doutor"
Minha irmã sempre a escutar
"quero ver você casar"

Eu sem caminho
qualquer profissão
Papai decide o que vai ser de nós... yeah

Faz dez anos é solteirona
E eu não sei o que fazer
O meu pai vive esperando
meu diploma de doutor

O baterista Próspero, único remanescente da banda original, recorda um episódio que sempre considerou de particular importância:

– Estávamos dando uma entrevista para um programa de televisão, creio que na MTV, quando o apresentador perguntou ao Zé qual a música do Joelho que ele mais gostava. Ele respondeu que era *Hey, Gordão*, de minha autoria. Nem preciso dizer que amei.

No mesmo ano do lançamento do disco do Joelho de Porco, logo depois de concluída a reforma da nova sede da produtora A Voz do Brasil, na rua Lisboa, Zé Rodrix decidiu mudar novamente. Ele procurou e encontrou uma oportunidade sob medida na rua Aimberê, em Perdizes; era uma casa que para ser licenciada pela Prefeitura, ter o habite-se, teria que passar por uma bela reforma. E assim foi feito, pois ele estava comprando e não alugando o imóvel. Este momento coincide com a gravidez de Júlia, daquele que seria o primeiro filho dela e o quinto dele. Nesta casa da Aimberê iriam nascer os dois filhos do casal. Com a perspectiva de crescimento da família, eles decidiram comprar outra casa maior, na rua Petrópolis, no Sumaré. Vender uma e comprar outra.

Com os pais, Hermano e Lourdinha, no Rio.

Acervo Pessoal

No entanto, a nova casa também carecia de uma boa reforma. Zé Rodrix tentou mas não conseguiu que ela servisse como primeiro lar do filho que estava para chegar: o bebê nasceu antes, no dia 27 de outubro de 1989. Era um garoto moreno e forte que seria registrado como Antônio, mas acabou conhecido como Tunico.

Tunico tinha algumas semanas de vida quando foi para a nova casa, projetada para uma grande família. Tinha quintal com árvores, piscina e três quartos. Também haveria, por decisão de Rodrix, uma escultura em cerâmica de Santo Antônio na porta de entrada, pelo lado de dentro, símbolo do seu particular sincretismo religioso. Ele tinha uma coleção de imagens de Santo Antônio espalhadas sobre uma mesa da varanda. No alto da porta, também pelo lado de dentro, um desenho da Mão da Prosperidade, criado para suscitar e efeito espiritual semelhante ao de uma Mandala. Na parede principal da sala, um trabalho gráfico de Thadeu Jungle, com uma bola vermelha e os dizeres *Você está aqui*. A casa ainda oferecia espaço para ele cultivar, finalmente, sua insólita coleção de bules de café ou chá, dezenas deles, alguns de porcelana, outros de aço. Havia também a coleção de broches, medalhas e condecorações, dezenas delas, todas conquistadas por méritos na maçonaria.

Na lembrança de Júlia, tudo aconteceu em harmonia entre a vida e o trabalho:

– O Zé quis saber do Tico se tinha dividendos a receber que permitissem fechar o negócio da nova casa. Até então era Tico quem fazia aplicações e investimentos financeiros em nome da agência, ou seja, em nome dos dois sócios. O Tico socorreu o Zé, que conseguiu dinheiro suficiente para ficar com a casa. A casa dos sonhos dele. Para nossa sorte, assim que o Zé pagou a reforma, no dia seguinte veio o plano Collor e confiscou a poupança de todos os brasileiros.

ESPERA E CONFIA

Maçom de carteirinha

O ano de 1991 poderia entrar para a história como o do declínio do comunismo no leste Europeu, o desmantelamento da União Soviética, ou o da morte do vocalista Fred Mercury da banda inglesa Queen. Ou, ainda, como o ano em que Ayrton Senna ganhou o seu último campeonato de Fórmula I. Mas aqui, nesta nossa história, o dia 20 de fevereiro de 1991 deve ser lembrado como o do nascimento do último filho de Zé Rodrix, no caso, uma filha: Bárbara Rodrix (na certidão, Rodrigues). Com uma feliz coincidência: no mesmo dia, no mesmo hospital, com poucas horas de diferença, nascia Nikolas, filho de Grace Gianoukas, a atriz do grupo *Harpias e Mansfield*, que foi registrado no dia 21. As mães se encontraram primeiro na recepção da Pro Mater, ao chegar – e depois na janela do berçário, contemplando os bebês. Grace foi instalada no quarto ao lado de Júlia na maternidade – e, obra do destino, as crianças seriam amigas para sempre, colegas na mesma turma do mesmo colégio.

A caçula dos Rodrix viria consolidar o sentimento de paternidade que estava amadurecendo dentro dele. Afinal, sua disponibilidade para os filhos agora era completa e se revertia em carinhos e brincadeiras pelo chão. Curiosamente foi quando ele estreitou as relações com os outros filhos, os que haviam ficado pelo caminho, Marya, Joy e Mariana, convidando-os, frequentemente, a visitá-lo em São Paulo. Até mesmo o potiguar Raphael, que ficou distante geograficamente, apareceu para uma visita prolongada ao pai, exatamente quando completava onze anos. Antes, Hilnete mandou uma foto do filho numa piscina, dizendo no verso: “Zé, o Rapha “sem-vergonha", brincalhão, paquerador, o garoto é assim. Um menino bonito, sem ser coruja". Dias depois o garoto chegava a São Paulo. De alguma forma, Zé Rodrix estava se redimindo com a prole.

Raphael, o filho "independente".

Acervo Pessoal

(Um registro: Norma Blum veio a saber da existência deste filho muitos anos depois de separada dele, provavelmente, naqueles dias em que o garoto esteve em São Paulo e se encontrou, na casa do pai, com a irmã Mariana, filha dela.)

Nos momentos mais difíceis e desesperadores da vida, quando tudo parecer perdido e sem solução, o discípulo deve se lembrar das palavras do mestre: "Espera e confia". O salmo 37 da Bíblia cristã, quando aconselha parcimônia e confiança, não está se referindo exatamente às pressões do mundo financeiro. Confisco de caderneta de poupança é outro departamento. Aqui o assunto é místico e pode remeter a uma das expressões mais usadas pelos praticantes da maçonaria: espera e confia.

Quem aproximou Zé Rodrix da maçonaria foi o locutor de A Voz do Brasil, Antonio Viviani, mineiro, ele mesmo um maçom desde 1985:

– Um dia estávamos trabalhando juntos na produtora e o Zé me perguntou sobre "esse negócio de maçonaria". Eu expliquei o que me era possível e ele se interessou pelo assunto, gostou de saber que na maçonaria se estudava profundamente filosofia. Como para uma pessoa entrar na maçonaria é necessário ser apresentada por alguém já graduado, preparei a apresentação de três amigos, inclusive o Zé.

Falando na maçonaria, com muito prazer.

Acervo Blog Weber Varrasquim

As pessoas indicadas devem ser, como de costume, submetidas a uma minuciosa investigação de sua vida pessoal e fiscal, que possa dar ao candidato um indispensável atestado de idoneidade. Neste caso, os três amigos de Viviani foram aprovados. Zé Rodrix foi aceito formalmente no dia 30 de setembro de 1991 como discípulo maçom da Grande Loja, como são chamados os templos da maçonaria, 241, que ficava na rua São Joaquim, em São Paulo. Como ele mesmo diria: "É longo e árduo o caminho de um discípulo até tornar-se um obreiro e, posteriormente, um mestre".

Os trâmites da maçonaria, como de hábito, acontecem dentro de códigos restritos e absolutamente discretos. O silêncio é muito valorizado. No ritual de iniciação, com o intuito de fazê-lo absorver ensinamentos, o neófito deve apresentar trabalhos que se fundamentem em algum pensamento sério e relevante para a sociedade. Estas apresentações acontecem normalmente por escrito e com palestras. Sabe-se que os trabalhos apresentados por Zé Rodrix tiveram boa aceitação dos mestres, que sempre os consideraram muito bem fundamentados. Do ponto de vista espiritual, a maçonaria haveria de ser um fator de equilíbrio para a ansiedade galopante de Zé Rodrix, um sujeito que não sabia esperar, e, do ponto de vista intelectual, uma fonte inesgotável de filosofia e história. E assim foi.

De repente, um trabalho para envaidecer qualquer criador. Ele foi convidado a escrever a música do filme *Batimam e Robim*, um curta-metragem dirigido por Ivo Branco que contava a história de um casal gay. Era daqueles trabalhos que ele considerava essenciais para um criador, pois estava livre de imposições e regras, digamos, empresariais, de mercado. O filme ganhou prestígio e vários prêmios no conceituado festival internacional de cinema de Gramado, em 1993. Ganhou os troféus de melhor filme, melhor ator e melhor música, esta de Zé Rodrix. Para o diretor Ivo, foi um prêmio merecido:

– A música do Zé ficou muito rica, com elementos de jazz inspirados em acordes da trilha da série da televisão de Batman, criação original do compositor Nelson Riddle, o mesmo de Route 66. Funcionou.

Na mesma época, ele criava a trilha sonora do musical *A Bela e a Fera*, na montagem de Ecila Pedroso, que teve uma curta temporada no Teatro Procópio Ferreira, em São Paulo.

Em uma tarde de sábado, quando andava pela feira de artesanato da praça Benedito Calixto, no bairro de Pinheiros, o artista (músico performático) Carlos Careqa avistou seu ídolo na multidão. Era mesmo Zé Rodrix quem estava ali, entre os mortais. Careqa lutou contra sua imensa timidez e disparou, frente a frente, com o dedo em riste:

Ei, eu sou seu fã – disse ele.

Mas Zé Rodrix, rápido no gatilho, respondeu:

– Negativo. Eu sou seu fã, Carlos Careqa, você é aquele da propaganda do Estadão, "Você me enganou, você me enganou"... E acaba de lançar um LP. Muito prazer!

O ídolo se transmutou rapidamente em fã e conquistou mais um coração. E assim eles se tornaram amigos para sempre, uma amizade não muito próxima, nem muito frequente, mas bastante afetuosa enquanto existiu. E existiu até o fim, como veremos.

O diretor e roteirista Silvio de Abreu já fizera outras telenovelas de sucesso na TV Globo, como *Jogo da Vida* (1982) e *Guerra dos Sexos* (1983), mas quando ficou definido que o seu próximo trabalho autoral seria *Cambalacho*, do núcleo das 19 horas, ele simplesmente arregaçou as mangas. A novela escrita por Silvio seria dirigida por Jorge Fernando e faltava encontrar alguém para criar a trilha sonora que chegaria ao topo das paradas de sucesso. Nesta época, qualquer disco com a trilha sonora de uma novela da Globo caia no gosto popular. Silvio tem lembrança de que, quando foi apresentado a Zé Rodrix por um amigo comum, ficou imediatamente impressionado:

– Era uma pessoa de vasta cultura, conhecia repertórios, um cantor e instrumentista de primeira. Ele fez um disco considerado até hoje um dos melhores de telenovelas. Era a época do LP de vinil.

Além de montar a trilha, Rodrix era ele mesmo o autor da última faixa do lado B, a versão feita em parceria com Miguel Paiva para o clássico *Someone To Watch Over Me*, que foi traduzida como *Alguém que olhe por mim* e interpretada por Emílio Santiago.

Em seguida, tentou cooptar Silvio de Abreu para um projeto nunca realizado, um musical baseado na vida de Lamartine Babo. Ele sonhava com isso. No entanto, eles voltariam a reestabelecer a parceria em um projeto da atriz Cláudia Raia, que planejava realizar um musical para teatro em grande estilo, onde ela seria a estrela, cantando e dançando. Eles mantiveram a mesma equipe de *Cambalacho*, com Jorge Fernando na direção e Zé Rodrix na direção musical. *Não fuja da Raia* fez sucesso no palco do teatro carioca Ginástico, apesar das dificuldades encontradas para arregimentar atores que soubessem cantar e dançar. Neste contexto, a direção musical assumia uma enorme importância, na opinião do diretor Silvio:

– Me impressionava a facilidade com que o Zé fazia versões. Ele entendia o enredo e encontrava logo uma solução. Era um especialista. Depois fizemos juntos *Nas raias da loucura*, um musical que era mais criativo do que o primeiro, pois desta vez não foi difícil encontramos atores que dançassem e cantassem com desenvoltura. A trilha era quase toda com versões primorosas que ele fez de Cole Porter.

A parceria em torno de Cláudia Raia se estenderia, ainda, para um mega show para teatro chamado *Caia na Raia*. O sucesso deles com os musicais seria o passaporte para o programa ser assumido pela TV Globo, que passou a apresentar uma vez por mês, todas as terças-feiras, *Não fuja da raia*. No total foram sete meses e sete programas. Para Cláudia, um privilégio que se transformou em grande amizade:

– Eu e o Zé ficamos muito amigos, trabalhamos afinados sob a direção do Silvio e a influência espiritual de Lennie Dale, meu primeiro professor de dança. O Zé era brilhante, a sorte caía no colo dele, por isso ele era também generoso, pois podia dividir com as pessoas.

Cláudia Raia no musical dirigido por ele.

Acervo Pessoal - Catálogo Não Fuja da Raia. Autor da foto: Paschoal Rodriguez.

Cláudia reconhece no amigo uma imensa cultura, hábitos de leitor sofisticado e contumaz, tudo concentrado em uma impressionante agilidade de raciocínio:

– Eu acredito que o Zé não aprendeu nada neste mundo, que ele já chegou sabendo de tudo. E que esta foi a última encarnação dele, encerrando o ciclo.

Os trabalhos frequentes para peças de teatro e musicais, onde invariavelmente era responsável pela trilha sonora, resultaram na produção de um volume considerável de letras e canções, algumas aproveitadas e outras inéditas. No baú de inéditas do Rodrix, entre pastas, cadernos e papéis avulso, organizados superficialmente, foram encontradas várias letras datadas de janeiro de 1995, algumas sem nenhuma identificação ou referência de contexto. São páginas datilografadas que trazem apenas a letra e a data, como esta, escrita no dia quatro de janeiro, chamada *A última noite do mundo*, onde ele contempla, veladamente, a morte como tema:

Na última noite do mundo é com você que eu quero estar
não dá pra ter medo de nada quando estamos juntos
deixa o mundo acabar num estrondo

deixa o mundo acabar num sussurro
essa noite é o fim, vem pra cá, deixa o mundo acabar

Na última noite do mundo vamos sentar tranquilamente
e olhar as estrelas caindo pelo céu afora
deixa o sol explodir em mil cores
deixa a lua quebrar em três partes
essa noite é o fim, vem pra cá, deixa o mundo acabar
A vida toda eu procurei alguém
Para passar o fim do mundo comigo
Pra pegar minha mão e apertar
Enquanto o universo virasse poeira
Eu já reservei dois lugares na beira-mar
(é hoje só, amanhã não tem mais)
não diga que não, eu só quero você,
(e um show como esse não dá pra perder)

Na última noite do mundo, enquanto tudo for morrendo
se eu cansar da paisagem, me faça deitar no seu colo
deixa o sono chegar de mansinho
que amanhã ninguém tem que acordar
essa noite só tem uma boca que eu quero beijar
(é a sua, meu bem)
deixa o mundo acabar

Na produtora, o trabalho fluía entre comerciais de margarina, cerveja e produtos de frigoríficos. Eles tinham uma clientela capaz de apaziguar o caixa de qualquer produtora: Grandene, Nívea, Nestlé e outras empresas menos famosas. A agenda profissional enquanto músico não tinha mais peso no cotidiano, nem havia apresentações agendadas em programas de televisão. Para o amigo

Ronnie Von, ele dizia que esta postura era necessária para preservar sua saúde mental. E chegou a influenciar o amigo, que explica:

– Eu passei a ver que o Zé tinha razão – e comecei a aplicar esta atitude também com relação à minha vida. Foi assim que me afastei bastante do mercado e comecei a levar uma vida mais íntima, curtindo o filho e a família. Os anos passavam e o Zé continuava me orientando.

Este foi um período em que Zé Rodrix aproveitou a vida para ficar em casa lambendo as crias, coisa que nunca fizera. Era muito dedicado neste sentido. Quando as crianças faziam aniversário, ele as acordava logo cedo com tantas palmadas na bunda quantos fossem os anos de vida. Valia para os dois, Tunico e Bárbara. Como Mariana era a única que morava em São Paulo, ela aparecia frequentemente em sua casa no Sumaré. Sem muitas dificuldades, com a ajuda de Júlia, todas as suas filhas ficaram amigas, inclusive Marya e Joy. Quando Marya voltou de uma temporada de doze anos em NY, as visitas ao pai ficaram mais frequentes. A uni-los, entre tantas coisas, a paixão pela ficção científica.

Com Júlia, os pais e as filhas Marya e Mariana.

Acervo Pessoal

As aptidões culinárias de Zé Rodrix passaram a ser exercidas com mais frequência; ele gostava de receber os amigos na cozinha, enquanto preparava pratos cada vez mais sofisticados. Eram conversas regadas a vinho e música, na melhor tradição dos poetas medievais. Nestas horas, gostava de lembrar que o pai, Hermano, tinha sido cozinheiro de tropa, na Bahia, o que significa dizer que Hermano cozinhava para os tropeiros. Os colegas da produtora, Tico e Antônio Viviani, com suas respectivas namoradas, tinham cadeiras cativas na rua Petrópolis. Este hábito iria se prolongar para sempre e atingiria um círculo cada vez maior de amigos. Quando só a família estava em casa, ele ficava o tempo inteiro de cueca samba-canção e avental, movimentando-se entre a cozinha e o piano instalado em uma sala próxima.

Pode-se dizer, em uma avaliação sucinta, que Zé Rodrix era uma pessoa saudável, sem grandes problemas de saúde. O único incômodo conhecido era uma cólica renal perversa e renitente, que de vez em quando lhe tirava do sério. Não era constante, mas quando aparecia incomodava. Com o andar da carruagem, outras mazelas foram surgindo, mudando para pior o quadro clínico. A filha Mariana, que tabalhava em um hospital nesta época, lembra que o pai tinha a "síndrome do jaleco branco", ou seja, era sugestionável e não conseguia abraçá-la caso estivesse usando roupa de enfermeira.

Muito provavelmente em decorrência do estresse provocado pela morte do pai, seu Hermano, em 1991, começaram a surgir os primeiros sinais de vitiligo, em seus lábios e nas mãos. Não foi fácil para ele superar a morte do pai. Uma manhã, dona Lourdinha telefonou do Rio avisando que o estado de saúde de Hermano havia piorado. Ele estava internado em um hospital pela segunda vez em poucos meses. Mesmo tendo deixado de fumar há anos, foi atingido por um câncer irreversível de pulmão. Abalado com a notícia do agravamento da doença, Zé Rodrix correu para o aeroporto e embarcou no primeiro voo disponível para o Rio. Como que por obra do destino, o avião atrasou por volta de uma hora. Ele viveu momentos de angústia em pleno voo. Ficou abalado ao chegar no hospital Casa de Portugal, na rua do Bispo. Desceu com o táxi ainda em movimento e soube que o pai tinha morrido há poucos minutos. Ele se desesperou.

Para que se tenha uma ideia de como Zé Rodrix se parecia com o pai, aqui vão duas histórias curtas sobre o velho, considerando que ele circulava pelas ruas do Rio a bordo de um Karman Ghia dourado. Dourado.

Certa vez, durante um jantar na casa do filho, em São Paulo, seu Hermano estava sendo servido por uma empregada de nome Fátima, mulher de bunda notável, que preparava as comidas que ele mais gostava: mocotó, rabada, dobradinha... As preferidas de um bom baiano. Ainda hoje, Júlia se recorda de um comentário feito por ele, quando se preparava para almoçar e ela passou: "Esta Fátima é boa mesmo de rabada."

Já no hospital, no fim da vida, seu Hermano confessou a Zé Rodrix, na surdina: "Eu gosto quando as enfermeiras aparecem para me dar banho."

Para Zé, a morte do pai foi um desgaste emocional muito grande. Mas, ao mesmo tempo em que os sinais de vitiligo avançavam pelo corpo, a cólica renal foi ficando cada vez mais rara até desaparecer completamente. Para concluir o diagnóstico, surgiu uma coisa nova no quadro clínico que seria identificada num futuro próximo como síndrome de pânico. Um detalhe: ele nunca frequentou nenhum divã, analista ou terapeuta – era daquele tipo de pessoa cuja psique parecia inatingível. O máximo que se permitiu, quando estava casado com Norma Blum, foi acompanhar de perto seu envolvimento com a Análise Transacional, método criado pelo psiquiatra Eric Berne, que estuda e analisa as trocas de estímulos ou transações entre indivíduos. Assim, quando a pequena Bárbara completou dois anos e Tunico estava para nascer, ele decidiu parar de fumar. E o fez de forma radical: nunca mais colocou um cigarro na boca.

A volta ao teatro aconteceu na nova montagem de *Hair*, agora um clássico, em 1993, com produção de Maria Célia Camargo (parceira de Altair Lima na montagem original) e direção de Jorge Fernando, um profissional de televisão. A montagem carioca teve direção musical de Zé Rodrix, que também traduziu as letras originais. No programa que era entregue ao público na entrada, ele dizia:

"Quando me caiu nas mãos a chance de traduzir *Hair* eu quase enlouqueci. De prazer. Pois se eu acompanhei a história desse espetáculo ímpar desde o seu nascedouro, em um buraco fétido de off-off, era fanzoca da montagem paulista, assisti o espetáculo original várias vezes, cheguei a casar com uma das atrizes e minha filha mais velha, Marya, fez a turnê europeia da peça."

Ele aproveitava e dava algumas informações sobre a nova montagem e a tradução das letras das músicas de Gerome Ragni e James Rado:

"Usei também vários trechos novos/velhos da peça que nunca foram conhecidos no Brasil, porque faziam parte de versões anteriores do espetáculo, mas que servem à montagem atual como uma luva, já que o Jorginho decidiu que o fantasma do Vietnã há de pairar como uma morte bergmaniana por sobre tudo."

Ele concluía enaltecendo as virtudes sociais da peça:

"Fiz a tradução mais respeitosa que eu pude, porque *Hair* está no mundo para ser respeitado como o grito primal da humanidade em direção à Paz, ao Amor, à Liberdade e outras necessidades básicas, tão importantes quanto Comida, Saúde e Educação, e tão esquecidas quanto elas pelos caretas do Poder. Porque o Poder é careta."

Jorge Fernando, o diretor, também escreveu no programa palavras que destacavam o conteúdo pacifista de *Hair*:

"*Hair* serviu e servirá para mim como um tampão do buraco da camada de ozônio, um grande musical ecológico, um não às guerras, o poder fazer política com uma flor na mão e não uma baioneta, ter de volta a esperança e o brilho que tínhamos nos olhos."

Hair inaugurou o espaço cultural Music Hall em São Paulo e ficou pouco tempo em cartaz. Foi um grande fracasso. A produção não conseguiu pagar seus compromissos financeiros; vários membros da equipe e fornecedores ficaram sem receber, coisa que resultou em protestos e no encerramento da temporada.

De repente, um carinho no ego e na vaidade: suas habilidades culinárias foram alardeadas em uma reportagem no Jornal da Tarde, publicada em agosto de 1994 sob o título *Zé Rodrix, eclético na vida e no fogão*. Uma das frases atribuidas a ele: "Quando casei com a Júlia, ela não sabia nada de cozinha. Era capaz de ferver água e deixar queimar". Mencionava suas preferências culinárias na cidade: o italiano Jardim de Napoli e a comida de rua do botequim Pé pra fora, na avenida Pompéia, também frequentado por cartunistas de São Paulo, e pelo pessoal da publicidade. Destacava, ainda, a feira da rua Caiowa, onde ele conseguia comprar legumes orgânicos com a japonesa Teresa, feirante que costumava plantar suas próprias hortaliças.

As atividades na maçonaria seguiam uma trilha definida por ele como "intelectual", com muitas leituras, debates e discussões temáticas. Como se sabe, alguns historiadores trabalham com a hipótese de que a maçonaria surgiu na Palestina, 1.000 anos antes de Cristo, sob os auspícios do Rei Salomão, o sábio. São meras hipóteses, pois, a rigor, a história carece de documentação e os fatos foram passados de boca em boca; enfim, uma história que foi narrada através dos tempos. Oficialmente, a maçonaria, como é conhecida hoje, com suas tradições, digamos, contemporâneas, nasceu em 1717, na Inglaterra, quando teve início a fase documentada pela sociedade. Foram esses estudos que atraíram os interesses de Zé Rodrix. Em menos de dois anos ele deixou de ser obreiro, foi elevado ao patamar de aprendiz e, em três anos, já era mestre, título que recebeu em cerimônia chamada internamente de "exaltação". Passou a fazer parte do consistório, o colégio dos mestres, conhecido também como o Supremo Conselho, onde estão os maçons dos últimos graus, 31, 32 e 33. Zé Rodrix chegou ao grau 32 da maçonaria.

Ao seu lado, sempre participativo e disponível para as conversas, o locutor Viviani, seu padrinho, para quem ele confessou primeiro a vontade de escrever um romance contando a história da maçonaria. Seria a sua contribuição ao ordenamento dos fatos, costurando a ficção com elementos reais da história, resultando em uma narrativa que, mesmo ficcional – pretendia ele – fosse reconhecida como verossímil do ponto de vista histórico. Para isso, seria necessário uma abordagem profunda do assunto, com muitas pesquisas. Uma ideia que estava amadurecendo dentro dele.

O FATOR TICO TERPINS

A segunda morte

Embora não seja de todo verdadeiro, pode-se dizer que Zé Rodrix era autodidata. Ele frequentou a escola básica e fez o secundário, claro, mas seus conhecimentos mais profundos vinham de estudos pessoais, iniciativas próprias de um leitor contumaz e obcecado. Tinha boa fluência em inglês, francês, espanhol, italiano e... ídiche. Em certo momento a biblioteca da casa da rua Petrópolis era composta por mais de doze mil volumes, quase todos lidos e escaneados pela sua memória prodigiosa. Era um estudioso de Machado de Assis. Entre as raridades, uma edição do Sidur, o livro de orações judaicas, que ele tratava como um livro de cabeceira.

A biblioteca tinha uma organização mínima. Era dividida por temas: um setor Esotérico, outro Erótico, um apenas de histórias em quadrinhos e um quarto de Culinária, que se acomodava em um pequeno armário da cozinha. Diante de qualquer assunto abordado em uma roda de conversa durante os jantares, ele sabia em qual livro estavam as referências que contribuiriam para a discussão. Levantava, puxava o livro da prateleira e ia direto ao assunto. Os volumes eram repletos de anotações às margens e recheados de folhas avulsas de papel com mensagens indecifráveis.

Segundo o amigo Aquiles Reis, Zé Rodrix tinha uma caraterística bem peculiar como fomentador de discussões e debates:

– O Zé adorava discutir sobre temas culturais ou políticos. Principalmente música e filosofia. Ele quase sempre defendia uma posição inesperada. Fazia colocações de um ponto de vista que ninguém estava cogitando. Era próprio da personalidade dele esta originalidade.

Originalidade é a palavra que melhor define o perfil que Tico Terpins criou para o amigo por pura diversão, em apenas um parágrafo, que segue de acordo com o original encontrado em uma pasta de seu arquivo pessoal. Uma espécie de resumo biográfico de Zé Rodrix para um possível dossiê profissional da agência:

Zé Rodrix por Tico Terpins

Zé Rodrix nasceu de pai e mãe, como costuma acontecer, dois anos depois do fim da II Guerra Mundial, o que livra a sua cara tanto de tê-la causado quanto de tê-la resolvido. Isto posto, cresceu entre tertúlias e serenatas, filho que era de pai músico e mãe do lar. Nasceu carioca, e foi durante vários anos, mas cumpriu sua pena, pagou sua dívida com a sociedade, e hoje mora em São Paulo, com mulher, cinco filhos, 12 mil livros e uma dose de paciência quase se esgotando. Fez de tudo: foi jornalista, professor, compositor, advogado, proxeneta, cantor, artista, performer, farmacêutico prático, amante eventual, cozinheiro de restaurante 2 estrelas e outras coisas menos votadas. O restaurante acima referido era de três estrelas, mas ele conseguiu fazê-lo perder uma. Foram duas perdas: o restaurante perdeu as estrelas e ele perdeu o emprego no restaurante. Frequentou as paradas de sucesso, gravou disco, fez shows, apareceu na televisão e tudo, mas cumpriu sua pena, pagou sua dívida com a sociedade, e hoje trabalha na VOZ DO BRASIL, onde, entre outras coisas, cuida do Departamento de Propaganda Tele-hepática, defendendo a ligação visceral entre o cérebro e o fígado. Começou na propaganda às custas de uma falcatrua: tentou o vestibular para a ESPM, mas não passou. Então, juntou lá um dinheirinho que tinha, comprou alguns professores e conseguiu entrar. O diploma não tirou, porque o dinheiro acabou e os professores que não tinham recebido a segunda parcela do suborno o denunciaram ao Decom. Foi preso, julgado e condenado, mas cumpriu sua pena, pagou sua dívida com a sociedade, e hoje chega até a dar aulas na mesma ESPM (Escola Superior de Passatempo e Mágica) usando todo seu conhecimento nos fins de semana divertindo as criancinhas carentes de São Miguel Paulista. Seu hobby é a criação de aranhas em cativeiro, especializando-se nos tipos Vitalia Sclerotica Lundt e Hermeuthis Laertheria, pouco venenosas mas muito assustadoras. A necessidade de alimentar sua criação o fez desenvolver uma criação de moscas, o que obriga a mudar de casa de dois em dois meses, por reclamação dos vizinhos. Mês passado, inclusive, foi aquinhoado com a Medalha do Libertador, por ter libertado, na fronteira com o Paraguai, mais de 54.000.000 de moscas em idade núbil. Tem prisão preventiva pedida no Paraguai e, se for preso, cumprirá sua pena, pagará sua dívida com a sociedade e se integrará à florescente sociedade guarani na posição de cantor de tangos paraguaios. Não acredita em INTERNET, mas defende até a morte o nosso direito de entrar nela. Está elaborando também uma criação de vírus para computador, que, aliás, nem pode se chamar de criação, pois está criando um só exemplar de vírus que, se fosse muitos, seriam viroses, o que explica pouco e soa muito mal. Mal, aliás, é o que nunca fez a nenhuma moça, do seu tempo e do tempo dos outros. Seu maior sonho é vestir a roupa branca do Papa, eleito em votação direta, sem Colégio de Cardeais nem fumacinha branca. Por motivos óbvios, sabe que o seu sonho é um sonho impossível, então, aceita sua parte em dinheiro, o que pode parecer sacanagem, mas para um cara que já cumpriu sua pena e pagou sua dívida com a sociedade, qualquer grana faz um puta efeito. Sua frase preferida é "Enquanto nós cantarmos haverá Brasil", porque uma babaquice como essa faz rir. Às bandeiras despregadas. Já foi do Sexo, Drogas e Rock-and-roll, mas ultimamente abre mão dos dois últimos em prol do primeiro. E saiu pra comprar um computador novo, só para poder ler essa biografia."

Houve um período, notadamente entre 1994 e 1998, que Zé Rodrix se dedicou profundamente à maçonaria, focando em estudos específicos e participando de palestras e conferências programadas pela Grande Loja de São Paulo. Com o passar do tempo, deixou de ser plateia e assumiu o papel de palestrante e conferencista, convidado que era para falar em várias lojas. Sua biblioteca pessoal estava repleta de livros históricos e/ou maçônicos. Aliás, este era um comportamento recorrente: qualquer trabalho era precedido por uma pesquisa exaustiva sobre o assunto em foco. Se fosse convocado para escrever a trilha sonora de um musical, por exemplo, imediatamente dava início à tarefa de se tornar uma autoridade no tema, através de leituras e consultas aos amigos-mestres. Ou seja, Zé Rodrix não era um sujeito venal.

Não demorou muito para que seus estudos na maçonaria o encaminhassem para o universo da Kabala, aprofundando seus conhecimentos e práticas místicas. Com um detalhe que ele gostava de repetir: "Maçonaria não é religião". Rodrix precisou de trinta dias para elaborar e apresentar na loja paulistana o estudo *Do céu à Terra ao Céu: onze passos do iniciado na perfeição – kabala e filosofia*, trabalho de "purificação" para um dos ciclos hierárquicos da maçonaria. O documento de sessenta páginas se propõe a jogar luz nas relações da maçonaria com a kabala, definida por ele como "uma coletânea de conhecimentos recebidos por incontáveis gerações de místicos judeus, organizados de forma racional em alguns livros básicos e severamente influenciada por pensamentos de idêntico objetivo nas mais diversas épocas e lugares em que floresceu".

Seu objetivo ao "organizar" este material de estudo o levou a definir e esclarecer diferenças e semelhanças entre a kabalá judaica e a cabala cristã. Ele oferecia a sua definição:

A Qabbalah ou Kabalá (com acento agudo, uma das grafias aceitas) "é, em última análise, um sistema teórico e prático da busca da intimidade com o Criador e seu Universo Criado, ou uma espécie de planta/projeto/esquema técnico da criação do Universo, vem desde tempos imemoriais se definindo e reafirmando, segundo a pura tradição oral e, depois (a partir de experiências e influências das mais diversas culturas), na letra viva de alguns livros: o Zohar, o Sepher, Yetsiran e, mais tarde o Bahir. O percurso do pensamento cabalístico através do tempo."

Seu trabalho visava descobrir e revelar as congruências e semelhanças entre as duas kabalas. Coisa de especialista.

No futuro, entre as pastas dos arquivos de Zé Rodrix, aparentemente sem nenhum contexto, foi encontrada uma extensa letra de música assinada apenas *ZRX, janeiro de 1995*. Vinha com o nome no alto da página:

Menina Cigana

Eu te encontrei e te fiz vir comigo
um caminho que não era o teu
E a gente seguiu por estradas desertas
Sem fim
Enquanto as cidades dormiam a gente aprendeu a ler sorte e azar
Nas mãos de quem tinha nascido e vivido num lar
Como nós

Nos intervalos do amor sem medidas eu vi que você percebeu
que o tempo passava pra mim
sem passar pra você
Ficando acordados de noite, escondidos do mundo,
à mercê do prazer
os dois a fingir não haver diferença
entre ódio e amor

(...)

Em agosto, um acontecimento entraria para a história pessoal de Zé Rodrix. Ele foi convidado e aceitou ser o mestre de cerimônia de um evento espetacular que aconteceria no Palácio das Convenções do Anhembi: a Starcon 95, a primeira convenção nacional de ficção científica. O encontro reuniu, durante todo o sábado, dia 12, os aficionados da frota estelar Star Trek, grande sucesso da televisão e do cinema. Como era amante de histórias em quadrinhos, Zé Rodrix mergulhou de cabeça na fantasia do Dr. Spock, personagem de Leonard Limoy. Os filhos Tunico e Bárbara, respectivamente com seis e quatro anos, ganharam também, como ele, o uniforme da tripulação da nave USS Voyager, comandada pelo capitão Kirk, vivido pelo ator William Shatner. Foi um grande acontecimento.

O roteiro da noite, que ele deveria conduzir no papel de MC, tinha mais de cinquenta páginas e era coordenado por Aldo Novak, jornalista especializado em temas aeroespaciais e em ficção científica. Em um cenário cinematográfico, com luz e som espacial para a condução do tema Klingon (raça alienígena criada para o filme), todos eram preparados para uma viagem à fronteira final no espaço. "Uma viagem que levará todos nós... até onde ninguém jamais esteve...". Um narrador anunciava em off com grandiloquência: "Com vocês, o Oficial de Comando, Zé Rodrix, e o Presidente da Frota Estelar do Brasil, Comodoro Luiz Navarro", referindo-se ao autor do argumento. Eles estavam, como bons *trekkers*, comemorando os 30 anos de Star Trek. Iniciando a programação, Zé Rodrix anunciava a exibição do primeiro episódio da série e, em seguida, uma conferência sobre mecânica quântica proferida pelo professor Pierluigi Piazzi, italiano radicado no Brasil desde os doze anos de idade. E a nave espacial decolou... Foi um dia inteiro de programação, dividida em quatro partes, que reuniu um público recorde de *trakkers* em eventos do gênero. Neste dia, Zé Rodrix saudava os amigos fazendo o gesto clássico de Dr. Spok, abrindo dois dedos com a mão espalmada.

Um momento genuinamente publicitário: ele foi convidado e aceitou dar uma palestra na abertura oficial do 10º SET Universitário, em Porto Alegre. O evento, patrocinado pela PUC gaúcha, visava aproximar os estudantes de suas profissões, estimulando a troca de experiências entre alunos, professores e profissionais das áreas de Jornalismo, Publicidade e Propaganda, Relações Públicas, Produção Audiovisual, Cinema e Vídeo. Um conferência com texto à mão, onde ele abordava temas polêmicos relacionados à atividade publicitária: A Verdade; Quando o cliente bate na porta...; Eqqus Jeans; Purê Cica; o Primeiro e último jingle da GM e Creme Nívea. Em cada tópico, um comentário curioso e atraente, do ponto de vista dos alunos. Por exemplo: contou que a publicidade do creme Nívea era feita na Alemanha e a agência nunca mudava a estratégia. Quando a Voz do Brasil foi procurada para fazer um tipo de teste, com um novo tema musical, eles conseguiram o contrato. Zé Rodrix explicou:

– Fizemos um arranjo bem típico Tom Jobim. Pegamos o tema da Nívea e o maestro Edson Alvez fez um arranjo primoroso. Na hora de escolher o locutor, os alemães tinham o nome do ator Paulo Goulart, que pediu a exorbitância de 25 mil dólares. Não houve acordo e os alemães pediram testes com mais seis locutores, para eles escolherem apenas um. Eu gravei uma das versões, anonimamente, e foi a escolhida.

E encerrava de forma coloquial sua manifestação no evento:

– Vocês não vão acreditar no que eu vou dizer. Hoje em dia a gente ganha muito pouco, mas nunca foi tão verdadeira a frase "a gente ganha pouco mas se diverte muito". Se vocês tiverem vontade, vão se divertir tanto quanto eu.

Nestes mesmos dias, Rodrix participou como entrevistado do programa *Nossa língua*, do professor Pascoale Cipro Neto, da TV Cultura. Foi uma conversa descontraída, que se prolongou por mais de dez minutos, onde conversaram sobre diversos assuntos: Rio de

Contas, a carreira, os filhos, a culinária e as letras de músicas. Ele dizia que seu primeiro sonho foi estudar no Instituto Rio Branco e seguir a carreira diplomática, trabalhar no Itamaraty. Neste dia, não cantou, apenas conversou.

Em outra ocasião, ele foi escalado como palestrante na programação do Festival de Propaganda de Gramado, compondo uma mesa com o carioca Lula Vieira, diretor de criação da agência Thompson, uma multinacional da propaganda. Ainda hoje Lula lembra do momento irreverente da noite:

– Eu estava na mesa com o Rodrix, falando para a plateia, quando ele ironizou uma propaganda nossa, do Banco Nacional, que dizia: "Quero ver você não chorar e nem olhar pra trás..." Ele observou que era coisa de viado, isso de não chorar e olhar pra trás... Eu repliquei: "E você que se descobriu num Chevrolet...".

Na opinião de Lula, o colega Zé Rodrix era de um talento excepcional, ou, nas suas próprias palavras:

– Ele era um dos grandes "trilheiros" de jingles, sempre muito talentoso e eficiente. Acredito que o fato de Zé Rodrix ser um profundo conhecedor da alma humana, de vários pontos de vista, facilitava muito, por exemplo, reconhecer o desejo ou as necessidades de um cliente.

Mesmo com muitos trabalhos publicitários, sua ligação com o teatro continuaria produzindo novas parcerias e projetos. Como consequência, participou de novas e variadas montagens. Através de Ben-Hur Prado, produtor e dono do Teatro Abujamra, que ficava na rua 13 de maio, Zé Rodrix trabalhou na trilha sonora de duas peças de grande prestígio: *Tributo*, com Paulo Autran, e *A secreta obscenidade de cada dia*, com Antonio Abujamra. Houve um imprevisto com Abujanra e o ator anunciou que teria que abandonar a peça no meio da temporada. Ben-Hur teve a ideia de perguntar a Zé Rodrix como ele se sentiria caso recebesse um convite para substituir o grande ator:

– Confortável – ele respondeu.

A peça ficou em cartaz três meses, encerrando a carreira do teatro, que seria comprado por Emilio Fontana e mudaria de nome, passando a se chamar Teatro da Praça.

Emilio Fontana, ator, diretor e empresário teatral, era amigo de Zé Rodrix e de Ben-Hur e também apaixonado pelo Teatro do Absurdo. Foi o início de uma longa amizade, que uniu os casais Emilio e Leda Vilella, atriz, e Zé e Júlia. Juntos, eles encenaram *O Político Imbecil*, uma adaptação de *O Imbecil*, de Pirandello. A peça se passa na redação do jornal italiano Il Mezzogiorno e Zé Rodrix fazia o papel principal, do editor Leopoldo Paroni. A direção era de Emilio Fontana, agora dono do Teatro da Praça.

No jornalzinho editado como programa oficial, Fontana celebrava o teatro de Pirandello: "Há lugar para todos. Há lugar também para um teatro puro e simples, onde habitam apenas o ator e o texto".

Houve um projeto fracassado da dupla: a montagem de *Três Peças Raras*, de Zé Rodrix, na Sociedade Litero-Dramática Gastão Tojeiro. As três peças raras eram: O sofá do teste, O futuro do teatro e Porque Godot não foi ao encontro, programadas para serem encenadas por um elenco de quatro atores e direção de Fontana. O projeto não foi concluído e a produção se dissolveu durante a montagem.

Uma nova parceria com Emilio acontecia também na montagem de *Galileu da Galileia,* de Chico de Assis, em cartaz no Teatro da Praça. Chico trazia sua experiência no Teatro de Arena, onde também estava Emilio Fontana, e com a literatura de cordel. Aqui, Zé Rodrix participava apenas como diretor musical, cuidando da trilha sonora. A montagem tinha o patrocínio forte da Caixa Econômica.

Em 1997, mais um projeto arrebatador que não teve um desfecho feliz: *Garfield, o musical.* A montagem seria para comemorar os vinte anos de nascimento do gato, personagem de uma história em quadrinhos criada pelo norte-americano Jim Davis. A ideia de uma versão brasileira surgiu de uma conversa do produtor cultural Walter Marins com seu filho adolescente, que lhe apresentou uma coleção de gibis com o personagem Garfield, lhe dizendo com ênfase: "É por aqui, pai". Walter, que era amigo de Zé Rodrix e do escritor Ulisses Tavares, diretor de criação de uma agência de publicidade, chamou os dois para o projeto. Tudo foi feito com muito entusiasmo e desenvoltura. Zé Rodrix, por dominar o idioma inglês, foi destacado para se encontrar com o criador Jim Davis, em sua fazenda em Indiana, EUA, onde se decidiu o destino da ideia. A missão foi exemplarmente cumprida e, melhor ainda, chegou a entusiasmar Davis, que mergulhou de cabeça na ideia. Quem recorda a história é Ulisses:

– O Jim Davis ficou fascinado com tudo, achou a história muito interessante e as músicas do Zé simplesmente adequadas. Disse considerar tudo criativo e competente.

Embalado pelo sucesso do personagem, o norte-americano veio pessoalmente a São Paulo, aproveitando convites para encontros com estudantes universitários. O gato Garfield estava na moda, sua tira era publicada em cerca de 1.500 jornais e revistas em todo o mundo. A franquia a favor deles, até então, estava verbalmente acertada. Deveria ser uma montagem estilo Broadway, com direção de Walter Marins e criação musical de Zé Rodrix e Ulisses Tavares, que chegaram a trabalhar no tema, criando algumas deliciosas músicas da trilha, como *Patê de Gato* e *Covil dos Gatos*.

A história se passa no dia do aniversário de Garfield e, em um beco, todos preparam uma festa surpresa para ele. O sumiço e o silêncio dos amigos, entretanto, faz o gato pensar que esqueceram dele, que teria que passar aquela noite sozinho. E Garfield, muito tristonho, resolve procurar a mãe em outro beco da cidade.

O *Jornal da Tarde* chegou a publicar uma reportagem de página inteira sobre a visita de Jim Davis a São Paulo que dizia: "O Garfield tem muito de mim. Eu também adoro lasanha", e anunciava a boa nova: "Vem aí o Garfield no Brasil". O orçamento girava em torno de três milhões de cruzeiros. Como contrapartida, a franquia prometia rios de dinheiro na venda de souvenires vários, canecas, camisetas, caneta, boné.... Os figurinos foram desenhados, os cenários estavam prontos, o texto mais do que aprovado, faltava apenas assinar contrato com o agente de Jim Davis. Foi quando eles viram o leite ser derramado, depois de quase três anos de trabalho desde a primeira conversa. Segundo Ulisses, a frustração foi enorme:

– No dia de assinar contrato, no escritório dos agentes de direitos autorais, o Walter estava completamente embriagado e com o ego inflado. Queria, por contrato, ganhar mais do que todos. Ele se descontrolou e simplesmente colocou o dedo no peito do gringo dizendo em português algo como "quem manda aqui sou eu". Foi o que bastou, o agente simplesmente respondeu "fuck you" e tudo se encerrou desta maneira.

Nos arquivos de trabalhos de Zé Rodrix permanecem pedaços do roteiro que ele vinha elaborando, em esquemas. Neste trecho do segundo ato, Garfield segue na sua aventura pelo submundo da cidade:

"Dolly, uma gata de rua, tomada de pena de Garfield, resolve defendê-lo. Garfield faz juras de adaptação e aparecem dois gatos (o Rajado e o Laranja) que na disputa pela gata, resolvem aproveitar a situação para firmar sua supremacia. Dolly insiste em proteger Garfield. Outros gatos entram na disputada e puxam Garfield para o meio de uma roda de bôbo que vai se transformando em um jogo perigoso. Os gatos se dividem entre pró e contra Garfield. Dolly insiste em protegê-lo e, setindo-se seguro, Garfield faz um discurso digno de um Sherlock, quando aponta semelhanças entre ele e os gatos que o cercam. As semelhanças são tantas que a partir de um certo ponto fica flagrante que todos os gatos são irmãos de Garfield."

Nesta altura, depois de conhecer a mulher de Miguel Paiva, Malu Grabowski, Júlia Rodrix selou uma parceria com ela e, juntas, abriram a loja de móveis Caçadores da Moda Perdida, especializada em "coisas" dos anos 60. Elas explicavam que a loja surgiu de uma brincadeira com um vaso cor-de-rosa que Rodrix tinha levado da casa dos pais, quando foi embora. Desde então o vasinho estava sempre por perto. Atravessou diversos casamentos e intempéries e continuava ali. Um dia ele quis uma mesinha para colocar o vaso. Depois, um sofá ao lado para harmonizar... E assim surgiram muitos móveis de época, inspirando a criação da loja temática.

Vida que segue, página virada. Não foi a primeira e nem seria a última vez que uma versão comercial de *Casa no Campo* foi negociada – ou melhor, desviada – para a publicidade. Como que para compensar a enorme frustração pelo tempo perdido no projeto Garfield, Zé Rodrix não titubeou em criar uma grande polêmica envolvendo diretamente o parceiro Tavito. Eles aceitaram fazer uma versão comercial de 30 segundos de *Casa no Campo*, para a agência de publicidade Lowe Loducca. que seria rebatizada de *Casa na praia*, para vender um remédio contra queimadura de sol, o Caladryl:

Eu quero uma casa na praia
É na praia onde eu vou me bronzear
No meio de um monte de gente
Eu estendo a esteira pra deitar

Eu quero uma casa na praia....

Como já foi dito, não seria a primeira e nem a última vez que eles faziam este tipo de negócio. Os dois tinham a mesma resposta para aqueles que perguntavam sobre o motivo de tal aberração:

– Dinheiro! Todas as vezes que negociamos a música foi por absoluta necessidade pessoal, diz Tavito, trinta anos depois, acrescentando que existem cerca de quinze versões comerciais da música, a maioria explorada pelo mercado imobiliário.

Mais agressivo e debochado, Zé Rodrix declarava à Folha de São Paulo:

– Nunca tive a alma hippie. Fui hippie de boutique, mas tudo não passava de aparência. Preservei o visual por algum tempo, mas a filosofia mesmo, abandonei nas primeiras 72 horas de comunidade, quando bateu a fome.

No final do ano, uma celebração pessoal ganhou status de show solo. Para celebrar os 50 anos de Zé Rodrix foi marcado uma apresentação no Dona Felicidade, uma trattoria na rua Tito, Vila Romana. O panfleto do perfil distribuído pela produção como propaganda era loquaz:

"1947. Fim da II Guerra Mundial. Início da Guerra Fria (e ele sobreviveu) rock-and-roll, bossa nova, festivais da Record, Golpe de 64, AI-5, Festivais da canção (e ele sobreviveu). Frequentou as dunas da Gal (e sobreviveu). Trabalhou na Globo (e sobreviveu). Quis uma Casa no Campo, não conseguiu (mas sobreviveu). Foi rural, latino, tumbeiro e punk (e sobreviveu). Fez reunião com o Ênio Mainardi (e sobreviveu). Fez trilhas para a TVC (e sobreviveu).

Por isso tudo você está convidado para ser testemunha dos 50 anos de sobrevivência de Zé Rodrix."

A verdade é que nesta mesma época, *Casa no Campo*, para finalizar, foi escolhida pela revista Rolling Stones como uma das 100 melhores músicas brasileiras de todos os tempos.

Na produtora, o trabalho seguia sem grandes dificuldades, como uma engrenagem azeitada onde tudo funciona sozinho. Ele ocupava uma sala fechada, com uma porta que sempre era aberta por um gesto brusco de Tico Terpins que, invariavelmente, entrava sem bater. Trabalharam nas ricas campanhas do Leite Moça, cigarros Malboro (em tempos de Fórmula I) e das Lojas Pernambucanas. Com um detalhe extra: muitas destas imagens como detalhes de mãos, olhos ou boca de mulher, na edição final, eram feitas por Júlia, como modelo, já que ela estava sempre por perto, no estúdio. Tudo normal. Com as atividades do Joelho de Porco reduzidas a shows esporádicos aqui e ali, a novidade era David Drew Zingg assinando uma crônica personalíssima na Folha de São Paulo. Ele escrevia em inglês, sua língua mãe, mas o texto recebia o tratamento final da tradutora profissional Clara Alain. A crônica semanal se chamava Tio Dave e foi publicada de 1987 a 2000. David era de uma pequena cidade de Nova Jersey, Montclair, mas estava no Brasil desde o ano assinalado de 1964, primeiro no Rio e depois em São Paulo. Tocava harmônica no Joelho de Porco – nada mais punk. Com sua nova performance jornalística, todos eles ganhavam assuntos para longas discussões *en petit comité*, como diziam. Escolher os temas da coluna do David era sempre uma frenética excitação.

Em maio de 1998, o destino tinha reservado a Zé Rodrix um mergulho no passado, uma festa imperdível para comemorar os 50 anos do Colégio de Aplicação. Ele viajou ao Rio especialmente para um encontro com os velhos amigos. Lá estavam Maurício Maestro, Ricardo Vilas, o Momento4, enfim, Miguel Paiva e outros. Da programação oficial constava uma cerimônia oficial da instituição na Sala Cecília Meireles, onde Zé Rodrix, o ex-aluno, cantou com a empolgação de sempre. Quando isto aconteceu, Miguel Paiva voltara a morar no Rio.

A festa que se seguiu aconteceu, por uma questão de espaço, nos salões da Hípica, quase ao lado do colégio. Na fila do bufê, Zé Rodrix se encontrou com Ana Maria Santeiro que, despretensiosamente, lhe informou que estava trabalhando como agente literária. Ele replicou enaltecendo a coincidência, pois se preparava para escrever e lançar seu primeiro livro. Foi assim que a velha amiga Ana Santeiro passou a ser sua agente literária, com a incumbência de representá-lo junto às editoras e em eventos literários.

Mesmo sem ter o hábito de beber, Zé Rodrix e o pessoal do Joelho eram figuras carimbadas em vários bares da cidade: Riviera, Pirandello, Redondo. Mas, ao contrário do que muitos pensam, a música Blue Riviera não era uma referência ao bar de mesmo nome, na Avenida Paulista, que ele chegou a frequentar. É uma coincidência, pois a música homenageia um lugar na Tijuca carioca, o primeiro lugar onde se podia ouvir rock na cidade, ainda nos anos 50. Era um lugar mítico, uma boate, pois não era permitida a entrada de menores, e Zé Rodrix ainda não tinha 18 anos quando rondava o lugar. Ele fez a canção que seria assinada pelo trio:

> A gente já era uma barra no tempo do rock no blue riviera
> A gente já era, no blue riviera,
> Você com seu rabinho de cavalo, me contando que a sua mãe não lhe deixava sair
> Na garupa da lambreta pra dançar no blue riviera,
> A gente sacudia os ossos no tempo do rock do blue riviera,
> A gente sacudia, no rock do blue riviera
> Com toda essa moçada da pesada que hoje está com 30 anos ou mais
> E já não deixa cair
> como no tempo da lambreta sem saia no blue riviera.
> Eu digo blue riviera, blue riviera, nos meus olhos e ouvidos
> Da sala enfumaçada pr'onde foram meus amigos queridos

eu digo blue riviera, blue riviera, o pão, a carne, o sangue, o vinho

No meio das lembranças do passado eu não estou sozinho...

Ainda em 1998, um acontecimento levemente desconfortável turvaria o cotidiano. Ele decidiu atender a um convite de Milton Nascimento para assisti-lo no show Tambores de Minas, no Teatro João Caetano, no Rio, quando seria gravado um disco ao vivo. Seria o primeiro encontro depois do fim (para ele) do Som Imaginário. Apesar de se tratar de um tema aparentemente familiar (os Tambores de Minas são considerados a Maçonaria dos negros), ele não gostou do que viu:

– Eu saí muito rápido, inclusive sem falar com o Bituca, porque não gostei e para não ter que me estender sobre o que eu tinha achado, saí rápido, antes que ele me perguntasse: “O que você achou?”, porque aí eu ia dizer – eu não sei não dizer – que achei o show bastante equivocado, como eu vinha achando todos os shows que eu tinha visto.

Apesar das marolas, a vida seguia tranquila e serena até o fatídico 16 de junho de 1998 quando, sem nenhum aviso prévio, um infarto agudo no miocárdio matou Tico Terpins. Neste dia, ele e Zé teriam uma reunião numa agência para tratar de um *job*, mas um compromisso inadiável na Loja Maçônica fez com que cada um fosse para um lado. Eles não eram torcedores fanáticos, mas nesta tarde o Brasil jogaria contra o Marrocos pela Copa do Mundo da França. A reunião, portanto, foi marcada para a manhã. Do ponto de vista de Júlia, as coisas aconteceram assim:

– Eu estava em casa quando o telefone tocou. Era a Rosana, funcionária da Voz do Brasil, dizendo que o Tico tinha morrido. Foi um choque, mas eu tinha que ligar para a maçonaria e avisar o Zé. Ele ouviu e permaneceu em silêncio. No velório do Hospital

Einstein ele continuava impávido, sem reação. Eu sabia que seria uma parada dura para ele.

Tico Terpins estava em reunião na tal agência quando passou mal. Foi levado para um hospital próximo, o Alvorada, mas nada podia ser feito. Apesar de aparentar boa saúde, ele tinha alguns problemas graves, como uma hepatite C, que exigia permanentes cuidados médicos, e um problema crônico na aorta, na altura do coração, um mal de família. Quando morreu, aos 46 anos, deixou cinco filhos de dois casamentos.

Para Zé Rodrix, o impacto da morte do amigo foi quase fatal. Ele sentiu o baque e entrou novamente em depressão, repetindo a onda de tristeza que o abateu quando da morte de Elis. Ele não queria mais sair do quarto, andava de cueca samba-canção pela casa e nem pensava em tocar uma música para treinar ou distrair. Logo ele, que dizia: "Música, você tem que tocar todos os dias, senão você perde a mão". Era triste de ver. Alguns amigos próximos temeram pelo pior, pois ele mantinha um comportamento clássico dos suicidas, recolhido em si mesmo. No início, ele tentou voltar ao trabalho, mas sempre que estava na sua sala da produtora, sozinho, tinha a sensação de que Tico Terpins ia entrar a qualquer momento sem bater, escancarando a porta, como sempre. Mas nada acontecia. Em pouco tempo, questão de semanas, ele se afastou da produtora e do trabalho para – tristeza maior ainda – se refugiar no nada, no lugar algum. Para Júlia, ele se lamentava:

– O Tico foi o irmão que eu não tive. A coisa mais próxima de um irmão. Agora estou órfão de pai e irmão.

Esta fase se prolongou por dois anos. Neste período, quando ele parecia caminhar nas trevas, os sinais de vitiligo nas mãos e nos lábios se acentuaram, enquanto surgiam novas manchas até no pênis. Ele era um homem marcado. Ficou acertado que iria receber um salário da produtora pelo período de um ano. E assim aconteceu. Foi nesta época que começou a se interessar pela grande novidade do mercado, que haveria de arrebatá-lo definitivamente: o computador. Foi um pioneiro na rede da internet, no caso ainda discada pelo telefone, as BBS, ou *bulletin board system*, os primórdios da conexão. Passar os dias trancado em casa na solidão de um computador acabaria criando sérios problemas no casamento. Enquanto Júlia trabalhava em dois empregos e cuidava das crianças, numa rotina cansativa e ingrata, ele se lamentava e se fazia de vítima. O tempo passava e ele não reagia. Até que Júlia decidiu colocar um limite naquela situação:

– Eu dei um prazo de dois meses para ele voltar à vida, procurar um médico e sair daquele estado de letargia. Ou então poderíamos nos separar e cada um ia lutar pela sua vida. Foi quando ele decidiu procurar um médico pela primeira vez.

Uma evidência desta dependência da internet foi uma despretensiosa reportagem (mais uma) sobre suas qualidades culinárias. Publicada no Jornal da Tarde, no caderno SP Variedades, tinha o título de "Amantes do fogão buscam novas receitas na internet". Na foto que ilustrava a matéria, ele aparecia com roupa de chef na cozinha de casa tendo um computador ao fundo para acompanhar as receitas. A reportagem acentuava a forte presença do computador na sua vida:

– Rodrix faz parte de uma confraria que transita com muita propriedade do computador à panela. Como ele, há cada vez mais cozinheiros recorrendo aos sites da internet para encontrar receitas e conselhos culinários.

A reação à depressão aconteceu no momento em que ele começava a escrever o tal romance de cunho histórico que, segundo seus propósitos, haveria de contribuir para um melhor entendimento da maçonaria. Ele trabalhava desenhando uma linha do tempo com uma caneta Pilot sobre uma grande cartolina branca, onde projetava, passo a passo, as etapas do projeto que se iniciava; no caso, uma trilogia que haveria de se chamar *Trilogia do Templo*. O primeiro volume estava programado e se chamaria *Diário de um Construtor do Templo*, contando a história de Joab de Tiro, um personagem que percorre o caminho da sabedoria maçônica, desde a fase de obreiro até o patamar de mestre, passando pelo árduo período de aprendiz. Como atitude padrão da maçonaria, jamais um aprendiz deve contar os segredos do seu ofício a um operário, e nem o mestre pode deixar o aprendiz conhecer seus segredos antes da hora. São chamadas de guildas. Existe uma hierarquia e uma liturgia a ser obedecida.

Não é coincidência que Joab, depois de viver uma grande saga, desde a infância até a maturidade, se considerava um homem com três vidas distintas. Ou seja, ele tinha "morrido" duas vezes, trocado de vida e continuado a viver. Entenda-se como o andamento da saga de menino pobre ao senhor-todo-poderoso e a volta ao definitivo patamar, de homem comum. Estamos falando da construção do templo do Rei Salomão, uma grande obra apenas comparada em magnitude às pirâmides do Egito. O contexto: a Palestina de 1.000 antes de Cristo, a do Primeiro Testamento.

Houve um momento em que pelo menos 120 mil homens, entre operários e escravos, trabalhavam na obra sob o comando de mestre Hiran-Abiff, e talvez, ao lado de Salomão, um dos primeiros maçons da história, a semente. O equilibrado Hiran-Abiff foi o mestre que, ao final de um longo período de aprendizado, revelou ao jovem Joab os segredos do ofício. Joab passou anos trabalhando no âmago do templo, quebrando pedras e se perguntando, sempre que recebia ordens para executar um sofisticado trabalho de artesão-construtor:

"Quem calcula esta construção, quem projeta estas colunas e fachadas feitas de bronze?" A resposta estava na régua e no compasso manejados às escondidas por uma casta de homens capazes de realizar cálculos secretos e precisos, os sábios."

Nas entrelinhas, uma referência à personagem Tirza, uma prostituta por quem o jovem Joab se apaixona e com quem acaba se casando. Na célebre passagem em que o Rei Salomão é levado a decidir sobre a disputa de duas mulheres em torno de uma criança da qual as duas se diziam a mãe, Salamão pede uma espada com a intenção de cortar a criança ao meio, e dar uma metade a cada uma. A jovem prostituta Tirza se manifestou prontamente:

– Yahweh, meu senhor, não mateis meu filho! Se tem que ser assim, então que ela fique com ele e o crie como puder.

Diante disso, Salomão, o sábio, decidiu:

– Esta é a verdadeira mãe. Só a verdadeira mãe é capaz de abrir mão de seu filho para livrá-lo da morte. Dai-lhe a criança.

Um detalhe perspicaz: a personagem, Tirza, apesar de jovem, tinha os cabelos totalmente brancos, cor de prata, como Júlia Rodrix.

Zé Rodrix não deixou grandes pistas sobre as doses de ficção e de História aplicadas na narrativa – tudo foi feito sem muitas explicações, à moda da maçonaria. Uma análise mais profunda, entretanto, revela a intenção do autor em cobrir uma lacuna histórica sobre as nebulosas origens da sociedade fraterna.

Rodrix passou o ano de 1998 nesta enlouquecida tarefa. Enterrado na solidão, começou a pesquisar e produzir textos em grande escala, trabalhando inicialmente na sala d'A voz do Brasil e depois em casa. Era tarefa para mais de 450 páginas. Uma rotina que fazia bem para a saúde mental dele, mas que não ajudava no aspecto físico, por aquilo que havia de sedentário na atitude. O livro foi publicado no ano seguinte pela editora Record e vinha assinado por Z. Rodrix, com o primeiro nome abreviado, como é costume maçom, criando um novo personagem. Na orelha do livro, uma surpresa: o texto era assinado por Luiz Antonio Aguiar, ex-representante estudantil na fundação do PT, que ele e Norma encontraram dez anos antes. Naquela época, Aguiar trabalhava em revistas da Rio Gráfica

Editora e agora já era um escritor conceituado, tendo publicado alguns de seus livros pela editora Record. No texto, ele explicava a obra de Zé Rodrix e jogava luz no personagem Joab de Tiro e sua conexão com o que seria chamado um dia de maçonaria:

– Não foi o Rodrix que me convidou para escrever a apresentação do livro dele. Foi uma agência ligada à editora, que me mandou os originais. Eu li e adorei o livro.

Entre outras considerações, Aguiar destacava:

"A leitura transforma-se num transporte no tempo para um mundo cujo fascínio é despertar em nós uma memória de outras eras, simultaneamente tão familiar e tão exótica como um sonho, ou uma visão que tivemos algum dia, ou que desejamos muito ainda ter."

Na contracapa, o escritor e dramaturgo Chico de Assis, depois de lembrar a iniciativa do Rei Salomão em erigir um templo ao seu Deus Yahweh, dedicava algumas palavras extras ao autor:

"Só posso afirmar que é um dos homens mais inteligentes que já conheci. Z. Rodrix, apesar de sua mensagem profundamente universal, é brasileiro como nós, herdeiro da mágica e do mistério que sempre existiram por aqui."

A editora Record, oficialmente, apresentava o livro assim:

"O ponto central dos rituais da Maçonaria é a construção do Templo de Yahweh, erguido durante o reinado de Salomão, filho de David, no ano 1000 a.C. É lá que o jovem Joab, órfão de um soldado fenício, é surpreendentemente guindado por seu tio Jubal, o coxo, a uma posição invejável entre os comerciantes de Tiro. Buscando um deus que possa chamar de seu, se vê enredado numa armadilha e acaba por encontrar como único refúgio a cidade de Jerusalém, onde vai trabalhar como operário na construção do lendário templo de Salomão."

Na primeira página, uma homenagem escrita de próprio punho pelo autor:

"Dedico à memória de Tico Terpins, o único verdadeiro amigo que o Grande Arquiteto do Universo pôs em meu caminho para que eu pudesse aprender o valor da fraternidade."

No extenso capítulo dos agradecimentos, uma explicação de ordem operacional:

Este livro nasceu dois anos antes da data de início, e sua primeira frase ficou girando em minha cabeça até que eu finalmente me dispusesse a colocá-la no papel. Mas só se transformou em livro graças ao apoio inestimável de minha família, atenta e curiosa sobre o destino tanto dos personagens quanto do livro.

Agradeço principalmente à minha mulher, Júlia, cujo auxílio, amor e confiança não têm precedentes em minha vida;

a meus filhos, Antônio, Bárbara, Marya, Joy e Mariana, e minha neta Morgana, que mesmo sem o saber me deram tantas ideias para este livro.

à minha contemporânea do Colégio de Aplicação, Ana Maria Santeiro, capaz de antever em mim esta obra, reafirmando em mim a importância de nossa escola em nossas vidas.

Em seguida, citava vários nomes de companheiros de A Voz do Brasil, secretárias, produtores, assistentes; os rabinos Josip e Busquila, "pela força e inspiração"; aos grandes escritores Sílvio de Abreu, Ruy Castro e Chico de Assis, cujo exemplo de lida com a palavra me guiou nos instantes mais difíceis desse trabalho; e, finalmente "aos pedreiros-livres de todo o Universo, a quem essa história precisa ser contada e recontada a cada momento, para que nunca percamos de vista quem somos, de onde viemos e para onde vamos".

Com a neta Morgana, filha da Marya.

Acervo Pessoal

O livro foi muito bem recebido pela crítica e, principalmente, pela maçonaria. Era um trabalho impecável no sentido de contribuir para o entendimento profundo do tema. A maçonaria o considerou essencial para "todos que desejem não apenas entender a Ordem maçônica mas para quem deseje estabelecer caminhos em si mesmo que possam se cercar de sabedoria". Em âmbito restrito, no círculo de amizades, a reação foi muito positiva. O músico Aquiles Rique, do grupo MPB4, tornou-se um leitor empolgado:

– Eu li o primeiro volume e fui arrebatado pela história que o Zé criou, de tal modo que tive que ler os outros dois. Pode-se perceber uma evolução no trabalho dele, o segundo livro estava ainda melhor. Ele escrevia muito bem, com técnica e pegada de escritor.

O parceiro Tavito também mergulhou de cabeça na história de Joab de Tiro, devorando o primeiro volume:

Fui me certificar e encontrei o grande talento do Zé como escritor. O livro é magnífico.

O primeiro volume da trilogia do Templo. Assina: Z. Rodrix

Editora Record.

Em São Paulo, o lançamento aconteceu no restaurante Capim Santo. Uma pequena multidão de amigos e admiradores pôde deixar mensagens e congratulações em um grande livro de assinaturas. Como esta, que abria a série:

"José, você é um grande sortudo. O Tico adoraria estar aqui. Você é o máximo. Jack Terpins."

E esta outra, encerrando o livro:

"Zé, como sempre e desde sempre, te amamos. Tavito Celina e Julinha"

Entre uma e outra, este chiste do parceiro Ulisses Tavares:

"Zé: era só o que me faltava, vir até aqui e gastar U$ 15,00 num livro que nem tem foto!"

Ullisses (Tavares)

A cada pessoa da fila que ganhava um autógrafo, ele dava uma pedra de presente, simbólica, como um enigma. Depois que as pessoas liam o livro, entendiam.

(Depoimento pessoal: após ler com especial interesse – primeiro por dever de ofício e depois por prazer – as 450 páginas do

primeiro volume da trilogia do Templo, a história de Joab, este autor fechou o livro com uma exclamação espontânea e imodesta: Genial!)

Em Belo Horizonte, o lançamento do livro foi abertamente saudado pela imprensa. O jornal Estado de Minas destacava o evento duplo, onde, além do livro de Z. Rodrix, *Diário de um construtor do Templo*, também o cantor Luiz Ayrão lançava sua biografia, *O país dos meus anjos*. Eram citados como exemplos de cantores que se lançavam na literatura. Eles faziam parte do projeto *Sempre um papo*, que acontecia no Palácio das Artes, promovendo um diálogo entre os convidados.

Com a filha Marya e a neta Morgana numa noite de autógrafos.

Acervo Tavito

Finalmente, em 2000, o livro ganhava o prêmio Lima Barreto, categoria especial do júri, conferido pela Academia Carioca de Letras e União Brasileira de Escritores – UBE.

Mesmo com o livro em fase de lançamentos pelo Brasil, lotando livrarias em festivas noites de autógrafos, nem assim ele pensava em parar, e prosseguia com determinação na construção da trilogia. Entre o primeiro e o segundo volume, chamado *Zorobabel, reconstruindo o Templo*, quatro anos se passaram, tempo usado por ele na pesquisa e maturação da ideia. No final, acabou prevalecendo a intenção de narrar a história de Zorobabel, jovem habitante do Império Babilônico. O romance seria construído com uma linguagem semelhante àquela que descreveu Joab de Tiro, também abordando os primórdios da maçonaria. No Rio, o lançamento da história de Joab aconteceu em uma noite agitada na loja maçônica da rua do Lavradio, na Lapa, e foi acompanhada por uma palestra do autor. Mas o lançamento oficial, aberto ao público, aconteceu na livraria Saraiva, em um shopping center da zona sul, numa noite de chuva, com a presença de amigos cariocas, entre eles a atriz Analu Prestes e a escritora Angela Dutra de Meneses. Ao seu lado, próxima à mesa de autógrafos, Júlia Rodrix. Nesta noite, eles conheceram o escritor Luís Eduardo Matta, amigo da agente Ana Maria Santeiro, que lhe concedeu o privilégio da primeira leitura dos originais. Sua opinião:

– Apesar do volume enorme, do texto maciço, eu me empolguei com a história e com a leitura. Hoje eu sei que a minha opinião positiva ajudou a Ana a decidir com entusiasmo pela edição e encaminhar os originais à Record.

Desde antes de 2000, Eduardo Matta administrava uma confraria na internet chamada Estertores da Razão, que chegou a registrar a marca de mais de cem mensagens diárias, numa época em que o acesso era discado. Como era do seu estilo, Zé Rodrix se apresentou ao grupo e logo se entrosou, participando ativamente dos debates.

COMO JESUS NUMA MOTO

Foi o parceiro Guarabyra quem apresentou Zé Rodrix ao jornalista Joaquim Alessi, editor do jornal *Diário Popular*, na capital paulista. Quando Alessi procurava jurados para o seu concurso Samba Nota 10, que acontecia no sambódromo do Anhembi, Guarabyra, que assinava uma coluna no mesmo jornal, sugeriu o nome de Zé Rodrix. Convite feito, convite aceito; ele iria dividir a responsabilidade de escolher os melhores do certame ao lado de bambas como Elton Medeiros e Jair Rodrigues. Alessi lembra que, como profissional, Zé Rodrix era impecável:

– Ele sempre chegava cedo e, sem perder tempo, preparava suas coisas, anotações, audições. Era meticuloso, queria mesmo saber da arte que teria que julgar.

A experiência concretizada no carnaval de 1999 deu certo, agradou a ambos, e no ano seguinte Joaquim colocou novamente Zé Rodrix na sua banca de jurados. Eles ficaram amigos. Joaquim destaca as características na personalidade dele que mais lhe sensibilizaram:

– O Zé era efusivo, abraçava, beijava. Um ser humano inigualável, sempre muito simpático. A genialidade como músico, compositor e maestro era mesmo real...

Em junho de 2000, José Rodrigues Trindade recebia uma honraria especial da doutrina maçom: o título de Venerável, eleito por um colégio de obreiros apóstolos do templo 241. Em cerimônia solene, ele recebeu o diploma de Mestre Instalado da Arte Real.

No mês seguinte, outro baque nas afetividades: vítima de complicações pós-operatórias, consequência de um câncer na próstata, morria mais um Joelho de Porco, David Drew Zingg. O velho fotógrafo e *bon vivant* deixou desolada uma turma de amigos fiéis, sobretudo nos recintos boêmios da cidade. Na sua ficha profissional, a glória de ter fotografado a atriz e cantora Barbra Streisand, no esplendor da carreira, e de ter feito uma capa da revista *Sport Illustrated*, com o presidente Kennedy. David era um boa praça.

Dois meses depois, Zé Rodrix foi convidado e aceitou ser destaque de capa na revista *Poder Grisalho*, publicação do Centro Empresarial de Valorização da Terceira Idade. Com cabelos, bigode e cavanhaque grisalhos, foi o tema da reportagem *A idade da determinação*. Em entrevista de três páginas, ele era apresentado como "cantor, hippie, ator, empresário, conferencista, intelectual, pesquisador, escritor e mais: marido, pai e avô". Era a consolidação de suas multiplicidades. Nas fotos que ilustravam a reportagem, ele aparecia com Júlia, Tico Terpins, as cinco filhas e, em separado, a capa do primeiro livro da trilogia, *Diário de um construtor do Templo*. Entre os vários assunto abordados, ele deixou escapar um pensamento que serve para revelar seu espírito autocrítico e os novos tempos norteados pela maçonaria e pelo amigo-administrador Tico Terpins:

– Eu era intempestivo, impulsivo, pouco racional, absolutamente desapegado da realidade. Só comecei a conhecer o valor do dinheiro, por exemplo, após meus 40 anos.

O lançamento da revista, com direito a noite de autógrafo de Z. Rodrix, aconteceu com festança na sede da produtora A Voz do Brasil, na rua Lisboa.

Entre uma coisa e outra, um acontecimento capaz de acabar com qualquer depressão. Como por milagre de Yahweh, ele recebeu, via telefonema dos parceiros Sá e Guarabyra, um convite para voltar ao palco com a formação do trio. Seria uma ocasião especial, uma apresentação única: uma noite em homenagem aos 30 anos do rock rural, com Sá, Rodrix e Guarabyra no Rock in Rio 2001, a terceira edição do festival. Ele aceitou na hora.

O primeiro passo seria escolher o repertório para a grande noite, retomar os ensaios em ritmo forte e criar canções novas que

Mesmo com sol claro
Preso nesta cela

O jornalista Joaquim Alessi recorda uma certa madrugada passada na redação do jornal onde trabalhava, quando Guarabyra ligou bastante animado:

– Ele estava bebendo com o Zé e queria me mostrar uma música que estavam criando naquele momento. E começaram a cantar ao telefone "Preso nesta cela, de ossos, carne e sangue..." era *Jesus numa moto* que estava nascendo.

Com o trio entrando em harmonia, os ensaios quase diários trouxeram de volta a vontade de tocar. De repente, o astral que estava cinza ficou colorido. O retorno de Sá, Rodrix & Guarabyra estava marcado para o sábado, dia 13 de janeiro, no palco Brasil do Rock in Rio 3, na Cidade do Rock. Eles estavam de volta vinte anos depois. Sobre a sua relação com o *showbiz* durante este período de afastamento, Rodrix dizia na hora do retorno:

– Na verdade, a minha sensação nesses 20 anos era aquela de um mágico que se aposenta e aí vai ver o show de um colega mágico. Emoção verdadeira é muito difícil porque eu já conheço o truque, eu quero é ver se o cara está fazendo bem feito.

Com Zé e Guarabyra morando em São Paulo, ficou decidido que Luiz Carlos Sá deixaria o Rio para ir se juntar a eles, morando por algum tempo na casa da rua Petrópolis, onde aconteciam os ensaios. Durante algumas semanas, a casa de Zé e Júlia esteve muito festiva, animada, cheia de gente, com música tocando dia e noite. Eles estavam ensaiando novos arranjos para velhas canções e fazendo novas canções para um novo repertório. Era um cenário estimulante. Como acontecera anteriormente, agora também deviam contar com alguns reforços na banda, uma necessidade para grandes shows em grandes espaços. Como eles diziam: "Vamos organizar a cozinha". Um nome já estava definido, o do amigo Pedro

Baldanza, o Pedrão, ex-*Som nosso de cada dia*, no baixo. Um produtor foi contratado para agilizar e organizar o que eles chamavam de "a banda". Era Sílvio Viani, irmão de Júlia, um paulistano enturmado na música baiana do momento, especificamente na batida do Olodum e no ritmo do axé. Sílvio chegou trazendo dois músicos baianos, o percussionista Tostão e o guitarrista Webster dos Santos – e passou a fazer parte da produção do trio, organizando viagens e regularizando a papelada da burocracia, os documentos. Estava criada a Vianiway, a agência de produção de Silvio Viani.

Nos ensaios, meticulosa era a afinação e a harmonização do vocal em três vozes. Em poucas semanas eles estavam tinindo, vibrando com a expectativa de tocar no Rock in Rio, a esta altura o mais grandioso evento musical do planeta.

DE VOLTA À ESTRADA

Foi uma noite perfeita. Apesar da dor inesperada que apareceu na perna de Guarabyra, no fêmur – que nada interferiu no palco –, tudo aconteceu como estava planejado. Eles entraram acompanhados por uma grande banda, incluindo contrabaixo, percussão, violinos e um naipe de metais, além dos dois violões originais e o teclado de Zé Rodrix.

A música escolhida para abrir o *set* era estratégica, afinal *Mestre Jonas* já tinha caído no gosto dos jovens e seria sem dúvida o melhor cartão de visita. Agradar o público jovem era a primeira missão de qualquer músico ou banda que se apresentasse no Rock in Rio. Quando não sentem o cheiro de rock ou de coisa autêntica, os meninos protestam com vaias e até atirando objetos no palco. Não há muito critério, mas é assim que acontece. Por estas plagas, o rock ainda é selvagem. Que o digam Carlinhos Brown e Britney Spears, que foram levemente hostilizados. Com o trio, tudo acabou bem, pois houve identidade entre o que cantavam e a expectativa da plateia, que parecia ostentar o DNA do grupo Guns N' Roses, ou seja, do rock pesado. Por isso uma banda ritmicamente carregada, mandando mensagens sonoras como *Hoje ainda é dia de rock* acabou fazendo a diferença a favor deles. E ainda tinha outros açúcares, como *Sobradinho* e *Jesus numa moto*, da nova safra. Nos dias seguintes, a imprensa reservou as melhores palavras para a performance do trio. O crítico paulista Sergio Barbo, da Usina do Som, da rádio FM, deixava claro sua opinião na web:

– Um dos shows mais atraentes do festival carioca foi exatamente aquele que promoveu o reencontro do trio Luiz Carlos Sá, Zé Rodrix e Guttemberg Guarabyra, os míticos criadores do rock rural.

O segundo volume da trilogia.

Editora Record.

Para dispensar adjetivos, basta dizer que nesta mesma noite, nos camarins, eles foram procurados por um representante da gravadora Som Livre que ofereceu contrato para a gravação de um CD e um DVD com shows ao vivo. Do trio. Como bem observou Luiz Carlos Sá:

– A gente nem tinha decidido se o trio ia continuar e já tinha convite para pelo menos um ano de trabalho pela frente. Tudo parecia predestinado – e o trio estava de volta.

(Um rápido parênteses para uma história curta e indecente, acontecida na noite do Rock in Rio: um músico, amigo de Zé Rodrix e que prefere manter o anonimato, se apresentaria com o seu grupo momentos antes e pediu para Zé Rodrix fazer algumas fotos dele no palco. Quando entregou uma câmera não digital, o amigo ouviu de Zé a promessa: "Pode deixar que vou fazer fotos do caralho". E fez. Quando o rapaz mandou revelar o filme, a surpresa: eram fotos indecentes, de um pênis, o pênis de Zé Rodrix. Devia ser uma homenagem a Tico Terpins. Cai o pano.)

Sobre este especial momento do retorno do trio, quando voltava a sentir fortes emoções com a música e os fãs, tocando com prazer ao lado dos velhos parceiros, Zé Rodrix declarou ao radialista Toninho Spessoto:

– Hoje a gente chega para um show e percebe que há três gerações na plateia. É uma sensação muito interessante. Isto acontece quando você realiza sua arte com honestidade e autenticidade. Neste sentido, o trio sempre pensou igual: liberdade para as criações.

Ainda em 2001, dando continuidade aos trabalhos, eles gravaram um CD ao vivo, com um repertório de quinze faixas e um bônus track com *Criador e criatura*, assinada pelo trio. Tinha músicas antigas e novas, como a faixa título *Outra vez na estrada* e *Aqui se faz aqui se paga*, de safra recente. Um DVD com o mesmo repertório completava o pacote. Com os novos lançamentos no mercado, voltavam as viagens e os shows pelo Brasil. Sobre o resultado final, diria o crítico Marco Antônio Barbosa:

"Óbvio que as faixas da carreira solo de Rodrix e da dupla Sá & Guarabyra dominam o repertório. Fica quase tudo legal, como nas animadas versões de *Sobradinho* ou *Casa no Campo*. Nem mesmo a inclusão das batidas e açucaradas *Dona* e *Espanhola*, ou da noveleira *Roque Santeiro* consegue soar forçada. Os "velhinhos" são do bem, e a prova disso são as dignas faixas inéditas colocadas no disco para dar um ar de novidade (das quais a melhor é *Jesus numa moto*, "rock-rural-do-crioulo-doido" assinado por Rodrix)."

Na memória de Luiz Carlos Sá, ficou um momento emblemático desse retorno do trio, mais precisamente sobre a volta de Zé Rodrix. Ou melhor, sobre as reações extremadas e conflitantes que ele provocava. O diálogo aconteceu em uma rua de SP, quando Sá encontrou por acaso o guitarrista Johnny Flavin, que já tocara do com eles na banda.

– Vocês refizeram o trio? – perguntou Johnny.

– Sim – respondeu *Sá*.

Johnny olhou para o amigo de uma maneira estranha:

Eu amo o Zé.

E logo depois:

– Eu odeio o Zé. Mas eu amo muito o Zé – e caiu na gargalhada dizendo:

– Cara, parece que ele está sempre me ensinando alguma coisa!

Após dois anos, digamos, de sucesso profissional consolidado com a volta do trio, quando aparentemente Zé Rodrix conseguia superar a depressão pela morte do amigo Tico, o mundo já era outro. As mudanças no comportamento e nos hábitos cosmopolitas tinham como *leitmotiv* o novo e surpreendente mundo da informática e, por consequência, das comunicações via internet. A comunicação ficou rápida, fria e remota. Zé Rodrix foi um pioneiro. Pode-se dizer, grosso modo, que ele foi uma presa fácil dessa engenhoca, exatamente por adorar informações, discussões e interações, nesta ordem. Tudo com muita rapidez, como era a norma. Apesar dos ditames da maçonaria indicarem o caminho contrário, ele estava excitado.

Como era normal, tudo acontecia enquanto ele se preparava para começar a escrever o segundo volume da *Trilogia do Templo*, como planejara. Suas pesquisas se encaminharam para a criação de um novo personagem, Zorobabel, um jovem herói envolvido com a reconstrução do Templo de Jerusalém, destruído pelos babilônios. Era uma continuidade de Joab de Tiro, porém ainda mais intenso. Como pano de fundo para o romance, ele optou por uma abordagem que se pretende histórica como registro do início do conflito entre árabes e judeus. O livro foi publicado pela editora Record com o título *Zorobabel – reconstruindo o Templo*, que destacava a continuação da história do Templo:

"Neste segundo volume da *Trilogia*, conheceremos não apenas os grandes senhores da época, como Cyro e Darius, mas também nos aprofundaremos mais ainda nos segredos dos pedreiros e nas ricas e antigas tradições da Maçonaria, como eram praticadas em seus primórdios."

Sua familiaridade com o tema da maçonaria propiciou um convite feito pela editora Landmark para que trabalhasse na tradução de *A Chave de Hiran*, livro dos britânicos Christopher Knight e Robert Lomas. *The Hiran Key*, o título original, revelava a descoberta de manuscritos secretos da secular sociedade, da qual eram membros ativos. O personagem da trama era familiar a Zé Rodrix, pois Hiran-Abiff era também personagem marcante do primeiro livro de sua trilogia, aquele que conta a história de Joab de Tiro, discípulo de Hiran durante a construção do templo.

Resumindo o trabalho épico da tradução, pode-se dizer que esta foi mais um façanha intelectual de fôlego de Zé Rodrix, pois ele também era responsável pelas notas de rodapé e por uma substancial *Introdução à edição brasileira*, onde explicava seu engajamento na obra, de 380 páginas:

"Em 1996, passando os olhos e as mãos pelas estantes de uma livraria especializada em assuntos da mística e do esoterismo, deparei-me com um grosso volume de capa dura na estante de obras maçônicas: chamava-se *The Hyram Key* de dois irmãos ingleses, editada naquele mesmo ano. Adorando a arte da capa e os assuntos listados no índice, comprei. Foi uma experiência fascinante ler as descobertas feitas por dois membros da Maçonaria da Inglaterra, com a qual já tivemos tantas e tão profundas ligações, que felizmente estamos reatando nos últimos anos, para mútuo gáudio e prazer."

Na mesma introdução, ele explicava a importância da obra e, portanto, da sua sugestão editorial:

"O trabalho traz um enorme cabedal de fatos indiscutíveis, que recolocam em seu verdadeiro papel a Maçonaria mundial. A obra dá à Ordem Maçônica a devida importância não apenas quanto a sua participação em fatos históricos muito antigos, mas também estabelecendo de forma concreta os motivos pelos quais seus inimigos mais constantes ainda persistem em tratá-la (e a nós, seus membros) como se fosse o próprio Satanás, de maneira pouquíssimo racional. A Ordem, graças a essa obra, pode ser compreendida sem que restem mais dúvidas. Fiquei excitadíssimo com a possibilidade de apresentar esses fatos a vários irmãos, e cheguei mesmo a planejar uma tradução do livro, para que uma eventual necessidade de mercado pudesse trazê-lo a público sem muita dificuldade. Por causa de meu próprio trabalho cotidiano este projeto acabou relegado a um segundo plano, até que meus irmãos Jorge e Fábio Cyrino, da Editora Landmark, me convidaram para uma reunião." E assinava: Z. Rodrix, São Paulo, dezembro de 2002.

Nesta época, Zé Rodrix era membro ativo de outro grupo que operava no espaço virtual da internet, através de e-mails, chamado M-Música, criado em 1999 pela carioca Rosana Valente Soutinho, a Nana. A ideia original era conectar músicos instrumentistas com letristas e poetas, visando parcerias musicais livres de conceitos de mercado e outras amarras. O início foi um pouco lento, mas a partir do momento em que foi disponibilizada a lista de músicos e compositores usada pelo radialista Spessoto, seu velho conhecido, pode-se dizer que o caldo engrossou. Assim, foram criadas várias listas de discussão e interação: os participantes podiam constar e participar de todas elas. Quando Zé Rodrix foi convidado e aceitou participar do grupo, logo tornou-se um dos membros mais ativos, estimulando parcerias e discussões (a maioria intermináveis) antes mesmo da criação das redes sociais e do advento do Facebook. Houve um momento em que o grupo M-Música tinha mais de duzentas pessoas interagindo ao mesmo tempo por e-mail.

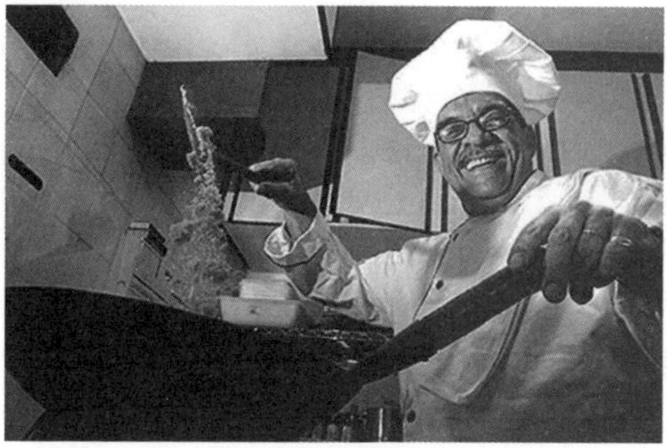

Na cozinha, um hobbie levado a sério

Acervo Tavito

O que ele achava mais interessante, além de ter a oportunidade de defender suas teses, era poder discutir ao mesmo tempo com o regente curitibano Vicente Ribeiro, com o poeta Alexandre Lemos, de Cabo Frio, com o carioca Felipe Cerquize ou com os paulistanos Elder Braga e Zé Edu, que ficaram amigos próximos. De Lisboa, participava Alan Romero, muito ativo, quase um membro da diretoria – e mais um de Curitiba: Iso Fisher. O parceiro Guarabyra participou no início da brincadeira. Ou seja, ele gostava de interagir com pessoas de diferentes pontos do Brasil, no que isto representava de diversidade cultural. "Uma riqueza", ele dizia. Sem ufanismo. Algumas dessas pessoas, que Rodrix conheceu à distância, se tornaram próximas e eternamente amigas. Entre elas, a poeta Etel Frota, de Curitiba, e o advogado Elder Braga, que frequentaram os jantares na rua Petrópolis e acabaram se tornando parceiros musicais. Etel se recorda da sua iniciação na parceria:

– Zé tinha um tema na cabeça e me pediu para eu desenvolver a letra de uma melodia que pudesse expressá-la. Era um gesto de generosidade dele, que tinha capacidade de sobra para fazer o trabalho sozinho. Mas ele me orientou e acabou saindo *Onde os anjos não ousam pisar*, gravada por ele e, mais tarde, pelo Nasi, vocalista do grupo Ira!

Uma amostra da letra desenvolvida por Etel:

Equilibrado na beirada do abismo
quem sabe caia, ou talvez vá voar
Noite cerrada, ferro, fogo, batismo
Anjo nenhum vai conseguir me escorar
Vai com açúcar ou prefere adoçante
Anjo da guarda se recusa a provar

[Refrão]

Nada a perder, nada a ganhar
Enlouquecer ou delirar
E eu ainda insisto em andar
onde os anjos não ousam pisar
(...)

Na mesma iniciativa, ele desenvolveu uma parceria à distância com o poeta Alexandre Lemos, também do grupo M-Música. Era um dos seus interlocutores favoritos. O encontro virtual rendeu muitas discussões teóricas e algumas soluções práticas, como a parceria em *Sempre que eu vou morrer*, para a qual Alexandre criou a letra:

Sempre que eu vou morrer
antes eu me preparo
tanto para esquecer
quanto pro itinerário
De voltar a nascer
quando for necessário
Sempre que eu vou morrer
e isso não é tão raro

Cuido pra não sofrer
dentro desse mistério
Trato de compreender
que nada é assim tão sério
(...)

Com o amigo e discípulo Sonekka, em SP.
Acervo Tavito, Foto de Marlene Alves, no Café Aurora, em 2009

Na prática, tal exercício significava ficar horas e horas trancado no escritório de casa teclando no computador. Tempo que ele dividia com o trabalho literário – estava escrevendo o novo livro – e o musical, cumprindo a agenda do trio. Em outras palavras, Zé Rodrix continuava cobrando escanteio e marcando gols de cabeça.

Ele mensurava as coisas:

– M-Música é um grupo que tem uma prática diária de discutir música de forma intensa, via e-mail. Às vezes são 600, 800 e até 1.200 mensagens por dia. Uma das experiências maravilhosas que acontecem no M-Música é que as pessoas compõem pela internet. Então nego manda uma lista, outro pega, faz uma música, manda por MP3 e nós estamos fazendo um acervo de coisas feitas lá dentro, que é fenomenal. Tem gente do mundo inteiro participando, do Brasil, do Japão, gente dos Estados Unidos, gente em Portugal, e todo mundo trabalhando, que é um negócio maravilhoso.

Como decorrência desta atividade, o Clube Caiubi também acabou arrebatando a atenção de sua faceta de agitador cultural. Oficialmente, o Clube Caiubi de Compositores fora criado, como o próprio nome sugere, para facilitar a interação entre compositores e músicos. Também neste caso o objetivo era aproximar letristas e poetas de músicos instrumentistas, estimulando novas parcerias. Funcionava inicialmente em um pequeno bar na rua Caiubi, no bairro de Perdizes. Aqui a participação era presencial. Ficaram famosas as Segundas Autorais, sempre com um convidado especial. Com o crescimento do grupo, as reuniões passaram para o bar Lua Nova, na rua 13 de Maio. Consta que, na primeira vez em que apareceu no clube, Zé Rodrix saudou assim aos presentes:

Escuta, é aqui que fica o puteiro das universitárias?

Houve um momento em que o grupo Caiubi tinha cerca de 8 mil membros, incluindo veteranos como Zé Rodrix, que passou a ser curador do grupo, e Tavito, agora autor de novos sucessos, como *Rua Ramalhete* e *Começo, meio e fim*. Carlos Careqa e Aquiles Reis também apareciam. Quando não faziam shows, costumavam dar canjas a qualquer hora, como aconteceu com Lulhi e Di Melo. As reuniões eram espetaculares, um desfile de talentos, cada um empunhando o seu instrumento com propriedade. Assim nasceu a parceria de Zé Rodrix com o músico Sonekka, que ele conhecia virtualmente no M-Música e agora continuava um ativista do Caiubi. Sonekka e Zé fizeram juntos *Antigamente eu até sonhava*:

Antigamente eu até sonhava
Mas hoje nem durmo mais, camarada
Desde que pegaram o meu lindo sonho
E transformaram em menos que nada
Acreditei quando me disseram:

Agora é que vai ser bom, camarada
Pisei fundo e forte na estrada e pensei: tô pagando pra ver
(...)

No Caiubi também nasceu a parceria e a amizade com o músico Ricardo Soares, o Rica, um paulistano frequentador assíduo da rede. Juntos, eles fizeram *Fortaleza da solidão* e *Notícias de mim:*

Olhando para os meus discos
Um pensamento me ocorreu
Meus discos eram de outro cara
Um cara que não era eu
Elementos que eu não compreendia
Um mundo que não é o meu...
Mas, se realmente existiu esse cara,
Onde é que se meteu?
(...)

Outra parceria nascida no Caiubi, com o músico Álvaro Cuevas, rendeu três canções, uma delas, *Malatesta,* falava mais de Zé Rodrix do que do personagem histórico, o anarquista italiano Errico Malatesta. Ou melhor, enaltecia semelhanças entre os dois personagens:

Meu sangue é sangue crioulo, mestiço, sim
Por certo mais libertário do que Bakunin –
E agora, pasmacenta, a vida quer me enganar
Finge uma calmaria mais que fugaz
Cuspindo fogo, vou me atirar
Jogar o fogo ou me jogar
Eu cantor das brumas e dos vendavais

Travo na boca amarga e eu posso adoçar
Lavo da alma a dor que não quer largar
E, vez em quando, quando vai dói

Penso que é mesmo bom pra lembrar
Que até pra sorrir foi preciso lutar
(...)

Depois, pelo selo Clube Caiubi, saía um disco coletivo carregado de ironia: os Tropeçalistas, um deboche indisfarçável dirigido aos Tribalistas – que reunia Arnaldo Antunes, Marisa Monte e Carlinhos Brown. Os Tropeçalistas eram Zé Rodrix, Sonekka, Zé Edu, Rica Soares e muitos outros. Eles gravaram uma música emblemática do grupo: *Eu odeio Caetano Veloso*.

De repente, o múltiplo Zé Rodrix passou a fazer parte de um grupo de intelectuais que se reuniam informalmente nas manhãs de sábado, primeiro na livraria Cultura, na avenida Paulista, e depois na livraria Azteca, ligada a uma editora mexicana, na rua Bartira. Eram tertúlias em torno de poesia e literatura e, finalmente, política. Quando Zé Rodrix chegou ao grupo, as figuras exponenciais eram o poeta Mário Chamie, representante da poesia práxis, o escritor Evandro Affonso Ferreira, o jornalista José Nêumanne Filho, o músico Aquiles Rique, o médico José Oswaldo Borges, o jornalista paraibano Assis Ângelo e o poeta negro Arnaldo França Xavier. Era um grupo grande e animado, em torno de cafezinhos, sempre com promessas de discussões acaloradas: a Sociedade dos Poetas Vivos.

Em fevereiro de 2000, o jornal *Gazeta Mercantil* publicava uma grande reportagem com o título *Tudo em torno da palavra*. Em destaque, a frase: "Criada pelo músico e escritor Zé Rodrix, confraria de artistas discute arte e política em encontros em São Paulo". Ambientada no quintal da Livraria da Vila, onde havia uma grande mesa artesanal de madeira, a reportagem exibe uma foto central do grupo, onde estão o historiador Luís Mir, o maestro e dramaturgo Marcos Vinicius Andrade, Zé Rodrix, José Nêumanne, Júlia Rodrix, Leda Villela e Mário Chamie. Eles planejavam pedir ao prefeito da época, José Serra, a criação da Praça do Saber, para abrigar reuniões de poetas e pensadores, em plena Vila Madalena.

Hoje, passados quinze anos, José Nêumanne puxa pela memória:

– O Zé foi se tornando uma pessoa interessada no debate político. Ele chegou cansado das discussões virtuais nas quais estava envolvido na internet. Ele queria e procurava o contato pessoal. Se tornou grande amigo e admirador de Mário Chamie, com quem tinha grandes conversas sobre poesia e literatura. Mas, depois de alguns anos, este grupo se dispersou naturalmente.

Antes mesmo do fim de 2003, Zé Rodrix já havia sido comvidado a participar, escrevendo a letra de um hino, das comemorações dos 450 anos da cidade de SP, em 25 de janeiro. A tarefa era delegada a um carioca quase baiano. No *briefing*, os organizadores do evento municipal, lhe ofereciam, através da TV Globo, sugestões de músicas que falavam da cidade, entre elas, *Sampa* (Caetano), *São São Paulo* (Tom Zé), *Lá vou eu* (Rita Lee), *Punk da periferia* (Gil), *Ronda* (Paulo Vanzolini), *Trem das Onze* (Demônios da Garoa), *Samba do Arnesto* (Adoniran Barbosa) e mais um punhado delas, terminando com *Rua Augusta* (Ronnie Cord). Depois de misturar tudo no seu liquidificador particular, Zé Rodrix escreveu a sua versão:

São Paulo é
minha cidade, é
minha verdade e minha devoção
São Paulo tem
o mundo inteiro, tem,
e cabe tudo no seu coração
São Paulo quer
que a gente viva em paz
crescendo alto e forte e muito mais
SÃO PAULO É MINHA

EU TENHO QUE FALAR
AQUI ESTOU, AQUI QUERO FICAR,
SÃO PAULO É MEU LUGAR!
São Paulo faz
todo o Brasil crescer
puxando firme sem esmorecer
São Paulo diz
que eu posso ser feliz
e me ensina o jeito de viver
São Paulo faz
a gente pedir bis
e dá o exemplo pra qualquer país
SÃO PAULO É MINHA
EU TENHO QUE FALAR
AQUI ESTOU, AQUI QUERO FICAR,
SÃO PAULO É MEU LUGAR!
Ítalo-moura-baiana-hispano-gaúcha-nipo-nordestina
pra quem vem de fora é o umbigo do mundo
é lar e é luz pra quem nasceu aqui
São Paulo cresce e não para
é bela e é nossa, conhecida e rara
riqueza que brota e que cresce do solo
pra que a gente colha com as próprias mãos.
São Paulo é
o meu conforto, é,
o porto e o abrigo que escolhi
e em vinte e cinco
de janeiro dá
esse presente pra quem vive aqui
São Paulo traz
uma lição de amor
nessa mistura de sotaque e cor

SÃO PAULO É MINHA
EU TENHO QUE FALAR
AQUI ESTOU, AQUI QUERO FICAR,
SÃO PAULO É MEU LUGAR

Na fase madura, nos teclados.

Acervo Luiz Carlos Sá

A música havia sido oferecida inicialmente a Ivete Sangalo gravar, mas a tentativa foi frustrada e ela recusou o convite. O hino foi cair no colo de Daniela Mercury, que adorou a ideia de homenagear a cidade pela qual tinha grande simpatia. Quando recebeu o convite, diretamente de Zé Rodrix, a cantora estava em Portugal, mas pediu "encarecidamente" que esperassem ela voltar para poder gravar – o que, efetivamente, aconteceu.

Em agosto, com a ajuda dos amigos do Caiubi, Zé Rodrix encarou o primeiro show solo depois de muitos anos. Aliás, seis shows em sequência: Supremo, teatro da PUC e Crowne Plaza, dois dias em casa palco. O show intimista no teatro do restaurante

Supremo significou um reencontro com a sua plateia de amigos e, portanto, além de cantar e tocar, ele contou muitas histórias de vida, atualizando as informações. Falou da perda de Tico Terpins, do *jingle* da Chevrolet, do grupo M-Música e ainda cantou os seus clássicos: *Casa no Campo*, *Blue Riviera*, *Mestre Jonas*... Entre uma música e outra, histórias rápidas com estilo de contador de piada profissional. Por exemplo:

– Uma vez fui fazer um show numa cidade do interior e quando entrei no palco se aproximou um negão enorme. O palco era alto, mas o negão parado ali embaixo tinha quase a minha altura. Ele acendeu uma vela de sete dias na beira do palco e me falou com voz grossa: "Só pare quando apagar".

Ele gostava de fazer piada sobre percussionistas, uma espécie de vítima de suas maledicências:

– Vocês precisam entender que a música tem uma hierarquia. Primeiro vem o cantor, abaixo do cantor tem os músicos, abaixo dos músicos vem o baterista, depois vem o roadie, o cara que carrega os instrumentos e, abaixo do roadie, vem o percussionista e abaixo do percussionista vem a fã.

Ele encerrava o show cantando ao piano *Notícias de mim*, parceria com Ricardo Soares.

O show foi gravado ao vivo está disponível na internet, no site www.dropbox.com.

No mesmo ano era lançado o CD da *Série Retratos: Zé Rodrix* com quatorze faixas históricas de sua carreira, incluindo um clássico alheio: *Guantanamera*.

No final de 2004, depois de dois anos de pesquisas, foi a vez de Júlia Rodrix lançar seu livro de receitas *A Dieta do Sim! – Tudo o que você deve e pode comer para ter saúde e ser feliz*. No prefácio, Zé Rodrix falava da arte de cozinhar e aproveitava para justificar a paixão pela companheira:

– Se não fosse casado com a Júlia, certamente estaria incomodando a coitada com pedidos de "casa comigo, vai, casa comigo...", porque ela exerce sobre mim a capacidade da fascinação absoluta. Não é só por causa da cara, dos olhos verdes, do cabelo cor de prata, mas sim por uma característica invejável que eu só encontrei em raríssimas pessoas, todas mais velhas, mais vividas, mais experimentadas que ela nos percalços da vida e da mente. É na sabedoria absolutamente inesperada dela que reside essa fascinação que ela exerce sobre mim, e se enraíza exatamente na capacidade inacreditável de se somar as coisas mais díspares, encontrando resultados absolutamente novos, equilibrados e coerentes".

O livro de Júlia saiu pela editora Lemos, de Paulo Lemos, com 145 páginas de receitas específicas para os sistemas linfático, digestivo e reprodutor. Na abertura, uma dedicatória da autora: "Dedico este livro à minha base de sustentação, meu marido, Zé Rodrix, e meus filhos, Antonio e Bárbara".

Várias atividades continuavam ocupando seu cotidiano. Na safra de teses informais apresentadas e defendidas no grupo M-Música, destaque para a inusitada (mais uma vez) defesa das tradições musicais, que o levaria a criar a expressão MPBdQ – Música Popular Brasileira de Qualidade. O texto foi publicado originalmente no M-Música:

"Nana: [referindo-se a Rosana Soutinho, criadora do site].

"Eu passei os últimos vinte anos na confortável posição de 'público esclarecido', ou seja, apenas observando o mundo musical brasileiro sem participar dele. Como eu sempre explico, 'SOU DO TEMPO EM QUE CANTORAS GOSTAVAM DE HOMEM', ainda que isso possa soar um tanto preconceituoso. Não é: é apenas a melhor indicação cronológica da minha ausência. Agora, o Guarabira e o Sá me convenceram (não que eu não estivesse afim) a voltar às lides. Acabamos de gravar CD e DVD ao vivo, e saem agora em fim de setembro pela Som Livre.

E eis a minha dúvida: como manter a deliciosa posição de ‘público esclarecido’ se agora estou de volta ao meio? Decido então o seguinte: na vida real eu sou o Z. RODRIX que todo mundo conhece, e que está de volta com seus antigos parceiros para mais uma incursão no *showbiz*. Nesta lista eu sou um tal de Z. RODRIX, que foi compositor e cantor e que, depois de abandonar essa vida efervescente, tornou-se analista e crítico (muuuuuito crítico) de música. Assim, ninguém se sentirá prejudicado por nada que eu disser: e o que eu digo de vez em quando soa extremamente radical. É assim mesmo: eu sou radicalíssimo. Tenho percebido que depois de 20 anos a racinha que comanda o processo musical brasileiro ainda é formada pelos mesmos canalhas de 20 anos atrás, só que agora são todos bandidos profissionais. No meu tempo ainda eram apenas amadores.”

Invariavelmente, ele encerrava o comentário assinando ZRX.

Ele escrevia e polemizava sem trégua, via internet. Não havia economia de assuntos. Foi chamado por alguém da rede de o Forrest Gump da música e das artes. Um assunto levantado por ele e colocado na rede:

– Pensemos em termos de jazz, música feita de interpretações sempre diferentes da obra original de alguém. Por que preferimos uma versão a outra? Por causa da qualidade do intérprete, e de sua capacidade criativa de interpretar a obra. Com cantores o conceito também é o da qualidade artística. O autor fez a música (seu momento de arte) e o intérprete usa essa obra para exercer a sua arte, realizando o seu momento. Quanto mais qualidade essa recriação/interpretação tiver, melhor. Mas as péssimas a gente reconhece de longe: são aquelas que não dispõem de um intérprete competente para existir.

Em diálogo com o parceiro Guarabyra, por e-mail, ele contribuía para os queixumes dos autores criminosamente plagiados:

– Gut, justiça nestes casos ainda não aconteceu no Brasil, e se aconteceu foi abafado com grana imediatamente. Eu estou nesse exato momento processando uma empresa imobiliária que está usando *Casa no Campo* na gravação da Elis sem permissão nem dos autores nem da intérprete. Nos EEUU houve um processo em que Tom Waits processou uma agência que usou uma voz que o imitava: recebeu 3.000.000 de indenização.

Ele acompanhou de dentro os dois encontros nacionais do grupo M-Música, no Rio e em SP, um deles na casa do amigo Raul Corrêa. Depois, na rede dos participantes, postou sua opinião, onde reafirmava sua crença nos movimentos alternativos à grande máquina:

– Por exemplo, a gente faz muitos encontros do M-Música aqui em São Paulo e no Rio. No último veio gente do mundo inteiro. De repente, nós estávamos num lugar com gente que não se conhecia. Tinha, por exemplo, Gilvandro Filho e Aparecida Silvino. Gilvandro mora no Recife e Aparecida em Fortaleza. Eles já tinham dez músicas prontas, feitas um com o outro, belíssimas, e não se conheciam, o que é um negócio fantástico. Eles se conheceram aqui em São Paulo, mas já vinham com uma intimidade de compor juntos, o que é uma coisa rara.

Houve um episódio desagradável no M-Música, envolvendo Zé Rodrix – quando ele ainda não dominava os códigos e humores da informática. Inadvertidamente, fez um comentário negativo sobre a afinação de Gal Costa, achando que aquilo morria ali, mas havia um fã atento da cantora que simplesmente copiou o trecho e colou numa comunidade do Orkut dos fãs dela: "Olha o que o Zé Rodrix acha da Gal", disse ele. Zé Rodrix foi execrado pelo povo da comunidade e acabou sabendo disso. Foi amargo, como explica Alan Romero, um dos pioneiros do grupo:

– Tivemos o maior trabalho para identificar o "delator", que alegou não ter feito por mal. Claro que ele acabou sendo defenestrado porque violou uma das regras de ouro da M-Música.

Por outro lado, a atividade intensa de Zé Rodrix na internet, em um furor de comunicação, resultava também em uma riqueza de pensamentos e análises críticas, através dos quais se pode conhecer o seu verdadeiro conceito sobre o mundo que o cercava. As generalidades. Como neste texto pinçado de diálogos da internet, no M-Música, onde ele abordava as notáveis qualidades da amiga eterna e precocemente ausente:

"Elis Regina, como Tim Maia, também canta melhor a cada dia: mas ela tinha uma qualidade de atriz que nenhuma outra cantora brasileira ainda teve, com exceção ponderada para Marisa Monte, que mesmo assim fica alguns furos abaixo dela. Elis sabia interpretar o TEXTO de uma canção, como se fosse um monólogo teatral shakespeariano: não ficava tão envolvida com a música que depreciava a letra, mas isso ela podia fazer porque tinha domínio absoluto de sua voz e de sua capacidade musical. Não se permitia nada que não fosse a sua verdade interna, na hora de gravar, e tinha uma vantagem imensa sobre todas as outras cantoras: nunca precisou imitar Elis Regina para fazer coisa boa.... acreditava em trabalho duro, e sabia que até mesmo o mais belo dos improvisos precisa ser ensaiado profundamente, porque o público sempre merece o nosso absoluto melhor."

SEGUNDO CAPÍTULO À PARTE

O estado depressivo e os longos períodos dedicados à internet acabariam, somados, provocando em Zé Rodrix um quadro psicológico bastante delicado e peculiar. Ou seja, a luta de Júlia para afastá-lo da depressão ainda não chegara ao fim. Era necessário afastá-lo da internet, que o mantinha recluso.

Depois de estipular um prazo de dois meses para que ele esboçasse uma reação e saísse do quarto, Júlia decidiu cortar o provedor, cancelar a conexão e acabar com as horas passadas no computador. Não houve contestação. Ele reagiu bem à nova disciplina imposta, até porque tudo estava ficando, realmente, melhor no lado de fora, com a volta do trio e a publicação dos livros, sucessos pessoais de Zé Rodrix. Sua reflexão sobre a crise pessoal deste momento resultou na polêmica conferência *O Vício de Teclar: adição à internet*, um depoimento surpreendente e inédito que ele apresentou na Escola Lacaniana de Psicanálise do Rio de Janeiro, em congresso denominado *Os vícios do cotidiano*. Era um tema, como se dizia, *up date*; nada mais exótico do que alguém clinicamente viciado na internet. E isso antes do Facebook. Até nisso ele era pioneiro. Longe de qualquer fantasia ou fabulação, seus argumentos e análises, apresentados em quinze páginas de intensa autocrítica, começavam assim:

"A primeira vez que me conectei na internet foi fascinante: em minha mente de ávido leitor de *science-fiction*, que sempre sonhara com um futuro intensamente humanista, a possibilidade de estar em contato direto com o Universo sem que para isso precisasse mais do que um micro me soou como a panaceia *alquímica*. Passeei encantado pelas folhas de rosto das *homepages* que me caiam sob os dedos, umas após as outras, e em algumas delas percebi a existência de alguma coisa chamada CHAT ou BATE-PAPO.

Fiquei fascinado: então eu poderia conversar com pessoas que nem sabia quem era e que de outra forma nunca contataria? Fascinante: passeei pelas infinitas possibilidades, que me recordavam a *Biblioteca da Babel* que Borges descreveu, e em meio a uma série de conversas possíveis encontrei uma que me chamou a atenção: FÍSICA NUCLEAR. Enlouqueci de prazer: eu poderia conversar com os grandes mestres do Universo? Os grandes cérebros da humanidade me dariam o beneplácito de sua instrução amena e amiga? Entrei: assim que meu nome surgiu na sala, um ALBERT EINSTEIN, quem sabe o próprio, entrou em minha tela e gritou: *GOSTA DE SEXO ANAL?????"*

No texto, apresentado na sala de conferências do Hotel Glória, ele continuava oferecendo uma visão consistente e original da sua experiência na rede, falando como um *reab*, ou seja, alguém em processo de reabilitação de algum distúrbio de ordem mental, como um paciente do AA, por exemplo:

"Minha decisão de não entrar em salas de chat se renova dia a dia, a cada manhã, quando ligo meu micro: – *Hoje não vou entrar em nenhuma sala de chat.* No fim do dia, antes de me deitar, reconheço com grande alegria: – *Hoje nao entrei em nenhuma sala de chat.* Amanhã? Não sei: pode ser que eu acorde de ôvo virado e decida que 'depois de tanto tempo, quer saber, eu mereço umas horinhas num bate papo inconsequente e sem perigo....', como também pode ser que nada aconteça, que eu seja mais forte que meu vício e não me deixe seduzir pela possibilidade do "gozo do idiota", que foi meu natural diário durante longo tempo."

(Veja o texto completo, *O Vício de Teclar*, no final desta edição.)

Zé Rodrix e o músico Reynaldo Bessa se encontraram pela primeira vez, na casa do empresário Raul Corrêa, um apaixonado por música que tinha o hábito de promover saraus em sua elegante casa, atrás do shopping Iguatemi. Raul participava das listas na

M-Música, polemizava pela internet, mas gostava de convidar artistas amigos para degustar vinhos e mostrar a sua arte. No início, eram pequenos grupos de dez, doze pessoas, que compartilhavam momentos de pura sensibilidade. Depois, o grupo chegou a ter mais de sessenta participantes, ligados à M-Música. Na memória de Bessa ficou a noite do primeiro encontro, *un petit comité*:

– O Zé foi para o piano do Raul e mostrou seus sucessos. Depois eu mostrei algumas composições minhas. Ele gostou do meu trabalho e nasceu a nossa primeira parceria, *Por amor*, gravada inicialmente pelo grupo Ira! e depois pelo Nasi, quando ele já estava sozinho.

Uma amostra da canção:

Movido apenas por amor vou em frente
E é sempre apenas por amor que eu reduzo
Às vezes certo, às vezes meio confuso
Mas sempre em frente e sempre, sempre mais quente
Se existe gente à minha volta eu não vejo
Pois o desejo é como um véu que me cobre
E se a distância me revela ser pobre
Mas rico estou quanto mais perto de um beijo
Por amor
Eu passo o dia inteiro querendo te ver
Eu como tão depressa que não sinto prazer
Por amor
Por amor
Enfrento a tarde e cinza do céu
Eu perco as noites chorando num quarto de hotel
Por amor
Por amor
Eu passo o dia inteiro

Memorável, do ponto de vista do empresário Raul, foi o encontro em sua casa do músico americano Steve Ross com Zé Rodrix. O pianista Ross, intérprete de clássicos americanos de autoria, por exemplo, de Cole Porter e George Gershwin, ficou sensibilizado pelo talento do novo parceiro. Eles tocaram a noite inteira com grande empolgação, em pé, a quatro mãos, no piano da casa. Dias depois, pela internet, Ross ratificava sua satisfação notificando o anfitrião:

– That was a great evening – at your home.

De repente, um episódio mal acabado e cheio de nebulosas. A participação frustrada da dupla Zé Rodrix e Reynaldo Bessa no filme sobre a vida de Pelé, produzido e dirigido por Anibal Massaini Neto. Eles foram convidados para escrever algumas músicas da trilha sonora e, de fato, criaram pelo menos dois temas conhecidos: *Pelé de todos os santos* e *O semideus*, cuja letra diz:

Cá na terra
os homens desfiam orações
suplicando aos deuses
que lhes despertassem as emoções
Então! No céu os deuses
se reuniram e decidiram
enfim! Criar um novo herói
Lhe deram o brilho, a sabedoria
a amizade, a ousadia
e o calor das multidões
Disseram: só falta a bola no pé
É, assim nasceu Pelé

A parte nebulosa desta história, que não teve um desfecho feliz, é que nem mesmo o parceiro Bessa sabe explicar os motivos do seu afastamento do projeto. De repente, eles não faziam mais parte da produção. O filme foi produzido e lançado em junho do ano seguinte, 2004, com roteiro de Armando Nogueira e José Roberto Torero. Sabe-se que, de uma forma bastante discreta, Zé Rodrix atribuía a saída deles do projeto ao fato de não terem aceitado que Pelé tivesse uma "parceria" nas músicas compostas, como fora sugerido. Cai o pano.

Quando o grupo Ira! partiu para a gravação de um DVD acústico para a MTV, no estúdio Locall, em São Paulo, Zé Rodrix estava na plateia com os filhos e a mulher, Júlia. Ele foi conferir, com muito orgulho, a gravação de *Por amor*, uma parceria com Reynaldo Bessa. Depois, foram ao camarim abraçar Nasi e o amigo Edgar Scandurra, autor da maioria das músicas do repertório da noite. As gravações aconteceram nos dias 24 e 25 de março de 2004. No total, foram gravadas dezenove músicas do repertório da banda.

No início de 2005, finalmente começava a ser impresso o segundo volume da *Trilogia do Templo*. Se o primeiro já tinha sido considerado "uma obra de fôlego", o novo romance era ainda mais consistente do ponto de vista literário. O resultado final foi um livro de 634 páginas que a maioria dos leitores considera uma continuação da aventura de Joab de Tiro. Agora, o personagem era Zorobabel, um jovem devotado às causas espirituais e grandiosas, como a recuperação do Templo de Jerusalém, destruído por Nabucodonosor. Se Joab ajudou a construir o templo, Zorobabel ajudara a reconstruí-lo – essas eram as semelhanças.

Na dedicatória, uma manifestação de carinho:

"À memória de Vera Tanka, xamã e amiga, a quem devo meu retorno ao mundo dos vivos no momento em que me era mais difícil renascer. Foram suas as palavras sábias que me reergueram de onde eu jazia e me recolocaram no Caminho. Esta é a lição que jamais se esquece".

Vera Maria Carneiro Pereira de Souza, a xamã Vera Tanka, gozava de muito prestígio com Zé Rodrix. Sua figura mística impressionava. Ela tinha conhecido tarot quando estudava psicologia e se aprofundou na matéria tornando-se uma pessoa bastante conhecida por jogar cartas nos chamados "meios intelectuais" de Rio e de São Paulo. Sua filha, Adriana Wheeler, lembra que a atuação da mãe era uma coisa muito séria:

– Minha mãe dizia que o tarô não é um instrumento de adivinhação e sim de busca interior, que o tarô fala do que não queremos ouvir ou enfrentar. Na inquietude, ela foi buscar outros conhecimentos e se deparou com o xamanismo. Minha mãe acabou se tornando uma grande anciã. Ela se correspondia com centenas de pessoas no mundo inteiro. Tinha grande empatia com o Zé e a Júlia.

Júlia lembra que era "impressionante" a espiritualidade da xamã, quando jogava cartas de tarô, a cerimônia, o olhar penetrante e incisivo:

– Houve um dia em que ela jogou cartas para mim e para o Zé, fazendo uso, realmente, da sensibilidade. Ela olhou para nós e disse, com gravidade: "Vocês vão perder alguém muito querido. Vai ser um baque". Quando saímos dali eu comentei com o Zé, meio assustada, que devia ser minha avó, que estava internada. Mas oito dias depois, em junho de 2005, chegou a notícia: morria a xamã Vera Tanka, nossa querida amiga. Ficamos em estado de choque.

Na orelha do livro, o jornalista José Nêumanne, na época editorialista do *Jornal da Tarde*, destacava:

"Leia este livro de ficção como se ele fosse uma canção, atento leitor: cante-o deixando que ele chegue ao ouvido, concentrando-o com a mão em concha, para perceber toda a riqueza de um mundo variado, colorido e movido pelo combustível da ação que o ex-integrante do Som Imaginário criou e o convida a visitar. Neste romance, inexorável será seu encontro marcado com aventuras no meio das quais será possível viajar entre estações de conhecimento e sabedoria a bordo de um trem estrelado rumo a paisagens ignotas e sempre surpreendentes. Isso lhe garantirá um tipo de turismo muito prazeroso, além de útil."

No prefácio, o jovem escritor de origem libanesa, Luís Eduardo Matta, especialista em política do Oriente Médio, que Rodrix conheceu no lançamento carioca do primeiro volume, afirmava:

"Nunca, em toda a trajetória literária brasileira, um escritor se aventurou com tamanha obstinação por uma saga épica monumental como é o caso desta trilogia, que se debruça sobre os primórdios da maçonaria, uma das fraternidades iniciáticas mais antigas do mundo, mesclando erudição e fluência, onde realidade e ficção se confundem num incrível mosaico narrativo".

Ainda de acordo com Matta, a *Trilogia do Templo* foi uma das mais fantásticas obras literárias produzidas no Brasil na primeira década do século XX.

Um detalhe bizarro na herança dos lançamentos de *Zorobabel:* na noite de autógrafo da Bienal do Livro de São Paulo, o livro não apareceu. Apesar da enorme fila de maçons que se formava no estande da editora Record, lamentavelmente os livros foram esquecidos e a noite terminou frustrada. Como lembra Júlia, "o Zé ficou passado e dizia para quem lhe perguntava sobre o livro: Pergunte para aquela moça ali... apontando uma funcionária da editora. Foi desconcertante".

Em maio, como reconhecimento ao seu esforço literário, em particular, e de sua dedicação à maçonaria, de um modo geral, Zé Rodrix recebia a Cruz do Mérito Harmonia, concedido pela loja Harmonia, Luz e Sigilo, que ele frequentava no centro de São Paulo. A homenagem era um diploma com o brasão da entidade. Na mesma época, sem que haja nenhuma ligação entre os dois acontecimentos, ele participou como convidado especial do evento *Romântico ou Cafona?,* uma realização do SESC Ipiranga, onde se discutia e se defendia a natureza dos dois estilos, muito presentes na MPB. No palco, em cinco dias de programação, a reunião de Nando Reis, Wando e Wanderléa, no primeiro grupo, Moska, Peninha e Rosana (*Como uma Deusa*), no segundo, e Sidney Magal, Hyldon e Wander Wildner na terceira semana. Os debates teóricos, sobre a estética romântica ou cafona, eram conduzidos por Moska, Wanderléa e Zé Rodrix, com mediação do jornalista Carlos Calado, que lembra ter sido apresentado a Zé Rodrix pela produtora Eliana Calheiros.

Eliana tietava Rodrix desde muito jovem, aos dezesseis anos, quando ele ainda estava no Som Imaginário. Ela e uma amiga frequentavam os shows e ensaios (sua amiga Sílvia iria se casar, num futuro próximo, com o pianista Wagner Tiso). Agora, por volta de 2005, Eliana estava produzindo, ao lado do músico Maurício Pereira, uma temporada chamada Supremo Musical, com o tema "músicas que cantamos no chuveiro". Acontecia no palco do bar Supremo, onde ele já havia tocado. Maurício tinha sido parceiro de André Abujanra no grupo Os Mulheres Negras, autodenominado "a terceira menor *big band* do mundo". Entre os convidados que se apresentavam a cada semana – de Fernanda Takai a Zeca Baleiro – estava Zé Rodrix, que participou, com o anfitrião Maurício, de uma homenagem a Dick Farney, cantando canções ao piano. Eliana lembra que, quando também ficou amiga de Júlia e passou a frequentar a casa do Sumaré, pôde constatar que, entre as habilidades culinárias de Zé Rodrix, o ponto alto era, em sua opinião, um picadinho de bife de fígado:

– O Zé era um pequeno pavão, gostava de receber atenção, mas era generoso com os amigos. Eu usava ele como hoje se usa o Google, era o meu oráculo. Quando não sabia alguma coisa, ele inventava. Ficamos amigos, mas o nosso único trabalho conjunto foi na rádio Cultura AM, quando apresentamos (eu produzindo e ele locutando) um programa em série sobre Cornélio Pires, etnógrafo da cultura caipira, de quem o Zé era admirador. A Leda Villela, atriz que era casada com o Emilio Fontana, estava junto com a gente.

Rodrix aproveitou a proximidade com a Rádio Cultura para sugerir aos diretores uma reformulação na imagem sonora das rádios FM e AM, administradas pela Fundação Padre Anchieta. Ele apresentou seus argumentos em seis páginas encaminhadas ao diretor José Roberto Walker, sugerindo a produção de novas vinhetas, novas aberturas de programas e, por fim, novos programas e a supressão de alguns. Fazia "uma análise do quadro existente e de suas necessidades". E propunha uma mexida na programação que nunca foi efetivamente realizada. Sua carta com a proposta estava datada: 19 de outubro de 2004. Ele concluía:

"Para que esse projeto se realize na Rádio Cultura FM será necessário um ano de trabalho, devendo ser renovado por mais um ano caso o processo se estenda à Rádio Cultura AM, como recomendamos."

Com Tavito, depois de tudo.

Acervo Tavito

É tarefa difícil acompanhar e mapear todas as atividades, as inúmeras produções artísticas ou intelectuais, eventos com que Zé Rodrix se envolveu ao longo da vida. É um trabalho braçal, indispensável para qualquer biógrafo que se disponha a fornecer o máximo de informações sobre seu biografado. Ele era inquieto e se envolvia em eventos grandes e pequenos, tanto em volume quanto em importância. No caso particular de Zé Rodrix, alguns críticos (detratores?) preferem argumentar dizendo que ele tinha muita artilharia mas pouca pontaria. Há controvérsias. O parceiro Miguel Paiva observa que "Zé Rodrix podia falar mentira mas não falava besteira". E arremata: "O Zé não tinha filtro".

Os trabalhos nas várias frentes continuavam aparecendo por todos os lados. Rodrix se apresentou com seu teclado no programa *Classe Média*, de Max Gonzaga, na TV Cultura. Foi quando aconteceu a chamada "invasão laranja" do Clube Caiubi, que lotou a plateia.

Nesta época, por volta de 2005, as inquietações de Zé Rodrix com o mercado de trabalho o levaram a tecer o seguinte raciocínio e tomar uma atitude, como publicitário:

– Existe uma distorção que faz da agência de publicidade algo grandioso e mais importante do que o criador da ideia que move este mercado. As agências se fortalecem criando uma grande estrutura mantida exclusivamente pelo trabalho de dois ou três criadores. Vou partir para uma outra alternativa.

Em Canela, RS, com Tavito e Jerry Adriani, 2006

Acervo Tavito

Ele criou, então, aquilo que chamava de "birô Crianon" para agenciar *jobs* sem necessitar de nenhuma estrutura, algo virtual que funcionava como uma "nuvem" de dados e diálogos com as "mídias" tradicionais. Um conceito novo onde se aproveitava apenas o essencial. Ele chamava de birô de criação: ligue e encomende seu produto diretamente a qualquer um dos profissionais cadastrados. Em entrevista a um jornal, ele explicava a ideia:

– A Crianon trabalha para vários clientes do mercado nacional. Somos um ponto de contato, sem *office-boy*, telefonistas, secretárias... São vários profissionais cadastrados, o cliente pode escolher quem quiser.

Um dos grandes clientes da Crianon era a rede de supermercados Extra, para quem Zé Rodrix fazia *jingles* de varejo, para o segmento denominado pomposamente FLV, ou seja, frutas, legumes e verduras.

Com o mito Belchior, também em Canela, 2006.

Acervo Tavito

Em 2006, estava novamente nos palcos com o musical *Lavanderia Brasil*, nova parceria com Miguel Paiva. O diretor era Moacir Chaves, que advertia: "Sabemos que os automóveis estão destruindo inexoravelmente o planeta, nem por isso deixamos de usá-los. Na verdade, sequer cogitamos essa possibilidade".

A primeira versão da peça, escrita anos antes, se chamava *... E a crise, heim?*, e abordava um problema sempre presente no Brasil: lavar a roupa suja da crise política e institucional. No final do *script* original, um desfecho assinado por Zé Rodrix e Miguel Paiva: "São Paulo, 31 de março de 1984, vigésimo ano da redentora, com a qual não seria possível este espetáculo". Redentora é um dos nomes do golpe militar de 1964, aqui proferido com ironia.

No elenco de estrelas, Felipe Camargo, Paula Burlamaqui e Marcos Breda.

Com a maturidade, veio a "fase cabeça".

Acervo Pessoal

Na mesma temporada, Rodrix foi participar da Festa Nacional da Música 2006, um evento tradicional na cidade gaúcha de Canela. Foi uma viagem entre amigos, ao lado de Júlia, do parceiro Tavito (com a mulher Celina), do renomado Belchior, dos amigos Golden Boys e do querido Jerry Adriani, com quem ele interagiu animadamente. Eles desceram no aeroporto em Porto Alegre e seguiram de ônibus até Canela, na serra, quando Rodrix deu um show de piadas. Sentado de costas para o motorista, que não parava de rir, ele tirou gargalhadas do grupo. Outro momento alegre da viagem aconteceu quando o músico e compositor baiano Pierre Onassis, ligado ao grupo Olodum, reencontrou, por acaso, Zé Rodrix nos bastidores. Quem recorda é Júlia:

– O Zé tinha produzido um disco do Pierre anos antes, e ele amava o Zé. Com os seus quase dois metros de altura, o negão pegou o Zé no colo e saiu rodopiando, dizendo repetidas vezes: "Eu amo esse cara...".

Foi a admiração que levou o produtor musical Arnaldo Catalan a procurar Zé Rodrix para um trabalho conjunto. Catalan, também saxofonista, havia criado a Jazz Big Band, em 2000, tendo a cidade de Santos como base operacional do grupo – que reunia dezessete músicos e um maestro. A ideia dele era criar um show com o repertório de Zé Rodrix, que topou na hora. Definidas as linhas básicas da produção, ficou combinada uma sequência de ensaios, três ou dois por semana, que obrigariam Zé Rodrix a viajar de ônibus até Santos, saindo de manhã de SP e voltando à noite. Ele pegava o metrô perto de casa, no Sumaré, descia no Jabaquara e ali entrava no ônibus. Em Santos, alguém esperava por ele, em um ritual repetido várias vezes. Catalan explica o projeto:

– Eu admirava a obra do Zé, que se diferenciava da maioria dos músicos que costumam cantar "eu não vivo sem você" ou "eu te amo". Ele não. Suas músicas se diferenciavam pelos temas inusitados, nenhum lugar-comum. Ele cantava o motoqueiro, a baleia... Minha primeira iniciativa foi apresentá-lo ao nosso maestro, Mario Tirolli.

Com amigos curitibanos: Vicente Ribeiro (2º. a esquerda) e Etel Frota (no centro).

Acervo Pessoal

Os ensaios frequentes serviram para mostrar ao maestro Tirolli, também um multi-instrumentista, os talentos vários de Zé Rodrix; e, juntos, eles prepararam um belo show com direito a três convidados: Tavito, Sonekka e Bárbara Rodrix. A estreia aconteceu no SESC de Santos, em noite festiva e animada, que ficou registrada em vídeo e ainda continua disponível na internet. Zé Rodrix, mantendo a tradição dos *crooners* de *big bands*, apareceu elegantemente vestido no seu impecável *smoking* e *black tie*. Tavito ao lado, no palco, empunhando o violão, garantia o DNA das melodias, enquanto Rodrix divertia a plateia com piadas e histórias saborosas. Seu comportamento era histriônico. O maestro Tirolli resume assim a experiência:

– Eu era fã de Zé Rodrix pela sua musicalidade natural, originalidade e dedicação ao trabalho. Ele fazia tudo, dominava o cenário. A música brotava naturalmente para ele. Trabalhar com o Zé Rodrix foi um prêmio.

No SESC, foram três *show* muito bem-sucedidos, mas teve um bônus *track* com a viagem a Curitiba, quando ele voltava à cidade para se apresentar em evento fechado no Clube Curitibano, um reduto da elite da cidade. Desta vez, com a Jazz Big Band. Em uma das mesas espalhadas pela plateia, no jantar, estavam os amigos Etel Frota, o maestro Vicente Ribeiro com a mulher Suzie, cantora, e um irmão da maçonaria. Ele tinha um grande contingente de amigos na cidade, muitos deles surgidos por meio da M-Música. No final, na hora de cantar o clássico *Casa no Campo*, fez um pedido para que as pessoas que soubessem a letra se aproximassem do palco para cantar junto. Etel, Suzie e Vicente se aproximaram – foi quando ele os viu pela primeira vez na noite. E pela última, na vida.

Em seguida, houve um hiato na turnê da Jazz Band, para que Zé Rodrix pudesse cuidar do lançamento do último livro da trilogia; mas a programação completa da Jazz Big Band com Zé Rodrix solista previa ainda mais alguns shows, agendados e confirmados para dali a pouco em outras cidades.

No teclado, animando um evento Campus Party, 2009.

Acervo Tavito.

A convivência durante estes meses, criando juntos e trabalhando no estúdio bem montado por Tirolli em sua casa, permitiu ao maestro avaliar um aspecto peculiar da personalidade de Zé Rodrix, aqui revelado:

– No dia que ele saiu em defesa do funk carioca, dizendo que o funk representa o samba de outras épocas, eu entendi que o Zé não tinha preconceito. Era uma pessoa extremamente profissional.

O cantor Moacir Franco lembra de ter encontrado com Rodrix nestes dias, quando ele se revelou entusiasmado com o trabalho da orquestra, sugerindo ao amigo a mesma receita:

– Moacir, você precisa ter uma orquestra, a ideia funciona, os meninos se organizam.

O reencontro com Carlos Careqa, no Clube Caiubi, estimulou a participação de Rodrix no projeto "Encontros Improváveis", promovido pelo Centro Cultural Banco do Brasil. Na concepção de Careqa, criador do projeto, o objetivo era reunir artistas e personalidades de universos diferentes no mesmo palco. Como formar parceria entre a cantora Wanderléa e a atriz Denise Fraga; a cantora e atriz Lucinha Lins e a estrela Elke Maravilha; Zeca Baleiro e Padre Zezinho; ou o encontro realizado no dia 27 de abril de 2005, de

Zé Rodrix com João Gordo, unidos pelo amor ao punk. Disse João Gordo, líder e vocalista da banda Ratos do Porão:

– Dentro da baleia da minha cabeça moram vários Zés. Eisbein, Joelho de Porco. Pré Punk. Zé foi muito e é um só. Atento, astuto e amoroso. Zé faz parte de um pelotão de elite dentro da música brasileira. Sua música mistura a música brasileira da boa safra. A esperança de óculos. Zé Rodrix está entre nós.

Mais ou menos no mesmo estilo era o convite que lhe fazia Laert Sarrumor, do Língua de Trapo, para uma participação especial no show que acontecia sábado, à meia-noite, no Teatro da Folha. Era baseado no programa humorístico Saturday Night Live, que fazia sucesso na televisão dos Estados Unidos. Laert era um dos redatores do espetáculo, que se prolongou por semanas. No entanto, na noite em que Zé Rodrix era a atração, como convidado especial, o redator foi Mário Viana, um profissional do teatro. Foi hilário. Viana criou um personagem feminino, Barbina, que se encontra com Zé Rodrix numa pequena cidade do interior. O diálogo era assim:

– Vosmecê não é o músico Zé Rodrix?

Diante da resposta afirmativa, a mulher passou a explicar o seu drama pessoal:

– Eu fui confiá no sinhô e vim pra esse lugar e óia a Esperança de zócro. E o fio de cuca legar é esse tramboio aqui... Me sinto enterrada, viva, apenas com carneiros e cabras, alguns livros e nada mais...

Em abril de 2006 acontecia a primeira participação de Zé Rodrix no evento Virada Cultural, uma série de espetáculos ao longo de 48 horas, que virava a cidade de São Paulo de cabeça para baixo. Tudo gratuito. Ele estava com Tavito no palco do Anhangabaú, apresentando quinze canções, começando e terminando com *Casa no Campo*.

Uma ideia do parceiro Álvaro Cuevas, do Clube Caiubi, levou à sua participação no show "Baião de 4 + 1", que reunia cinco músicos (Cuevas, Márcio Policastro, Kana, Alê Cuevas, Leo Nogueira) e um convidado especial: Zé Rodrix. Como a produção alertava no convite, não se trata de uma banda, mas de "um encontro de compositores do Clube Caiubi, que têm carreiras distintas e que, por uma questão de afinidade musical, resolveram se unir neste trabalho, calcado nas parcerias entre seus membros". Das três músicas deles, duas estavam no programa, *Malatesta* e *Dalila*, sobre uma personagem histórica, bíblica:

Dalila,
nunca fui assim tão bom
tanto que rimei Sansão
com palavra de outro som
Na vila, falam que você foi má
mas o tempo é que dirá
porque me descabelei
Dalila, você é minha sereia
e a peruca nem é feia
Feia é essa solidão
tranquila,
segue a trilha dos seus passos
Meus cabelos, hoje escassos,
ainda esperam suas mãos
Me vi lá,
outra vez no seu regaço
no embaraço dos seus laços
dentro do nosso salão
Me vi lá
com você entre meus braços
No letreiro, quase baço
Li: "Dalila e Sansão".
Feri-la

nunca foi minha intenção
Sem cabelos, sem razão
sem perdão e sem vacilo
Dalila,
vem que o tempo não cochila
Nosso amor tem seu estilo
nas trincheiras do colchão

Poucas das diversas palestras e conferências proferidas por Zé Rodrix nas lojas maçônicas foram gravadas e conservadas como documento formal. Em uma delas, denominada "O Templo Interior", ele fazia uma analogia entre o tema de seus livros (a construção do Templo) e a verdade interior de cada um.

O fato que segue aconteceu em maio de 2007, quando a loja frequentada por ele, na rua São Joaquim, completava trinta anos de existência. Com a casa lotada, Rodrix começou elogiando o irmão que leu seu currículo na abertura dos trabalhos:

– Vou querer uma cópia deste meu currículo, o mais inteligente que já ouvi. Pontuando rapidamente, sem delongas. Às vezes sou surpreendido com a leitura exaustiva do meu currículo, com detalhes da minha vida artística, que chega a ser constrangedor. E eu na mesa, esperando como se estivesse na minha própria missa de corpo presente.

Risos na plateia. Um *show man* mesmo nessa circunstância quase vetusta. Abriu a conversa dizendo ser filho e neto de maçons:

– Meu avô foi maçom na cidade de Macaúba, na Bahia, por quarenta anos, e minha avó ficou sabendo apenas no dia em que ele morreu. Nesta época, a maçonaria era rigorosamente secreta.

Escolheu começar a falar pelo básico, definindo a maçonaria:

– A maçonaria, na minha vida, tem um significado absoluto, assim como tem na vida de cada um de vocês. A maçonaria é aquilo que ela nos significa. Portanto, vou contar como ela entrou na minha vida.

E passou horas contando a própria vida e o conforto espiritual e intelectual que obtinha da maçonaria, na busca do equilíbrio. A filosofia das coisas na vida de cada um. Uma terapia da linguagem. Como tudo foi dito de improviso, ao final de duas horas foi aplaudido em pé e reconhecido como um grande orador, daqueles que conseguem, com bom humor e conteúdo, manter desperta a atenção da distinta plateia.

Meses depois, em outubro de 2007, ele voltava aos salões do templo maçom para ministrar, em sessão magna, uma palestra com o tema "Consciência e Responsabilidade".

Em dezembro, aconteceu a volta ao *Programa do Jô*, na TV Globo, onde conversou e cantou descontraidamente. Três dias antes, em seu perfil no Orkut, ele anunciava:

"Moçada:

dia 18 de dezembro, terça-feira próxima, vai ao ar a entrevista que dei ao Jô. São dois blocos com muito assunto, falando do livro novo, lembrando canções (e suas histórias) e de quebra, no final do programa, uma música nova (*Boa noite, Cinderela*, minha e de Elder Braga) que vai estar em meu próximo CD/DVD solo. Não percam: é divertida, animada, informativa e um golaço! beijos

ZRx"

O fim do Templo.

Última edição da trilogia. Editora Record.

Na noite da entrevista, ele estava à vontade, brincando com os técnicos do estúdio, revelando aos telespectadores seus apelidos secretos. Chamou um cinegrafista de compridos cabelos grisalhos de Oswaldo Montenegro; "aquele outro ali é o Madruga". Vestia uma vistosa camisa vermelha. Conversaram sobre o cantor Ivon Cury, observando que ele ostentava, indisfarçavelmente, uma vistosa peruca com topete. A primeira piada da noite, dirigindo-se para o Jô:

– Foi revelado o nome do próximo filme do Arnaldo Jabor.

– Sim? Qual é?

– Eu me amo.

Falou de seus livros. Naquele momento, estava sendo lançado o terceiro volume da trilogia, *Esquin de Floyrac – o fim do templo*. Detalhou os fundamentos da obra, cujo tema estava ligado estreitamente ao universo da maçonaria. Explicou a existência dos Templários e a criação da Palestina, ou seja, fez uma ligação entre os templários e a maçonaria. Deu uma aula de história da antiguidade, desfilou erudição sempre cuidando para não ser chato ou desinteressante. Disse, finalmente, que a maçonaria nos últimos tempos vem deixando de ser secreta para ser discreta. Àqueles que acusavam a maçonaria de ser uma entidade machista, onde não se aceita mulheres, ele explicava que a maçonaria é um rito solar, masculino. Assim como a bruxaria é um rito lunar, feminino. Também do ponto de vista histórico, como diz a tradição, a origem da maçonaria está nos subterrâneos do Templo do rei Salomão, um ambiente impróprio para mulheres, pois a atividade de pedreiro era brutal e inóspita.

A editora Record, responsável pela edição, explicava assim a obra:

"Terceiro e último volume da saga, *Esquin de Floyrac: O fim do Templo* mantém a linguagem simbólica dos seus predecessores e fecha a série com um assunto polêmico: a ligação entre os templários e a maçonaria. A partir de um dos momentos mais terríveis da história da Humanidade – a destruição da ordem do Templo pelo Reinado de França e pela Igreja de Roma –, Z. Rodrix apresenta o principal personagem desse volume, o traidor".

Para se ter uma ideia do sucesso do projeto literário de Zé Rodrix, eis os dados compilados oficialmente pela editora: o primeiro volume da trilogia, a história de Joab de Tiro, vendeu quase 20 mil exemplares em quatorze edições; o volume dois, a história de Zorobabel, vendeu 8.500 exemplares em seis edições; e o terceiro volume, *Esquin de Floyrac,* 8.500 exemplares vendidos de cinco edições. No mercado editorial brasileiro, sabe-se que, do ponto de vista comercial, estes são números dignos de comemoração.

No final da conversa com Jô, depois de saudar os músicos da banda, encontrou tempo para divulgar o lançamento do livro, que era dedicado ao "sublime poeta Mário Chamie, que com generosidade me deu de presente Nazimus, um personagem de sua própria vida, para que eu o tornasse personagem deste livro unindo ficção, poesia, história e vida real, para maior glória de todos os Mários".

No prólogo do livro, o autor apresentava extensa consideração e prolongados agradecimentos:

"Não conto minha história para ser perdoado, pois não faz qualquer sentido pedir perdão, mas sim para ser compreendido, se é que isso algum dia será possível."

Em alusão ao personagem da trama, um traidor, ele dizia:

"No mundo em que vivo, costuma-se dizer que traidores são excelentes frutas para estarem penduradas nas árvores."

Agradecia, ainda, aos irmãos maçons, aos amigos do Clube Caiubi, a Roger Chadel (seu amigo tradutor), Tavito, aos manos da Sociedade dos Poetas Vivos, aos seis filhos, incluindo o potiguar Rafael, e a Júlia, "minha incansável crítica e ouvinte, em cuja face sempre pude ver as emoções que o meu texto produzia".

Ao se despedir de Jô, ele ainda tocou ao piano um *pot-pourri* com *Casa no Campo*, *Soy latino-americano*, *Mestre Jonas* e *Boa noite, Cinderela*, música nova, parceria dele com Elder Braga, amigo e advogado.

Nos dias seguintes, ainda em fase de lançamento do último volume, ele já falava em um novo livro, um novo projeto editorial. Seria um livro ainda na trilha da maçonaria, agora contextualizada no Brasil. Ele gostava de lembrar que D. Pedro II era maçom. Hoje, através do depoimento de sua agente literária, Ana Maria Santeiro, sabe-se que a intenção de Z. Rodrix era escrever uma nova trilogia, para contar a história do Brasil. Algo que iria se passar no Brasil colonial começando pela cidade berço dos Rodrigues Trindade, Rio de Contas, Bahia.

O COZINHEIRO DO REI

A obra inacabada

A cidade de Rio de Contas foi um daqueles vilarejos que no período da colonização do Brasil, conhecido como o Ciclo do Ouro, prosperaram rapidamente, mas começaram a declinar assim que as jazidas se esgotaram. Com a descoberta de diamantes na Chapada Diamantina, a cidade se esvaziou ainda mais. Oficialmente, na fase próspera do século 18, se chamava Minas do Rio de Contas, também conhecida como Pouso dos Crioulos, próxima à Chapada, dentro do chamado Polígono das Secas. Uma região inóspita, porém surpreendente, pois Rio de Contas foi a primeira cidade planejada do Brasil. Suas ruas, praças e aspectos urbanos foram previamente estudados e estrategicamente executados.

Este é o contexto da história, cujo título completo, *O Cozinheiro do Rei – as aventuras e desventuras de Pedro Karaí Raposo entre o Rio de Contas e a Corte, de 1773 a 1823,* remete aos últimos momentos do Império. Corria o ano de 2006 quando Zé Rodrix mergulhou de cabeça na construção desta história. Uma história que, no final, teria mais de quinhentas páginas.

A obra inacabada.

Capa do Livro. Editora Madras.

Rodrix estava concebendo um herói mameluco que, por sua convivência prolongada na cozinha da casa-grande, quando se afastava temporariamente da senzala, acaba por se transformar em um cozinheiro de mão cheia. Ou às mancheias. Ele já tinha o início do romance, narrando na primeira pessoa as características básicas do personagem: filho de uma índia botocuda da tribo dos mongoyós, com o bandeirante Sebastião Raposo, "vindo para desbravar as riquezas desta região, principalmente o ouro que rolava pelo leito do Rio de Contas Pequeno". Os pais de Pedro Karaí Raposo se conheceram no mesmo ano em que o rei de Portugal expulsou os jesuítas de suas colônias: 1759.

O retrato desenhado do pai era o perfil de um predador que, enquanto senhor de terras e escravos, recorria a um expediente baixo que os índios respeitavam tanto quanto aos deuses: a aguardente. Para dominar índios e negros, lhes era fornecida uma ração diária capaz de entorpecer qualquer espírito indisposto. Assim, segundo o próprio Pedro Karaí, seu pai passou a emprenhar todas as índias roliças que existiam entre os mongoyós.

Este era o início da narrativa. Como era de se esperar, Rodrix aproveitava o tema "cozinheiro" para oferecer aos leitores uma receita de culinária muito especial, enaltecida na história pelo governador da capitania Cunha Menezes, que queria conhecer a receita dos "biscoitos de Saboia", que tinha acabado de provar. Ao lado do cozinheiro oficial, mestre Perinho, o herói Pedro é estimulado a revelar sua alquimia ao nobre:

"Pego 40 ovos e separo as gemas das claras. Depois bato as gemas com oito onças de açúcar branco, até que a mistura fique da cor do creme gordo, e por cima disso, peneiro seis onças de farinha, para que não leve nenhuma impureza. Misturo tudo muito bem, sem pressa, até que o creme esteja liso. Aí, então, bato com o *fouet* as claras até que fiquem como neve, e depois as vou colocando gentilmente dentro da mistura, para que o ar não se perca. Quando está tudo misturado, derramo em várias chapas de metal e as coloco no forno para que assem: assim que ficar tudo dourado, tiro e deixo esfriar. Então, cubro tudo com uma camada fina de geleia de laranja que sempre temos, e cuidadosamente as enrolo formando pães de ló. Aí, depois que está tudo firme, corto em rodelinhas entremeadas, que são as que sirvo a vosmecê..."

Neste mister, Pedro Karaí desenvolveu uma pesquisa sobre materiais adequados para servirem de panelas e caçarolas. Descobriu que o barro tinha propriedades mais recomendáveis do que o ferro. Como experimento inaugural, preparou uma feijoada para o patrão usando os ingredientes disponíveis (feijão, carne seca, legumes) e suas panelas de barro. Ele afirmava que a técnica de trabalhar no barro lhe havia sido apresentada por três irmãos do vilarejo de Pote, sudeste de Minas Nova.

Como também era de se esperar, o personagem tinha muitos aspectos autobiográficos: além de ter nascido em Rio de Contas,

Pedro Karaí também se tornaria maçom seguindo a tendência da corte portuguesa. Na página 370, Zé Rodrix fala com a voz do seu personagem: "A maçonaria teve em mim, logo de princípio, esse poder de desvendar coisas que eu não conhecia mas que, uma vez reveladas, eram como se sempre tivessem sido minhas, pois eu as percebia formadoras de minha mente, carne, sangue e ossos, fonte real de meu surgimento no mundo e combustível da fogueira da minha vida, na qual eu arderia até que as últimas brasas se transformassem em carvões frios".

O prefácio – já estava definido – viria assinado pelo popular radialista e jornalista José Messias, conhecido das colunas em jornais e como jurado do Programa Flávio Cavaltanti, que destacava as qualidades da obra e do autor:

"Zé Rodrix é um gênio imortal. Debulha o que a ciência já revelou sobre a luta entre o gene egoísta (perene imutável) que sufoca o altruísmo! *O Cozinheiro do Rei* transita no círculo de confronto dos genes antagônicos. Predestinado à arte fundamental de temperar a vida humana saudável, saborosa e nobre. Zé Rodrix harmonizou isso de forma invejável. Há momentos que a inveja nos invade, sorrateiramente."

Um detalhe para enaltecer as virtudes do escriba, na opinião de Messias: "Rodrix tem um jeito de contar que parece que a gente está vendo".

Messias esclareceu ainda o que já era de se imaginar:

"Fusão do irreal na realidade em fantástica mixagem que *O Cozinheiro do Rei* repete aqui (como na trilogia), em foco diferente. A ficção/verdade."

Ainda à guisa de prefácio, algumas palavras do especialista Teodoro Lorente, mestre em literatura pelo Universidade de Wisconsin, EUA:

"Um livro de dar água na boca, tanto no sentido literal da palavra como histórico e cultural, visto que, antes de seu falecimento prematuro, o autor pretendia incluir no final da obra um livro de receitas com variados sabores do brasis inclusos na narrativa, alguns já esquecidos e outros que nos acompanham nas mesas até os dias de hoje, como iguarias desde a entrada à sobremesa, de dar água na boca."

Com a cadela Jade, no quintal de casa, 2007

Acervo e Foto Toninho Vaz

Entre os dois textos de abertura, foi publicada uma foto em que ele aparece de corpo inteiro, no jardim de casa, com a cadela Jade, uma mistura de cocker spaniel e qualquer-coisa, e o crédito para o fotógrafo: Toninho Vaz.

Naqueles dias a necessidade de pesquisar o levaria a fazer uma viagem rápida ao Rio, ex-capital da República, onde estavam os documentos históricos que lhe interessavam. Foi uma viagem vapt-vupt, com tempo suficiente para um encontro com a agente Ana Maria Santeiro, na casa dela, para quem ele confidenciou a intenção de escrever uma nova trilogia. Foi uma conversa rápida, a última entre ele e a amiga, que a guarda na memória:

– Ele estava fazendo uma pesquisa geográfica para o livro *O cozinheiro do Rei*. Estava bastante entusiasmado, contava com muita vivacidade o enredo e como a história ia se desenvolvendo.

Para variar, durante a construção do texto, enquanto se aprofundava na história do mestiço, Zé Rodrix encaixou uma canção na telenovela *Redenção*, de Iris Abravanel, no SBT, assinando o tema de abertura, *Amanhece um outro dia*, de Sá, Rodrix e Guarabyra. A música foi gravada num *single* pelo trio e executada maciçamente de dezembro de 2008 a junho de 2009, período em que a novela ficou no ar. A exposição na mídia incluiu uma visita ao programa de Hebe Camargo, a queridinha, no qual, sentados no célebre sofá, cantaram e contaram histórias divertidas. Eis uma amostra de um dos últimos trabalhos de Zé Rodrix para televisão:

Um grande mistério envolve a cidade
Os bons e os maus
de todos os credos
Tão cheios de dedos,
Tão cheios de medo
Para encarar a verdade,
da Revelação

Sentimentos contidos
Tesouros perdidos
Tudo tão bem guardado
pra não ser encontrado
As terras e as águas cobrindo suas mágoas
E atrás de tudo a verdade
da transformação
(...)

Os outros temas musicais dos personagens da trama eram cantados por um elenco de estrelas da MPB: Ivan Lins, Tim Maia, Sérgio Reis e Jair Rodrigues, entre outros.

Ainda na fase de lançamento do CD *Outra vez na Estrada*, o trio se apresentou no programa *Viola Minha Viola*, da TV Cultura, comandado pela veterana Inezita Barroso – com quem eles haviam trabalhado no projeto Pixinguinha, anos antes. Inezita saudava a volta de Zé Rodrix ao trio e encomendava a clássica canção *Sobradinho*, que eles cantaram assim:

O homem chega, já desfaz a natureza
Tira gente, põe represa, diz que tudo vai mudar
O São Francisco lá pra cima da Bahia
diz que dia menos dia vai subir bem devagar
E passo a passo vai cumprindo a profecia do beato que dizia que o Sertão ia alagar...

A volta do trio depois do Rock'n Rio 2001.

(2001) Outra vez na estrada - Ao vivo (Sá, Rodrix & Guarabyra) - Som Livre - CD, DVD.

O trio Sá, Rodrix e Guarabyra passaria 2008 – o ano em que os norte-americanos elegeram o primeiro presidente negro da história dos EUA – quase totalmente ocupado com a gravação do CD *Amanhã*, que saía pela gravadora do grupo Roupa Nova. A rotina no estúdio começou em maio e se extendeu até novembro, quando o disco finalmente ficou pronto, com doze faixas inéditas. A produção conseguiu reunir alguns velhos e estimados amigos que participaram ativamente dos trabalhos: a produção artistica era de Tavito e a música *Os dez mandamentos do amor* vinha assinada pelo baixista Pedrão Baldanza, compositor convidado, em parceria com Sá. O disco foi produzido pelo empresário do trio, Chico Calabro. Concluído o trabalho de base, começava a safra de lançamentos, numa extensa agenda de shows marcados de norte a sul do Brasil.

O trio com o amigo Milton Nascimento, o Bituca.

Acervo Tavito

A convivência não foi fácil. Nunca era. Os longos períodos passados no estúdio foram, como sempre, tensos. Uma criança, o disco, estava para nascer e havia três músicos reivindicando a paternidade. Nas diatribes do trio, um momento de conflito ficou registrado neste e-mail enviado por Zé Rodrix ao parceiro Sá (Luiz Carlos Pereira), datado de agosto de 2008; cópias foram enviadas a Guarabyra e Chico Calabro. Nele podemos reconhecer o tom da divergência entre eles, e a postura professoral de Zé Rodrix, um expert em polêmica. Entende-se pelo início do texto, que ele estava respondendo a uma mensagem do parceiro:

Pereira:

Com esta resposta "persecológica" vc só confirma o que eu penso. A única coisa que vc ainda não cogitou é sobre a possibilidade de estar errado, com tantas reações adversas ao que vc tem feito, dito e proposto. É possível, não é?

Acho que vc deveria urgentemente procurar uma forma de fazer o SEU disco pessoal, até para que a experiência lhe seja útil: será mais honesto do que tentar fazê-lo no disco do trio, como vc está (consciente ou inconscientemente) tentando. E se vc realmente confiasse em nossa capacidade não estaria tão avesso a tudo que fazemos e nem ficaria mixando as SUAS faixas antes de tudo, como forma de garantir o SEU compacto duplo... pense nisso.

No palco, Guarabyra, Rodrix e Sá.

Acervo Luiz Carlos Sá

Tudo que vc propôs até agora no caminho da "modernidade" e da "radiofonia" é exatamente aquilo que a indústria já deixou de fazer assim que os anos 80 acabaram... quem sabe você não se interessaria em ser "pós-moderno"? (rssssss) Seria um avanço, ainda que puramente cronológico. E se vc não precisa provar nada para ninguém, porque tenta o tempo todo fazer isso? Não entendo, juro... Não fico "putinho" nem saio do estúdio batendo pé: isso é a sua forma de reagir, não a minha, como temos visto ultimamente... Eu defendo o que acho que devo, e proponho sempre uma alternativa, em vez de ficar emburrado e me sentindo desprestigiado... Quanto ao CAMINHO DE SÃO TOMÉ, se é um clone, pelo menos é um clone de uma música MINHA, não de outrem ou do hit-parade de "mpb de qualidade" que parece estar sendo o seu parâmetro nos últimos tempos... (rsssssss) Vc consegue ver a diferença? Ou não?

Da minha parte nenhum bicho pega, lindo: não se preocupe. As minhas opiniões serão dadas sempre, doa a quem doer, inclusive eu mesmo, porque eu sou responsável por tudo que penso, digo e faço, em ordem direta e sem mudancinhas de última hora. VOCÊ É MELHOR DO QUE ISTO QUE VEM SENDO, COMO COMPOSITOR E COMO ARTISTA, e suas opções no caminho da Arte estão sendo, a meu ver, extremamente equivocadas, porque jogam fora principalmente aquilo que vc é. Se neste momento você pretende emular o Caetano, ou gravar músicas com arranjos "funcionais" que o Lulu Santos ou a Marina Lima gravariam, nos bons tempos, é uma decisão sua, pessoal e intransferível. Seria melhor que vc emulasse o próprio trio, que é o artista em questão, e merece pelo menos esta atenção. Em qualquer disco do trio, a preocupação é com A PERSONALIDADE ARTÍSTICA DO TRIO, não com as personalidades individuais de cada um: não vale a pena ficar aproveitando todas as chances para aparecer individualmente, em vez de colaborar para o produto final com algo que acrescente ao trio, e não pessoalmente.

Ser gravado por "gênios da raça" não me acrescenta nada, acredite. Eu não crio para fazer dinheiro com as minhas músicas, mas simplesmente porque NÃO SEI DEIXAR DE CRIAR. Se soubesse, e meu objetivo fosse ficar rico, certamente estaria fazendo outra coisa, mais rendosa, ou então suprindo o mercado de cançonetas sob medida para gênios da raça... quem sabe o Caetano não gravaria uma delas? (rssssssss)

Minha má vontade em relação a AMAR DIREITO é clara, e sempre foi. A MÚSICA NADA TEM A VER COM O TRIO, como todos reconhecem, e foi até aqui um imenso esforço para tentar colocá-la no mesmo nível do resto do CD: vc não tinha percebido isto? Vc mesmo, em cada oportunidade que tem, acrescenta alguma coisa a ela (a última foi um la-la-la introdutório...) certamente para tentar deixá-la "na forma". O resultado, diferente de qualquer outra canção que tenhamos gravado, é rigorosamente o oposto do que o trio faz, mas certamente seria perfeita para um CD pessoal seu, onde vc não tivesse que colaborar para uma personalidade artística que não fosse a sua própria. Disse isso antes, quando a ouvi pela primeira vez, e continuo dizendo, porque até agora não tenho nenhum motivo para mudar de opinião quanto a ela. ESTÁ ABAIXO DO SEU NÍVEL COMO COMPOSITOR E ARTISTA, ISTO PARA NÃO FALAR DA INADEQUAÇÃO DELA PARA O TRIO, coisa que vc não pode dizer de nenhuma outra canção gravada neste trabalho.

Minha preocupação é com a mudança inexplicável que tenho percebido em vc, como artista, a meu ver para pior, e isto certamente tem a ver com as opcões estéticas que vc tem feito nos últimos tempos, e que me parecem seriamente equivocadas, em todos os sentidos. Já tinha lhe dito isso durante um ensaio no flat, por ser uma preocupação séria que tenho, neste momento. VC ESTÁ SENDO MENOS DO QUE PODE SER OU DO QUE TEM SIDO, e seria legal se vc pelo menos tentasse descobrir os motivos que lhe levaram a mudar de foco repentinamente a esta altura de sua vida e carreira. Isto, se vc quiser: se não quiser, vai continuar do mesmo jeito que está, sem que ninguém possa fazer nada quanto a isto. CADA UM É RESPONSAVEL PELA SUA PRÓPRIA VIDA

E CRIATIVIDADE, e invariavelmente paga o preço por isso, mais cedo ou mais tarde. Melhor que vc seja criticado por nós, que estamos próximos, do que vir a sê-lo pelos que estão mais longe e possuem vozes mais altas e escandalosas, não é verdade?

Quanto aos cortes que vc tem permanentemente feito a cada momento em que se está tentando alguma coisa que dê personalidade única ao CD, são exatamente estes momentos que eu chamo de "medos": vc parece sofrer muito cada vez que o CD se afasta de um parâmetro que só vc sabe qual seja, e que certamente tem a ver com aquilo que vc chama de "modernidade" e "radiofonia"... Se vc acha que estamos errados numa mixagem, proponha a sua mixagem alternativa: é o que eu faço, e é o seu direito inalienável. Não abra mão dele, porque pode ser até mesmo que vc esteja certo, no final das contas: mas sem se arriscar, nunca ficaremos sabendo.

beijos
ZRX

Com os parceiros de uma longa carreira, criadores do rock rural.

Acervo Luiz Carlos Sá

Em abril de 2008, uma nova programação elétrica na Virada Cultural, agora com o evento consolidado na vida paulistana. Sá,

Rodrix & Guarabyra ocuparam o palco do Teatro Municipal em programação que tinha ainda, na mesma noite, a banda Som Nosso de Cada Dia, do baixista Pedro Baldanza, e o guitarrista Pepeu Gomes, remanescente dos Novos Baianos. A curadoria teve uma boa ideia, reunindo na mesma balada artistas de estilos variados, mas que apresentassem, na íntegra, músicas de um disco histórico de suas carreiras. Pedro escolheu o LP *Snegs*, de 1974; Pepeu preferiu *Geração de Som*, de 1978; o trio escolheu *Passado, Presente & Futuro*, de 1972.

Também foi a admiração que aproximou o repórter Sergio Martins, da revista Veja, de Zé Rodrix. Quando Sergio, um especialista em música, soube que o artista se recusava a participar de espetáculos financiados pelas leis de incentivo, resolveu fazer uma entrevista com ele para as famosas páginas amarelas da *Veja*, que tradicionalmente abrem as edições da revista. Havia no comportamento do artista algo exemplar do ponto de vista ético, avaliou o repórter. Eles conversaram, mas a entrevista nunca foi publicada, por uma decisão editorial da revista.

Com a filha Mariana, do casamento com Norma Blum.

Acervo Mariana Rodrigues.

Para Zé Rodrix, a rotina doméstica ao lado de Júlia mantinha-se, digamos, no mesmo diapasão, sob controle, com os cinco filhos praticamente criados: Marya Bravo, a mais velha, já era cantora tarimbada e lhe deu a primeira neta, Morgana; Joy formou-se em psicologia e depois tornou-se fisioterapeuta: é mãe de Amodine, segunda neta de Zé; Mariana Blum sempre foi paramédica, estudou enfermagem, mas acabou como chefe de cozinha; Raphael formou-se em direito e mora em Brasília; Tunico Rodrix estudou na PUC e se especializou em pesquisa de profundidade para empresas, sobretudo na internet (expert em informática); a mais nova, Bárbara, já ensaiava os primeiros passos na música, se aprimorando como cantora e compositora. Toca violão. Ela teve muitas conversas com o pai, que sempre a orientava com dicas e conselhos. A propósito da intimidade familiar, Júlia lembra de um diálogo com ele, nestes últimos dias, quando ela afirmou:

– Zé, apesar de estarmos casados há 26 anos, você ainda é uma caixinha de surpresa para mim.

Ao que ele respondeu:

– Qual nada, sou tão previsível...

Foi por sugestão e iniciativa da TV Bandeirantes que Zé Rodrix trabalhou na elaboração de um programa de culinária para a grade da programação da emissora. O nome "de trabalho" era "Comidas do Brasil" e deveria misturar culinária e cultura. O programa nunca foi ao ar – segundo ele, por descaso da emissora, mas chegou a existir no papel, com suas ideias iniciais:

"Uma série de 52 programas de TV idealizados e apresentados por Z. Rodrix, através dos quais se fará um levantamento prático da cozinha brasileira sob todos os seus aspectos, histórica e geograficamente, encadeados usando como ponto de partida:

Os ingredientes

Os hábitos alimentares dos brasileiros

As técnicas através das quais essa cozinha se estabelece

As influências externas e internas que formam e definem suas características

A interpenetração dessa cozinha nas outras áreas da cultura e da arte brasileira e vice-versa."

Ele seguia desenvolvendo a ideia do programa, seu formato, suas reportagens, os quadros fixos e os variáveis. Um deles era "O ingrediente do dia": arroz, feijão, tomate etc. etc. cada dia um ingrediente.

De repente, um *happening* musical no programa de Hebe Camargo do SBT. Uma apresentação para festejar a amizade. Um momento especial que demandou muito ensaio com Moacyr Franco no comando, embalado pela música *Amizade*, de sua autoria. No palco, diante do auditório, sendo apresentados um a um, alguns cantores notáveis, que a esta altura faziam parte da história da música brasileira: Jair Rodrigues, Agnaldo Timoteo, Cláudia, Martinha, Luís Airão, Fat Family e... Zé Rodrix. Embalados por versos que diziam "amizade, felicidade, ainda é tempo, me abrace agora, que amanhã pode ser tarde", eles cantaram juntos pela última vez. Com a bênção da madrinha Hebe, a última a se unir ao coral e receber homenagens no palco.

Esse momento adquiriu um especial significado na vida de Moacyr, pois foi sua despedida do amigo Zé Rodrix, o último encontro.

Moacyr, amigo das antigas e até o fim.

Acervo: Caravela Produções

Dias depois, em entrevista ao jornalista Elias Nogueira, da área musical, Zé Rodrix deu uma revisada em sua vida, respondendo a várias perguntas de cunho profissional. Foi uma das suas últimas entrevistas, inclusive sobre o fato de estar afastado da grande mídia há muitos anos. A resposta, publicada na edição 143 da *International Magazine*:

– Estar na mídia, hoje em dia, significa pagar para estar nela. Como só me aproximo da mídia em meu próprio benefício, seja para aparecer, seja para ganhar, não estou mais no caríssimo carrossel de tolices que passa por mídia hoje em dia entre nós. E garanto que não me faz falta. Nunca trabalhei tanto, nunca tive tantas oportunidades se avolumando. Nunca ganhei tanto dinheiro, que gasto comigo mesmo, e não com a mídia. Talvez o respeito que eu esteja colhendo daqueles que me são importantes esteja exatamente nisto que você chama de "estar afastado da mídia".

O ano de 2009 foi marcado pela tragédia do Airbus da Air France, que desapareceu ao cruzar o oceano Atlântico matando 228 pessoas; mas foi também o ano da febre suína, deixando os brasileiros em estado de alerta. Quando o ano começou, Zé Rodrix estava mergulhado em dois trabalhos distintos: fazia parte, ao lado de Bibi Ferreira e Sylvia Massari, da equipe que traduzia e adaptava canções estrangeiras para o musical *Pernas pro ar*, estrelado por Cláudia Raia, a esta altura uma amiga próxima e querida; ao mesmo tempo, trabalhava com entusiasmo no livro sobre Pedro Karaí, o cozinheiro do Rei. Estava mudando de editora, deixando a Record para editar o livro pela Madras, de SP.

Esta aproximação de Zé Rodrix com Bibi Ferreira, na tradução das canções, teria boas consequências, pois eles se tornaram amigos. Zé e Júlia foram assistir Bibi no teatro e depois do espetáculo foram à casa dela, ou seja, ao hotel Maksoud Plaza, onde ela morava. O casal acompanhou Bibi em um de seus programas favoritos na cidade: comer sushi no bairro japonês da Liberdade, em São Paulo. "Ela adorava, comia uma barca sozinha", lembra Júlia. A veterana atriz, filha do grande ator Procópio Ferreira, era, para Zé, uma enciclopédia de teatro e musicais. Planejaram escrever um roteiro em parceria, contando a história dos musicais, uma costura que seria feita com pedaços dos grandes clássicos dos palcos. Como sabemos, não houve tempo.

Em abril, uma longa entrevista para a Rádio MEC de São Paulo, quando fez um ping-pong com a apresentadora que quis saber qual a sua melhor qualidade e seu pior defeito:

– Minha qualidade principal é a capacidade de trabalho. Trabalhar é tudo e não pretendo me aposentar. Meu pior defeito é a ansiedade que me leva a apressar as coisas e a atrapalhar as pessoas com quem trabalho. Reconheço.

A locutora quis saber o seu filme inesquecível:

Sem dúvida *West Side Story*, um musical.

E o livro inesquecível?

– O Egípcio, do finlandês Mika Waltari.

Uma pessoa fundamental na sua vida.

– O meu pai foi o meu primeiro professor, mas muitos com quem trabalhei contribuiram para a minha formação. Porém, eu digo sempre: a obra é mais importante do que o artista.

Na sua opinião, o Brasil é o país do futuro?

– Eu acho que é o país do passado. Ninguém está pensando no que vamos precisar daqui a uns seis ou sete anos. Não se pensa no futuro, vivemos do passado.

Qual notícia você gostaria de ouvir amanhã na Rádio MEC, ao acordar?

– Gostaria de ouvir a notícia de que o governo brasileiro tomou vergonha e pegou a Amazônia para cuidar, tornando-a um território eminentemente brasileiro, sem a presença de empresas, colonizadores ou intervenções.

A última pergunta: qual o seu projeto de vida?

– Viver exatamente como estou vivendo hoje, com a família, minha mulher, filhos e amigos. Estou como eu gosto.

A agenda do trio seguia em ritmo normal, ou seja, com teatros sempre lotados. Eles fizeram um show no Centro Cultural do Banco do Brasil (CCBB), no Rio, no dia 5 de maio, uma terça-feira, gravado ao vivo pela TV Brasil. Nos dias 9 e 10 de maio as apresentações foram em Belo Horizonte. Zé Rodrix aproveitou os dias na cidade para assistira ao valioso espetáculo dos *Violeiros do Brasil*, onde ele encontrou por acaso com o crítico Zuza Homem de Mello, que lembra deste momento:

– Foi um abraço afetuoso de felicidade, ambos estávamos na plateia, ele particularmente feliz pelo fato das filha estarem se lançando como cantoras.

No dia 17, domingo, o trio voltava ao palco do Teatro Municipal de São José do Rio Preto, interior de São Paulo. A produção do evento anunciava assim o show:

"Trinta e cinco anos depois, Sá, Rodrix & Guarabyra resolvem subir ao palco e contar muitas histórias musicais que marcam sua longa e frutífera carreira: entre trio, dupla e solo eles têm mais de quarenta discos e mais de quatrocentas músicas gravadas.

Com Júlia, Tonico e Bárbara na casa do Sumaré.

Acervo Pessoal.

Nós Lá em Casa é um show intimista e divertido com os grandes sucessos das carreiras de Sá, Rodrix e Guarabyra, como *Caçador de Mim*, *Casa no Campo* e *Espanhola*."

Eles não sabiam, ninguém sabia, mas este era o último show de Zé Rodrix, a última apresentação do trio.

Ele acordou naquela manhã particularmente feliz, radiante mesmo, pois o alto astral vinha do trabalho regular para os supermercados Extra, que estava lhe garantindo, como publicitário, o necessário equilíbrio das finanças domésticas. Outro motivo de alegria: ele estava se preparando para o lançamento do disco *Amanhã*, do trio, que finalmente estava concluído. O lançamento iria acontecer em turnê nacional, sinônimo de muito trabalho. Além disso, Rodrix tinha um compromisso naquela noite, uma reunião em uma agência de viagem que deveria resultar em duas passagens aéreas para Paris, aonde ele pretendia levar Júlia para fazer o roteiro de Esquin de Floyrac, personagem do último livro da trilogia. Seria uma aventura pelo interior da França.

Enquanto esperava pela hora da reunião, passou o final da tarde escrevendo no computador seu último livro, a história de Pedro Karaí. Interrompeu o trabalho para conversar ao telefone com Cláudia Raia, trocando ideias sobre o musical *Pernas pro ar*, em fase final de produção. Conversaram brevemente sobre as composições que ele estava desenvolvendo no piano... E se despediram com um "eu te amo" recíproco. Ele estava de camiseta e cueca samba-canção. Às 19 horas, Z. Rodrix fechou a página 540, ou melhor, não fechou, deixou-a aberta com umas reticências, exatamente no momento em que Pedro Raposo e seu mestre, Francisco de Aviz, se apresentam para trabalhar em uma pedreira, ou seja, o personagem estava chegando para se tornar aprendiz de pedreiro. O luso responsável pelo trabalho explicava:

"Temos de tudo um pouco por aqui, até mesmo negros forros, e só nos interessa a capacidade para o trabalho que cada um tenha, não sua vida pregressa: o que nos une a todos, pedreiros e carpinteiros, é o talento para o trabalho manual, do início ao fim do processo. Espero que possamos aproveitar os conhecimentos dos dois... E que os dois também se aproveitem dos nossos..."

Foram estas as últimas palavras escritas por Z. Rodrix, o escritor. Depois disso, ele desligou o computador e foi para a cozinha preparar o jantar, frugal, com cardápio mexicano: tacos, chili e guacamole. Foi a última refeição preparada pelo *chef* Zé Rodrix. O computador registrou: 19 horas. Tomou banho, vestiu uma camisa azul clara, calça cinza e casaco marrom. Entrou no carro, um Peugeot 380, e, com Júlia ao lado, rumou para a agência de viagem, seguindo pela avenida Brasil. Na agência estava acontecendo a apresentação de um evento turístico que lhe dizia respeito, pois fazia parte do projeto da viagem, da sua viagem. Foi quando ele começou a passar mal, a suar frio. Pediu a Júlia para levá-lo de volta para casa e entregou a ela a chave do carro, com um comentário fugaz e definitivo:

Escolhi a roupa errada, estou com muito calor.

FIM

NOTAS À GUISA DE POSFÁCIO

A súbita saída de cena de Zé Rodrix, da forma como aconteceu, iria determinar uma interrupção brusca no romance que ele estava escrevendo, como também na turnê de lançamento do último CD do trio – igualmente interrompida.

A solução encontrada pela editora e por Júlia, para encerrar a narrativa de *O cozinheiro do Rei*, foi considerar que a história já estava chegando ao seu final e que o desfecho já podia ser imaginado pelo leitor. E ainda: seriam publicadas no final do livro as fichas das pesquisas realizadas pelo autor. Nada foi acrescentado no sentido de maquiar a interrupção abrupta.

Quanto aos shows de lançamento do último disco do trio, já agendados, tiveram que ser realizados apenas por Sá e Guarabyra. Por decisão da dupla, ficou acertado que o cachê destinado a Zé Rodrix seria devidamente encaminhado para Júlia Rodrix, a viúva, durante um ano. E assim aconteceu.

Cinco dias depois de sua morte, ou seja, no dia 27 de maio, a TV Brasil fazia homenagem colocando no ar uma das últimas apresentações de Zé Rodrix com o trio, gravada no CCBB.

Semanas depois, Júlia Rodrix escreveu esta mensagem para Alan Romero, um dos interlocutores favoritos do marido, que desde os anos 80 estava morando em Lisboa e, portanto, não pôde vir para as despedidas finais. Um texto que serve como desfecho e síntese da história afetiva de Zé Rodrix. Ela dizia:

"Alan, O que dizer? Como dizer?

Agradecer os 26 anos que ganhei tendo o prazer e a honra de conviver com este homem, este mestre de tantas artes, este ser humano de tantos humores e de sabedoria imensa e paciência curta para pequenices, burrices, preconceitos baratos, mesquinharias? Dizer o que perdi? Tudo seria pouco e difícil.

O Zé sempre foi e será um homem controverso, tipo ame-o ou deixe-o. Agora vejo que até mesmo aqueles que o detestavam, no fundo tinham por ele respeito pela sua honra, sua ética, pela sua dureza contra qualquer coisa que não fosse no mínimo correta e justa. Como maçom lutou para que a ordem voltasse a ser modelo, respeitando seus fundamentos; fez pela maçonaria durante 10 anos o que muitos não fizeram por séculos, ou desfizeram tornando a maçonaria uma forma de poder e disputa em vez de uma ordem de justiça, ética e fraternidade.

Os filhos hoje, na ordem de chegada ao mundo: Marya, Joy, Mariana, Tonico e Bárbara. Faltou o Raphael.

Acervo Caravela Produções

Pela música, você bem sabe, foi contra os dogmas, os cultos por pessoas em detrimento a obras, culto à mídia no lugar do talento verdadeiro. Seus textos nas listas da internet que participava não eram mensagens curtas mas lições, pensamentos rápidos e muitas vezes hostis e mordazes para aqueles que estavam preparados para aquilo que querem, podem e conseguem entender o verdadeiro significado da palavra, do pensamento, do conhecimento.

Para aqueles que se ofendiam, ele dizia apenas para não se levarem a sério, para não darem tanta importância a si próprios e às suas vaidades pessoais.

Como pai, fez pelos seis filhos o que um pai pode fazer, deu o exemplo de correção, não com palavras, mas com atos, com atitudes, ensinou a cada um deles o valor de ter amigos, de ser fiel a seus valores, de ser fiel a seus princípios, e de que a pior coisa que se pode fazer é trair a si próprio fazendo concessões. Ensinou o valor do trabalho, da realização dos sonhos e o prazer de ler, de conhecer, da busca. Tenho dois filhos dele e mais quatro de herança que me foram dados por ele como uma bênção. Marya uma maravilhosa filha mais velha, que tem a voz mais linda do mundo, compositora, cantora de musicais, atriz talentosa e uma mulher de muita fibra, que vai lançar seu primeiro disco agora para orgulho de seu pai coruja que postava todos os trechos de suas performances nas listas; dela tenho uma neta torta que se chama Morgana, que é uma luz de beleza e carinho de 16 anos, também de um talento extraordinário. Joy, um anjo de meiguice e doçura, psicóloga, que está desenvolvendo um projeto de atenção integral ao paciente e que o pai estava empolgadíssimo. É mãe da Amodini uma bênção de 5 anos de idade que me disse que a Natureza não foi justa porque levou o vô Zé antes de ele merecer. E veio do Rio pra me dar colo.

Depois tem o Rafael, seu filho de Natal, advogado, um homem maravilhoso de grande inteligência, delicadeza, carinho e um profissional exemplar, que me conforta e aconchega por ser tão parecido ao meu amor e por um caráter de fazer inveja a qualquer um. Mariana, obstetra, sempre pronta a atender, a cuidar, é a fazedora, a nossa mãe nas horas das dores, dos cuidados. Antonio, meu primeiro filho com ele, meu companheiro, meu porto seguro, que herdou a memória, a sagaciadade, a intelegência e o humor ferino, mas a doçura em doses imensas.

E, por fim (será mesmo?), a Bárbara que alguns já conhecem, que tem seu gênio, sua musicalidade, opinião própria, seu jeito de compor completamente diferente do pai, mas também não dá mole, como ela diz, pra ninguém e não é bengala de ninguém.

Dona Lourdes, a mãe dele com 81 anos que mora comigo e que está bem, sofrendo, mas sabe que temos que continuar a vida como ele nos ensinou.

Quanto ao meu melhor amigo, ao meu amor, ao companheiro de uma vida, tenho pouco a dizer porque ainda não consigo entender, não consigo escrever sem chorar muito. Aos amigos todos só tenho a agradecer o apoio, o amor que me têm dado e peço que não esqueçam sua obra, que não esqueçam seus ensinamentos, que não deixem que a mediocridade tome conta do mundo. Não permitam que o mundo emburreça, isto sim seria um insulto à sua memória. A burrice é o pior dos pecados, porque cega, anula e mata.

A você Alan, muito obrigada, pelo cuidado, pelo carinho e pelo trabalho que certamente eu te darei porque quero o endereço novamente do Orkut, quero os textos, que certamente lerei e selecionarei para uma publicação seja pela editora ou pelo blog, ainda não sei. Todas as decisões serão tomadas por mim e pelos meus seis filhos.

Não sei como poderemos fazer isso, mas gostaria de ter estes textos, todos os que tiverem disponíneis, tanto os dele como os dos admiradores, para poder ver o que fazer, afinal, não vou deixar que suas palavras voem ao sabor dos ventos.

Um beijo e mais uma vez obrigada

Júlia para sempre Rodrix"

Nos dias seguintes às exéquias, dois amigos e pupilos de Zé Rodrix, Sonekka e Zé Edu, da nova geração do Caiubi, criaram sob forte emoção a canção *Notícias do Zé*, um contraponto a uma canção já existente, do próprio Zé, chamada *Notícias de mim*:

Notícia do Zé

Vento que varre as colinas

levando o cheiro do mar
E que desfaz as neblinas
pra clarear nosso olhar
Vento que sopra as montanhas sagradas
geladas do Tibet
vá correndo ao paraíso
Depressa, eu preciso Notícias do Zé

Tempo que passa impreciso do mar aberto ao farol
e que anuncia o juízo do apocalipse do sol
tempo que sabe o caminho do que será
e do que não é
anda e não perde a hora
eu preciso agora notícias do Zé

Se está tudo em paz, tudo bem
se ele manda recado pra alguém
se ele já fez alguma canção
pelo menos me conta o refrão
se é ainda pra gente rezar
ou se já se cansou dessa prece
e quer que a gente comece a cantar
Anjo que guarda os destinos
e cuida do amanhecer entre falcões e meninos
que não queriam crescer
Anjo da guarda do mundo
não perde um segundo sequer
Usa teus olhos de crente
e conta pra gente notícias do Zé
Luz que desenha no espaço o nosso futuro
por nós brilha e disfarça o cansaço
que eu hoje trago na voz

luz do começo da vida
e que está refletida em minha fé
você que nunca se apaga
depressa me traga notícias do Zé

Meses depois, ainda em 2009, motivada pelo que considerou "um descaso da maçonaria", Júlia Rodrix escreveu um desabafo revoltado, um manifesto de cunho pessoal em nome dela e dos filhos. E encaminhou à maçonaria, mas nunca obteve resposta. É sabido que durante os anos de militância na entidade, o maçom deve contribuir mensalmente para formar um pecúlio que será administrado exclusivamente pela loja a que pertence. Zé Rodrix não contribuiu com os pagamentos mensais, mas ministrou inúmeras palestras, durante anos, sem nada receber. Seus livros foram adotados oficialmente pela entidade. Ele acreditava estar com a situação regularizada. Eis um resumo das razões de Júlia Rodrix:

"Maçonaria:

O Zé Rodrix, meu marido, dizia sempre que eu não confundisse maçom com a maçonaria e na verdade nunca entendi bem porque até o dia da sua morte.

O Zé era um maçom quase em tempo integral no que se refere a dedicação, entusiasmo e tudo o que um ser humano pode fazer em relação a uma entidade em que acredite. Dava palestras em vários pontos de São Paulo, viajava para vários estados recebendo apenas a passagem e a estadia. Falava da maçonaria por onde fosse, deu entrevistas na televisão, no rádio e emprestou seu prestígio para a Grande Loja.

Quando estava escrevendo seu segundo livro, sentiu necessidade de pesquisar mais sobre os diferentes ritos, como eles surgiram, em que se pareciam e o que preservavam da tradição maçonica como ele conhecia. Para isto foi à Grande Loja do Estado de São Paulo e, em conversa com o Grão Mestre, obteve a licença de não pertencer a nenhuma loja em especial e ao mesmo tempo poder frequentar todas as lojas e diferentes ritos e vertentes com o objetivo de pesquisar, já que pretendia escrever a história da maçonaria através da trilogia que acabou mesmo escrevendo.

O fato de estar sempre viajando para ministrar palestras ou indo a diferentes lojas não permitia que ele frequentasse uma única loja e, portanto, foi liberado desta frequência, mas infelizmente confiou na palavra do Grão Mestre e como o Zé era um homem de palavra, usou este critério para julgar e não pediu comprovação da liberação – e nenhum documento foi feito ou assinado. Para ele bastava a palavra.

(...)

Passado um mês mais ou menos, eu, que estava em uma situação difícil com a morte do meu marido e companheiro de 26 anos, fui levada por um irmão a falar com a maçonaria sobre o pecúlio maçônico ou mesmo uma ajuda da Grande Loja para pagar a faculdade de meu filho que estava no meio do curso e eu não queria que ele tivesse que interromper.

Qual não foi a minha surpresa ao ouvir do Grão Mestre Chiquinho, e de um tal de Griecco, para o qual o Zé havia criado uma premiação, levado por gente importante para receber o prêmio, que o Zé não tinha direito a nenhuma ajuda da Grande Loja já que ele não era filiado a nenhuma loja regular e que, portanto, ele não contribuía para a maçonaria e que não havia nada que a maçonaria pudesse fazer em favor dos filhos dele.

Da maçonaria não tenho nada de bom pra falar, tenho muita mágoa, grandes decepções e não aconselharia meu filho a ser um maçom, preferiria que ele usasse sua capacidade em prol de outras coisas que mostrassem respeito pelos seus membros, e que fossem gratas pela contribuição dada.

(...)

Da maçonaria quero a maior distância possível, mas o que eu puder fazer para divulgar este desaforo, farei. Esta agora é a minha missão: mostrar o que esta maçonaria é – não um reduto de homens justos e perfeitos, mas injustos e imperfeitos de caráter.

Júlia Rodrix"

O FABULOSO ZÉ RODRIX

Quando este livro estava sendo escrito, entre 2016 e 2017, uma equipe dirigida por Leonardo Côrtes trabalhava no documentário com o mesmo nome: *O fabuloso Zé Rodrix*. O longa-metragem (95 minutos) produzido pela Caravela Filmes, tem roteiro de Toninho Vaz e Leonardo Côrtes com direção de fotografia de Marconni Andrade. Na administração de tudo, inclusive financeira, André Ávila.

ZÉ RODRIX: PERFIL DE UM ASTRO PLURAL

Com este título, no dia 1º de janeiro de 2017, o repórter especializado em música, Silvio Essinger, se antecipava ao fazer no jornal *O Globo* o primeiro registro da biografia que estava sendo escrita. E também sobre o documentário de Leo Cortes, então, em fase de acabamento. No subtítulo, Silvio apresentava assim as novidades: "Biografia e doc revelam a história do irreverente músico que foi dos jingles aos livros".

O VÍCIO DE TECLAR: ADICÇÃO À INTERNET

Conferência para o Congresso *OS VÍCIOS DO COTIDIANO*, da Escola Lacaniana de Psicanálise do Rio de Janeiro, Z. Rodrix, Hotel Glória, 16 de Novembro de 2003.

1. A primeira vez que me conectei na internet foi fascinante: em minha mente de ávido leitor de *science-fiction*, que sempre sonhara com um futuro intensamente humanista, a possibilidade de estar em contato direto com o Universo sem que para isso precisasse mais do que um micro me soou como a panaceia alquímica. Passeei encantado pelas folhas de rosto das *homepages* que me caiam sob os dedos, umas após as outras, e em algumas delas percebi a existência de alguma coisa chamada CHAT ou BATE-PAPO. Fiquei fascinado: então eu poderia conversar com pessoas que nem sabia quem eram e que de outra forma nunca contataria? Fascinante: passeei pelas infinitas possibilidades, que me recordavam a Biblioteca de Babel que Borges descreveu, e em meio a uma série de conversas possíveis encontrei uma que me chamou a atenção: FÍSICA NUCLEAR. Enlouqueci de prazer: eu poderia conversar com os grandes mestres do Universo? Os grandes cérebros da humanidade me dariam o beneplácito de sua instrução amena e amiga? Entrei: assim que meu nome surgiu na sala, um ALBERT EINSTEIN, quem sabe o próprio, entrou em minha tela e gritou: *GOSTA DE SEXO ANAL?????*

2. Foi uma revelação: a ferramenta do futuro-hoje, a maior invenção da humanidade, era humana. Tem, como todos nós, os defeitos e as qualidades dos seres humanos, mas, por sua própria conformação caótica, se impõe mais pelos defeitos que pelas qualidades, sendo a coisa mais nova e diversa que já surgiu na face da terra desde que a Humanidade começou a acumular conhecimento

e fazer uso desse conhecimento acumulado. Cito aqui trechos de meu trabalho *A Ideologia da Internet*, também disponivel em *www.pluriversu.org*:

"Nunca, desde esse tempo, existiu a possibilidade real de estarmos em contato com TUDO o que existe, porque graças à internet TUDO ESTÁ DISPONÍVEL. A soma do conhecimento humano, com tudo de positivo e negativo em todos os aspectos da existência, pode ser acessada por qualquer um que assim o deseje: e na grande maioria das vezes esse desejo é apenas o de fugir de uma realidade tristemente excludente para uma ilusão virtual que finge unir."

Na internet você pode sem sombra de dúvida encontrar todo o conhecimento existente, o verdadeiro e o falso, todas as coisas, verdadeiras e falsas, todos os negócios, verdadeiros e falsos, todas as pessoas, falsas e verdadeiras.

3. O impulso primordial que leva as pessoas à internet, sendo ela uma ferramenta rigorosamente individual, é o de preenchimento das necessidades geradas pela solidão existencial. Milhões de pessoas em todo o mundo passam cada vez mais tempo dentro da internet, tentando através dela romper a barreira que sua própria forma de experimentar a realidade lhes impôs. Entram na internet pelos mais diversos motivos, denominados de recreação, facilidade, praticidade, simplificação, raramente percebendo que essas são apenas desculpas para sua inabilidade ou incapacidade de experimentar contato real, e de lidar consigo mesmo e com o outro. Isso tem levado a enganos que seriam trágicos, se antes de tudo não fossem ridículos. Volto a citar *A Ideologia da Internet*:

"*Os negociantes, por exemplo, foram convencidos de que a internet era o melhor canal de vendas que existia, e aplicaram fortunas num negócio chamado* e-business*, crentes de que finalmente estariam na crista da onda, vendendo eletronicamente, gas-*

tando menos e lucrando mais. Só que os clientes (principalmente no Brasil), não reconhecem a validade de um sistema de venda à distância, pois sentem que aquilo que está sendo anunciado é um produtinho virtual, não tendo nenhum impulso de gastar mais ali do que um dinheirinho virtual, o correspondente moderno das notas de Banco Imobiliário, aquelas que você pagava 200 sempre que passava pela cadeia, e que em vez de serem feitas pela Thomas de LaRue era feitas pela Manufatura de Brinquedos Estrela. O nível de negócios irrealizados na internet é um espanto. O nível de contravencões é maior ainda. Brinca-se de vender coisas de brinquedo e se fica abismado quando nos pagam com dinheiro de brinquedo. O erro foi achar que a internet era um reembolso postal melhorado.

Publicitários viram na internet uma mídia poderosa, e inventaram o outdoor *eletrônico, a que chamaram* banner, *vendendo a seus clientes o mito de que usuários de internet, por sua infinita curiosidade, clicam em qualquer coisa que se mexa na tela. Os clientes compraram a ideia, e hoje gastam fortunas com* banners, *essas inutilidades que só incomodam os usuários da web, e que são clicados, sim, mas para fora da tela assim que aparecem. O erro foi achar que a internet era uma tv, ou um rádio, ou um jornal, ou uma revista, um flyer, uma faixa de pano, um aviãozinho que joga panfletos, uma mídia para reclames.*

O que antigamente era resolvido diretamente via telefone (e também via fax) agora nos obriga a delays de 12, 24, 48 horas em busca do e-mail perdido, que se torna o gasto de 12, 24, 48 horas de impulsos cobrados sem perdão pelas companhias telefônicas. O erro foi transformar a internet em apenas uma ferramenta de comunicação entre as pessoas, quando ela não é apenas isso."

E as salas de chat, que a princípio seriam ou deveriam ser uma forma moderna de contato entre seres humanos através de uma ferramenta prática e direta, se tornaram o grande exemplo dessa inadequação: e é nelas que me fundamento primordialmente para analisar o vício de teclar, por ser nelas que este vício se mostra de maneira mais clara e exageradamente desenhada.

4. Por mais que desejemos acreditar que a internet congraça, une, cria laços, ela não o faz, porque *na internet só existe uma pessoa real de cada vez*, até mesmo no ramo dos negócios. *No meu micro sou eu, no seu é você, e assim por diante*. Na maior parte das vezes, até mesmo essa pessoa real e única que está em cada micro abre mão de sua realidade para não apenas criar uma figura idealizada que apresenta a todos como se fosse real, como também para aceitar a realidade idealizada de quem com ela entra em contato. Os outros participantes, reais cada um em seu próprio micro, mas rigorosamente fantasmagóricos na rede, também são figuras idealizadas, e da mesma forma se apresentam. Aquilo que mostram não é nunca mais que um retrato instantâneo de seus desejos e mitos pessoais.

Com o correr do tempo, o ser humano passa a se ocultar cada vez mais através do retrato criado, e cada vez mais o retrato se torna mais real que o real. O tempo vivido como o personagem idealizado fica cada dia maior, enquanto o tempo de vida real diminui a olhos vistos: seja por exigência profissional como desculpa, seja por anseios da própria psique como motivo verdadeiro, o personagem se torna mais e mais a figura de frente da existência daquele ser humano, que abre mão de sua existência real em nome de uma satisfação ilusória. O ser humano vai-se amolgando, deteriorando, ficando esquecido e empoeirado, enquanto o personagem viceja cada vez mais poderoso nas telas da net. Se olhássemos com olho clínico o sótão onde o ser humano verdadeiro acaba ficando confinado, veríamos que ele sim se tornou o retrato, e que Dorian Gray, sua figura idealizada de prazer, anda pelo único mundo real que lhe restou fazendo tudo aquilo que ele nunca teve coragem de fazer. Isso acontece porque nao somos livres para *querer* o que queremos, mas sim para *fazer* o que queremos, e na internet isso se torna a cada instante mais fácil.

5. Em alguns casos não são nem Dorian Gray e o retrato, mas Dr. Jekill e Mr. Hyde, ou coisa pior. Encastelados em seu próprio medo de contato com o outro, e portanto consigo mesmo, já que o outro é uma extensão quase sempre incontrolável de si-mesmos, tornam-se deseducados, impulsivos, irracionais, violentos, nessa ordem cronológica exata.

O que no mundo real seria vivido e encarado levando em conta a palpabilidade das coisas, a realidade dos fatos, a possibilidade de risco e dano real, no mundo da internet se apresenta invertido: como nada gera nada físico, com o risco apenas ilusório, tudo se pode pensar, dizer, fazer, propor, e as reações, cada vez mais típicas, tendem a ser cada vez mais exageradas. Aquilo que nenhum ser humano diria ou proporia na realidade é dito e proposto com extrema naturalidade.

É exatamente por causa dessa facilidade de expor o que não costuma poder ser exposto que o sexo, ou as manifestações da sexualidade física, se tornaram o assunto mais importante das salas de chat. Nao importa a que nem a quem essas salas se destinem: ao fundo delas, na maior parte das vezes em conversas paralelas tidas naquilo que se chamam "os reservados" ou de vez em quando na própria tela aberta para que todos leiam, está o sexo como *leitmotiv*, como ferramenta de contato, como anseio de satisfação, como âmago do que ali se passa.

6. Minha experiência na internet, por curiosidade e necessidade de pesquisar o processo pelo qual essa forma de contato se dava, me levou depois de algum tempo, pretendendo facilitar minha acumulação de dados, à criação de um personagem que apresentava

grande interesse para os outros: meu personagem era uma mulher casada, disponível, articulada, e que questionava invariavelmente TUDO o que lhe diziam. Foi através desse personagem que recolhi a totalidade dos dados que aqui apresento, e com os quais passo a apresentar o processo pelo qual a dinâmica de relacionamentos em salas de chat se dá, sem grandes exceções.

a. Fatalmente o processo acontece da seguinte maneira: logo que seu nome aparece na tela como participante daquela sala, alguém entra em seu reservado dizendo "oi" ou coisa similar: esse personagem se apresenta através de um *nick* que pretende descrever concisamente de maneira mais ou menos perfeita (efetivamente o fazendo) o estado em que o personagem se encontra, se deseja ou se reconhece. São comuns os *nicks* exaltando emoções fortes, ou características físicas exageradas, sejam elas a beleza ou o tamanho e o uso dos órgãos sexuais: Homem Apaixonado, Casada Tesuda, Pintão 25, Carente BH, TôComTesãoRJ, NegroAvantajado. São muito comuns também nomes de personagens fictícios muito reveladores: RobinHood, Jumentinho, BobEsponja, Morgana, Zé Dirceu, MagoMerlin, Senhor dos Anéis. Algumas profissões ou similares são muito comuns: Psicologa45, Garota de Programa, Poeta POA, Ginecologista Moreno, Advogata SP, Casadinha 18. Há os *nicks*/ícones, de significado rigorosamente claro apenas para seu usuário, como wwxk ou TTZ-RS. Há os nomes e/ou aberviaturas informativas, como LuisCas45RJ, HRJQuerAmante. Nao importa: como quer que o personagem se apresente, seu objetivo primordial é a sedução daquele a quem contata, tentando "ganhá-lo" de alguma maneira, absorvendo o máximo de conhecimento possível sobre ele.

b. Isso sempre se processa através de uma série idêntica de perguntas que formam o que eu vim a chamar de Interrogatório de Praxe, que TODOS fazem, na certeza de que com as respostas poderão formar uma "figura mental" do interrogado e a partir disso estabelecer um processo de sedução e conquista que eventualmente, quem sabe, possa vir a se dar também no plano real.

As perguntas de praxe são as seguintes: "de onde tc?" para descobrir de onde a outra pessoa está teclando e decidir se a distância geográfica compensa o esforço de sedução. Nada que fique além de 30 km é levado a sério: já houve ocasiões em que dizendo estar no Flamengo um personagem foi rejeitado por outro do Recreio dos Bandeirantes, sob a alegação de estar "muito longe".

"idade?" e logo após "estado civíl*?"* para definir o interesse através do físico e da facilidade de sedução: o mito da internet reza que mulheres casadas são mais fáceis de seduzir que solteiras, por serem certamente mal-amadas (mulheres bem-amadas, reza o mesmo mito, não entram na internet) e também porque, em tese, sendo casadas, nao "pegam no pé". Se a idade for baixa, invariavelmente comentam: Hmmmm... adoro gatinhas! Se a idade for maior que a deles, o comentário é: Hmmmm... adoro coroas.

Há também as perguntas *"como você é?"*, pretendendo uma descrição que nunca pode ser mais verdadeira que a própria imagem que cada um crie de sua interlocutora virtual; e *"como está vestida?"*, roçando o fetichismo ou a incapacidade de estruturar uma imagem da interlocutora sem roupas que lhe componham a figura, e a indefectível *GOSTA DE SEXO ANAL???*

c. Essa é uma questão de fundo em salas de *chat*: onde quer que se vá, mais hora menos hora, alguém faz essa pergunta, como se toda a internet e seu universo estivessem apenas voltados para a satisfação da fase anal de seus participantes através de uma penetração anal. Se a resposta for *"gosto"*, o papo continua cada vez mais intenso, e acontecem tentativas seríssimas de marcar imediatamente um encontro, para a satisfação daquela necessiadade urgente. Se a resposta for *"não gosto"*, invariavelmente se irritam, escrevendo em letras maiúsculas! *"VAI TOMAR NO CU!"*. O que me chama a atenção por demonstrar extrema dificuldade de definir se o sexo anal é prazer ou ofensa.

d. Outra pergunta muito comum é *"quer ser minha puta?"* que se for respondida com um *"sim"* gera as mesmas tentativas de concretização do encontro carnal imediato, mas que se for respondida com um *"não"* geram imediata reação irritada e violenta, com letras maiúsculas escrevendo na tela a expressão "*SUA PUTA!*", demonstrando mais uma vez a incapacidade de decisão sobre o valor real do conceito "puta", que tanto pode ser fonte de prazer quanto de ofensa.

7. Como podemos notar, estamos sempre dentro do território das palavras, mais que dos conceitos, porque estes só podem ser decifrados por cada um, individualmente, segundo o seu repertório, vocabulário, estado emocional e desejo mais ou menos intenso.

Não existe maneira de garantir uma conversa fluida e contínua a não ser que se faça exatamente tudo o que o interlocutor exige, e que nunca se sabe corretamente o que seja: se em algum momento uma palavra sua não estiver de acordo com o que eles esperam que você diga, perdem as estribeiras, tornam-se ofensivos e desqualificam seu personagem da maneira mais predadora que encontrarem, em aberto. (É sintomático que de maneira geral só consigam ser delicados e sedutores quando no reservado, e sempre utilizarem o aberto quando a intenção seja agredir e/ou ofender, como se lhes fosse impossível o uso da delicadeza e da sedução à vista de todos). No caso de *nicks* femininos, sempre que não se age como a tradição homem/mulher espera que se aja, ou então se diz *"não"* a uma proposta, esse *nicks* femininos são invariavelmente acusados em aberto de serem *"feias"*, *"gordas"*, *"velhas"*, *"frígidas"*, *"sapatões"*, *"travestis" e "homens"*, às vezes tudo junto ao mesmo tempo! Quando isso não funciona, recorrem a uma tentativa de cooptar outros que também tenham sido rejeitados para uma ação conjunta contra aquele *nick* que não age como devia. Isso também não funcionando, tornam-se lamentosos, pedindo que não esqueçamos que "*atrás desse* nick *existe um ser humano de verdade.*"

8. Esta pergunta é crucial: existe mesmo verdade humana atrás dos *nicks* de internet? Não parece claro que, se houvesse interesse na verdade humana, os *nicks* não seriam usados e as pessoas se identificariam com dados do real, nomes, endereços, telefones, sem preocupação de criar um personagem/escudo atrás do qual se resguardem para poder fazer o que lhes dá vontade, já que não podem querer o que querem? Existe mesmo alguma verdade existencial e psicológica nas atuações desses personagens, que a cada dia se cristalizam mais, tornando-se perfeitos em sua forma e essência, agindo quase que ritualisticamente em relação a seu personagem criado, e eventualmente sofrendo como se reais fossem as rejeições virtuais que outros personagens lhes propõem?

A questão dessas manifestações cada vez mais comuns e intensas precisa certamente nos ocupar mais do que, como tenho visto, o mínimo de atenção que se tem dado a elas. Tenho percebido como sendo *de praxe* nos meios psicológicos e psiquiátricos minimizar e desqualificar a importância dessas atuações de personagens como meio de comunicação pela web: vários profissionais de minhas relações, a exemplo do avestruz da piada, se recusam a encarar esses acontecimentos, tomando a internet apenas como "uma magnífica ferramenta de absorção de conhecimento e de contato imediato entre os seres humanos", desta maneira recusando-se a perceber que é na vertente mais doente da realidade dos fatos que se encontra o material mais rico e interesante para compreendêlos. Rejeitam a visão da sexualidade virtual que tem sido modo de vida de uma imensa quantidade de seres humanos (e que a cada dia aumenta mais) porque, a exemplo de outros tantos doutores no passado, não conseguem encarar com honestidade a existência de algo que, provavelmnete, lhes será mais familiar do que pretendem que nâo seja.

9. A cada dia, nas palavras da pesquisadora de internet Deise Gê, segundo reportagem da revista *Época* de 23 de julho de 2001, *"cresce a multidão decidida a fazer do sexo uma prática solitária, monitorada à distância, pelo computador."* O vicio de teclar, quando se manifesta, ainda que de maneira velada, tem em seu âmago o sexo: sua satisfação, sua frustração, sua carência, sua idealização, sua realização solitária e desqualificante. A maioria das pessoas que chegam "às vias de fato" virtuais, preferem fazê-lo através das palavras, mesmo existindo muitos recursos de som e imagem já disponíveis pela net, mas que não são usados senão por uma minoria absolutanente não-mensuravel. Falam sempre dentro de uma intimidade virtual que permite que cada um seja como deseja ser e nâo como realmente é, e talvez aí esteja o maior interesse das relações de sedução, conquista e sexo virtual.

Luiz Alberto Py, no mesmo artigo citado, considera isso "um tipo de nudez que pode levar a supressão das repressões sexuais, abrindo uma possibilidade sem precedentes na História." Eu até concordaria com ele, se houvesse alguma taxa mínima de realidade nessas relações: o que se vê, no entanto, é a absoluta irrealidade, seres humanos que se idealizam e na mesma mão idealizam o parceiro, recorrendo ao sexo virtual entre personagens como forma de ter prazer sem ter contato real, ou seja: *gente de mentirinha fazendo sexo de mentirinha.* O sexo virtual, território absoluto do "gozo do idiota", por ser apenas uma masturbação mais ou menos complicada, muito difícil de realizar por quem ainda precisa das duas mãos para teclar, não é mais que uma "camisinha" em formato de máscara, sobre a qual se pintam as figuras idéiais que não se relacionam verdadeiramente senão consigo mesmas, masturbando-se, ao mesmo tempo em que se iludem estar relacionando-se com um outro, que nao existe nem mesmo para quem o inventou.

(Há uma cena em um filme da série *Apertem os Cintos, o Piloto Sumiu* em que dois personagens se deitam para fazer sexo seguro, e cada um deles veste uma imensa camisinha de corpo inteiro: maior segurança é impossível, a não ser através da internet.)

10. Ninguém que se proponha a relacionar-se sexualmente através da internet se apresenta jamais como realmente é: nomes, endereços, telefones, fotografias, dados reais de existência física, só são trocados depois que os personagens idealizados se estabeleceram como "reais" um para o outro, ou seja, em que ambos acreditaram piamente naquilo que lhes foi informado e que informaram um ao outro, sendo essa crença mútua nos personagens maior que o desejo da realidade ela mesma. É a partir dai que as relações se estabelecem, primeiro através de palavras que via de regra desembocam numa relação sexual sem contato físico, que pode se repetir e perpetuar em namoros, noivados, "casos" e até casamentos de internet, dos quais raríssimos chegam a se configurar na realidade. Os que se configuram na realidade, ou se rompem quase que imediatamente, ou vem a apodrecer em tempo mais ou menos exíguo, quando a verdade dos seres humanos envolvidos nessa fantasia se torna flagrante, e portanto insatisfatória.

Na maioria das vezes, quando essa possibilidade de contato real se apresenta, gera extrema ansiedade, porque dificilmente as figuras psicológicas e físicas reais têm pontos de contato com os personagens idealizados que se relacionam, o que cria uma impossibilidade de contato físico real, porque um encontro seria a derrocada das ilusões tão diligentemente criadas. Mas há quem se arrisque, esperando sempre que a imagem criada seja forte o suficiente para se sobrepor à figura real que nada tem a ver com ela.

11. *Relato exemplar*: uma amiga de internet, chamada Rosana, em uma dessas relações, pagou o que ela mesma chama de "o maior mico da história", um verdadeiro King Kong gerado na virtualidade, com seus braços peludos ancorados numa realidade no mínimo pífia. Ela e o interlocutor, uma pessoa fascinante, um mago das palavras, começaram a namorar com exclusividade pela internet: depois de algumas sessões de sexo virtual, que minha amiga experimentou com verdadeiro enlevo, falaram-se ao telefone e tambem realizaram uma variação do sexo virtual que se mostra muito comum, o sexo telefônico. Ela relatou que a voz de seu namorado era uma coisa de louco, e que a exemplo do que já faziam na internet repentinamente estavam gastando uma fortuna em interurbanos, pois só o sexo virtual na net não bastava.

Quando perceberam isso, marcaram um encontro no Rio, onde ele morava, para que, juntos, em um motel da escolha de ambos, asistissem à final da Copa do Mundo de 1998 em meio a seu primeiro e delicioso contato físico. Ela topou: pegou uma ponte aérea e desceu no aerorporto onde ele iria encontrá-la. Ficou na sala de espera, uma morena do tamanho de uma amazona grega, bastante acima do peso (o que ela esperava que ele perdoasse) produzidíssima, esperando o louro alto de olhos azuis e pele bronzeada que vinha sendo seu amante virtual e telefônico nos últimos seis meses. Ninguém com essa descrição surgiu, e ela pensou em um atraso. Na sua frente, do outro lado do saguão, ela viu um anão atarracado, sem pescoço, pendurado em um telefone público, na pontinha dos pés, falando com a própria secretária: o mais estranho era a voz do anão, uma voz que era uma coisa de louco, dizendo:

– Mas Rosana não telefonou? Será que o avião dela atrasou?

O sangue lhe subiu à cabeça: ela avançou para o anãozinho ridículo, espancando-o com a valise, e gritando os maiores impropérios. E finalmente, depois de tê-lo reduzido a pó de traque, gritou:gritou:

– Por que você não me disse que era anão?!

E recebeu a resposta mais sintomática, honesta e verdadeira possível:

– Porque se eu dissesse você não vinha, gorda!

A pergunta essencial nunca foi feita: era mesmo pra ter ido? Que garantias ela tinha de que ele era como dizia que era senão as palavras dele dizendo que era assim? Ela também mentira para ele: se ele não gostasse de gordas ela estaria frita... mas tanto ele quanto ela, cada um por seus próprios motivos, foi ao encontro, esperando que a virtualidade pudesse superar a realidade e garantir a continuidade física de um processo puramente ilusório e imaginário que ambos tinham experimentado com frequência através da internet.

(Há um conto de Bergson que menciona dois amantes que marcam de se encontrar em um baile de carnaval: ele diz que vai de Arlequim, ela diz que vai de Colombina. No meio do baile, o Arlequim e a Colombina se encontram, dançam juntos, e no fim do baile, ao tirar as mascaras, percebem com espanto que ele não era ele e ela não era ela. Como no caso da minha amiga grande e gorda e do anãozinho com a voz que era uma coisa de louco: ela não era ela, ele não era ele. O relato se interrompe aí: talvez tenham se reencontrado na net, com outros *nicks*, outras máscaras, reconhecendo-se ou não como aqueles que um dia já se haviam satisfeito e frustrado, mas ela me garante de mãos postas que nunca mais entrou numa sala de *chat*).

12. Eu me atirei de cabeça na pesquisa interessantíssima desse mundo tão fascinante, estudando os mecanismos de poder que se estabelecem, as palavras que se mostram eficazes para causar determinados estados de espírito, analisando os processos de interesse/desinteresse (e suas técnicas correspondentes) que os personagens de internet criam dentro de si e nos seus interlocutores. Os conhecimentos que eu vinha acumulando sobre as relações

de internet e a forma como seus personagens se estabelecem, agem e se relacionam, eram imensos. Eu me dediquei profundamente a isso, até que a realidade *REAL* me caiu em cima como uma pedra.

Três anos depois de entrar na internet pela primeira vez e encontrar Albert Einstein, eu mesmo estava atuando como meu personagem de internet mais de 20 horas por dia: havia posto em risco minha vida profissional e meu casamento, não me relacionava mais com minha mulher, meus filhos, meus amigos, chegava ao ponto de ter reuniões de trabalho no mundo real, enquanto teclava numa sala de chat, acreditando estar "trabalhando". Eu estava viciado: já era um adicto, porque não podia mais viver sem aquela droga que me parecia ser a única coisa real em tudo o que eu enxergava. Minha vida palpável foi se tornando mais e mais um reflexo afastado do que me interessava, com toda a aparência de fumaça ou sombra ou sonho: e eu efetivamente chegava a sonhar com as atuações de meu personagem, preparando o dia seguinte dele com precisão infinita, buscado na repetição das reações alheias uma segurança absoluta que já não possuia nem no que me cercava nem dentro de mim mesmo. Meu eu havia me transformado no retrato que se deteriorava no sótão: no mundo cotidiano, era meu personagem quem vivia, atuando onde tinha todo o poder e nenhuma responsabilidade, o mundo virtual da internet onde sempre se é quem se deseja ser e nunca quem se é realmente.

Foi duro: mas ao perceber que estava perdendo tudo o que me era mais caro, inclusive a minha sanidade, abri mão da internet e do personagem, como antes já havia aberto mão de outras drogas mais pesadas e também mais leves. Reconheci, depois de algum tempo, que fora por estar em processo acelerado de depressão que havia me tornado presa fácil de minha própria doença: tendo perdido um sócio e amigo de vinte anos, através de cuja morte revivenciara a morte de meu pai, acumulando ambas as perdas e potencializando-as ao máximo, havia me tornado inseguro, inadaptado a um mundo que não reconhecia mais como sólido. Incapaz de perceber que a única coisa permanente no universo é a mudança, eu havia criado as condições ideais para me tornar um viciado em internet, porque lá dentro eu era *Todo-Poderoso*, minha palavra sempre dava os mesmos resultados infalíveis, eu conhecia com profundidade as decorrências de cada frase que escrevesse, as reações dos outros a essas frases, e me regozijava com o desespero alheio quando os outros personagens percebiam que nenhum poder tinham sobre mim. O que eu não percebia era que eu também não tinha esse poder: meu personagem me dominara, como atuação da droga existencial que eu mesmo produzia em meu cerebro através do uso da internet, repetindo eternamente as mesmas frases, para alcançar os mesmos resultados e as mesmas reações, buscando o mesmo regozijo do poder virtual a cada interlocutor que me caísse nas garras, sem perceber que eu também estava preso na mesma teia. Eu estava preso na rotina imutável que me dava a droga para que eu fosse até a internet e produzisse mais dessa droga, mantendo-me vivo como *surrogato* de mim-mesmo para que pudesse continuar produzindo a droga de que dependia.

13. Ninguém está isento, quando se coloca em posição de lidar com uma realidade que só gera satisfação, ainda que ilusória. Qualquer um de nós pode se encontrar nessa mesma situação, e tanto mais perigosa ela será quanto mais tivermos a certeza de que somos superiores a ela, de que ela não nos afeta e de que estamos no controle.

Ninguém está no controle, e a internet é prova cabal disso: o que começa como um passatempo recreativo e interessante se torna um vício degradante, porque acima das questões sexuais desagregadoras que lá exibimos, ou no âmago delas, sempre se encontra uma doença mais perigosa: a doença do controle. Exercer poder sobre os outros nunca significa que se esteja no controle, porque o vício de controlar indica a maior das ausências de controle, que é a impossibilidade de controle sobre si próprio.

Se pensarmos de forma honesta e franca, seria melhor ter controle sobre si próprio do que sobre o alheio. No mundo dos vícios isso é impossivel: a ilusão do controle se estabelece sobre os outros às custas de si mesmo.

Quantas vezes eu mesmo não disse:

– Ah, isso não é nada, eu paro na hora em que quiser!

Não parava: a cada giro do relógio eu dizia "mais quinze minutos, mais dez, mais um minuto", porque como qualquer adicto eu não aceitava que tinha um vício do qual dependia. Meu processo de entrega absoluta ao vício de teclar me levava a encontrar desculpas perfeitamente coerentes para fazer o que fazia: e diversas vezes fui incapaz de perceber que o que eu criticava nos outros era exatamente aquilo que se dava comigo. Eu impunha sobre os outros com quem teclava aquilo que recusava a enxergar em mim, sem perceber que esse outro não era mais que apenas uma extensão idealizada de mim mesmo, sem existência real senão aquela que eu mesmo lhe dava, e que isso só acontecia porque ele também me dava certeza de existir, ao reconhecer-me como um seu igual, ainda que aparentemente diferente.

14. A internet, em si e de-per-si, não é uma droga: a excelência de objetivos possíveis de serem alcançados através dela é uma realidade, ainda que não a única e nem, infelizmente, a mais importante delas. Tornou-se um play-ground extremamente danoso, reduzindo os seres humanos que porventura poderiam dela fazer uso a meros personagens que por ela são usados. Todos nos tornamos adolescentes insatisfeitos quando imersos nas garras da internet: o moinho, cujo objetivo superior era moer o trigo para que com ele se fizesse o pão que alimenta, se transforma no Gigante Briaréu de Quatro Braços que ameaça e vence um número infini-

to de cavaleiros da triste figura. Na internet, todos fazemos tristes figuras, e como fui forçado a concluir, é preciso deixar de fazê-lo. Mas como?

Boa pergunta: eu mesmo me fiz essa pergunta diversas vezes, quando já tentando curar-me do que me parecia uma doença invencível, e considerei uma tarefa hercúlea e superior às minhas forças a vitória definitiva contra inimigo tão poderoso. Num feliz lampejo de praticidade consciente, reconhecendo-me como um adicto, por ser este um traço extremamente forte em minha personalidade, decidi recorrer à experiencia anterior de adictos a qualquer tipo de drogas (álcool, narcóticos, estupefacientes, chocolate, compras, sexo) e deles apreender alguma forma de ação que me permitisse vencer.

O contato com Programas de Doze Passos, criados originalmente para Alcoólicos Anônimos (AA ou AlAnon) e utilizados em diversas versões por adictos de todos os vícios, foi um roteiro indispensável para essa cura, principalmente porque eu pude ter sobre eles a visão crítica de quem sabe reconhecer o que neles existe de válido e funcional e aquilo que, pelos motivos os mais variados, lhes forma sendo adicionados, desvirtuando seu objetivo original em direção a uma religiosidade tacanha ou um conservadorismo rigorosamente desnecessário para que seus usuários alcancem o resultado que realmente podem alcançar.

15. a. Para começar, tive que admitir que minha vida havia se tornado incontrolável e que eu precisava urgentemente viver sem a droga de que tinha necessidade absoluta.

b. Tive que reconhecer que meu vício, como qualquer outro vício, era progressivo, como qualquer tipo de doença física, câncer, diabetes, aids.

c. No contato constante com adictos de todos os tipos, percebi que as circunstâncias realmente não têm a menor importância, e que todos estamos unidos não pelos vícios que cada um vinha exercendo, mas sim pela adicção a nossos vícios pessoais, que precisam ser vencidos gradativa e progressivamente, um dia de cada vez, da mesma forma com que se haviam instalado dentro de nós. A adição é uma só: os vícios são apenas as formas pelas quais ela se manifesta dentro de cada adicto.

d. Precisei admitir, ainda que com extrema dificuldade, que havia me tornado impotente perante minha adicção, e depois de tentar encarar essa triste realidade por um longo tempo, precisei acreditar que um poder maior poderia me devolver à sanidade: podia ser Deus, ou uma fé inabalável, um analista competente, minha própria força de vontade, até mesmo minha pulsão de vida como oposição à pulsão de morte que vinha experimentando enquanto adicto, mas tinha que ser superior a mim, uma força maior para quem eu me permitisse entregar o controle de minha vida, já que finalmente reconhecia que não tinha nenhum.

e. Abrir mão da tentativa de controlar a própria vida é fascinante: quando isso aconteceu a minha ansiedade pelo poder se desvanesceu: eu não só percebia que não tinha controle sobre mim, como também que não pretendia mais ter controle sobre ninguém, como forma de exercer o que não possuía. Foi interesssante: o mundo de hoje mostra, a meu ver, a necessidade cada vez mais presente que o ser humano tem de encontrar algum contato com uma realidade mais espiritual, superior a seus humildes limites humanos e sociais, e cada um de nós rigorosamente da maneira que achar melhor, segundo nossos próprios desejos e possibilidades individuais. As minhas se estabeleceram racionalmente, e eu finalmente pude relaxar, não apenas entendendo mas principalmente sentindo que o universo vivo é feito de impermanência, e que a mudança é sua única lei defintiva. Se tudo muda, por que não mudaria eu?

f. O momento mais difícil foi quando eu percebi que precisava fazer um inventário destemido e profundo de mim mesmo:

era preciso que eu me conhecesse profundamente e percebesse sem subterfúgios nem desculpas tudo o que houvesse feito de bom e de ruim, segundo meus próprios padrões e de acordo com minha própria realidade, sem elogios nem recriminações, mas apenas o reconhecimento factual do que havia ocorrido por meu intermédio, e estivesse apto a revelar isso a quem por isso se interessasse, na maior parte das vezes como troca entre adictos em processo de cura. Doeu muito, mas não me restou outra saída: se eu não conhecesse nem compreendesse intensamente aquilo que se passara comigo, não poderia determinar a quem pedir desculpas pelas falhas que cometera e pelos resultados que com elas havia causado.

g. A natureza exata de minhas falhas foi um dos mais tristes e impactantes inventários que tive de fazer em minha vida: mas ao mesmo tempo em que percebia coisas terríveis, também encontrava coisas belas e válidas, porque sendo um ser humano, e me aceitando como tal, pude perceber que sou feito de diversas facetas não necessariamente nem boas nem más, mas apenas equilibradas ou desequilibradas segundo minha própria maneira de enxergá-las e experimentá-las com o material pessoal de que disponho.

h. Ao fazer isso, estava sempre em contato com o poder superior a que me referi antes, fazendo com que me desse esse equilíbrio, ajudando-me a remover de um dos pratos de minha balança o excesso, para que eu pudesse colocá-lo no outro e encontrar o equilíbrio que buscava. Aceitei tanto meus defeitos quanto minhas qualidades, e me dispus a valorizar estas de forma a contrabalançar o poder de meus defeitos, que na verdade eram o que me havia levado ao estado em que acabei me encontrando.

i. O momento mais difícil foi pedir desculpas a todos que havia prejudicado, me dispondo a reparar qualquer dano que lhes tivesse causado.

Na internet isso se mostrou quase impossível, porque não consegui reencontrar ninguém que se recordasse de mim, depois de algum tempo, e como meu personagem não tinha mais existência na realidade virtual, porque não jogava mais aquele jogo, acabei me tornando desinteressante. Na internet ninguém compreende que a verdade ainda é a coisa mais interessante e excitante que existe: e quando se oferece a realidade, não a aceitam, porque o mundo real nunca se mostra tão atraente quando o das ilusões virtuais.

No mundo real essas desculpas e reparações foram mais fáceis, mas muito mais doloridas: as pessoas a quem tive que fazê-las e propô-las eram gente de carne e osso, todos extremamente importantes para mim, gente de quem eu gostava, gente a quem eu amava, gente de quem não podia nem desejava abrir mão. Tentei com muita força fazer estas reparações, e em alguns casos tive que desistir, porque insistir causaria ainda maior dano que já tinha causado, e seria verdadeiramente melhor deixar quieto do que escarafunchar em feridas ainda muito abertas. Mas a todos com quem pude me desculpar e a quem pude oferecer algum tipo de reparação, nem que fosse a do reconhecimento de que eu estava errado, pedi e ofereci, por maior que fosse o incômodo e a dor de fazê-lo.

O mais interessante foi perceber que isso não era um trabalho que eu pudesse executar de uma vez só e ficar livre. Não: ele precisava tornar-se um hábito constante, diário, um hábito positivo que substituísse o antigo hábito desagregador, quase um vício "bom" que substituisse o vício "mau", levando-me a buscar equilíbrio e correção a todos os instantes de minha vida, sempre baseado na experiência que vivera e que me fora tão danosa que nunca mais pretendia repeti-la. Com isso acabei procurando um contato maior comigo mesmo, mais intenso, mais constante, passando a viver de forma muito atenta não só a todos os meus atos mas principalmente ás consequências que deles pudessem decorrer. Funcionou bem: nunca mais entrei nas salas de *chat* da internet.

k. Num certo dia, descobri que meu personagem também tinha defeitos e qualidades, e que esses defeitos e qualidades eram rigorosamente meus, e pude optar por uns e abandonar os outros, na minha lida diária com o computador.

l. Pelo que sei, as pessoas continuam em cada vez maior quantidade mergulhando no mundo de ilusão virtual como forma de buscar satisfação de seus anseios mais profundos e incontroláveis. Não os invejo: na verdade a doença continua dentro de mim, incrivelmente apenas "sob controle" (sic!), e eu não posso me permitir dar-lhe a vazão de que necessita para novamente se estabelecer como a coisa mais importante de minha vida um dia incontrolável.

Minha decisão de não entrar em salas de *chat* se renova dia a dia, a cada manhã, quando ligo meu micro:

– Hoje não vou entrar em nenhuma sala de chat.

No fim do dia, antes de me deitar, reconheço com grande alegria:

– Hoje não entrei em nenhuma sala de chat.

Amanhã?

Não sei: pode ser que eu acorde de ovo virado e decida que "depois de tanto tempo, quer saber, eu mereço umas horinhas num bate-papo inconsequente e sem perigo...", como também pode ser que nada aconteça, que eu seja mais forte que meu vício e não me deixe seduzir pela possibildiade do "gozo do idiota" que foi meu natural diário durante longo tempo.

Não importa: só posso lidar com a realidade que sou capaz de lidar, e essa realidade se estabelece um dia de cada vez, e sempre hoje. *Hoje ainda não entrei em nenhuma sala de* chat*, e quero ver se até o fim do dia continuo do mesmo jeito, porque me interessa agir assim, porque me prefiro desse jeito, porque tenho sido muito mais feliz dessa maneira.*

16. A oportunidade de levar essa história a público não significa muito em termos de catarse pessoal, porque por essa eu já tinha passado quando da decisão de me curar: mas, além de reafirmar dentro de mim as decisões racionais tomadas dia a dia, talvez possa servir a mais alguém, como prova de que é possivel viver-se *carpe diem*, um dia após o outro, e que é nosso dever dar exemplos pessoais a quem de nós se aproximar, como forma de nos mostrarmos tão humanos quanto qualquer outra pessoa. Não somos nem deuses nem monstros, mas apenas seres humanos falíveis e magníficos nessa falibilidade.

Ao mesmo tempo, me soa como extremamente urgente o reconhecimento de que o problema que acabo de revelar não é exclusivamente meu, mas de muitos e que esse número a cada dia se amplia geometricamente, tendo tudo para tornar-se em muito pouco tempo um campeão de audiência entre os motivos que levam pessoas a buscar auxílio para si e para seus entes queridos. Creio ser necessário e urgente o estudo intenso e profundo dos universos de que esse universo se forma, e da maneira como as adicções se processam através dele, para que nenhum de nós seja apanhado de surpresa por uma epidemia de adictos ao vício de teclar.

17. Essa conferência, que começou intencionalmente demonstrando grande conhecimento do assunto, grande capacidade de análise do mesmo, grande possibilidade de propor sistemas de compreensão do vício de teclar, termina aqui honestamente com o reconhecimento de ter-se tornado apenas uma janela para nada mais que os sentimentos, que só nos prejudicam quando vivemos em função deles.

Hoje em dia, quando não entendo ou não reconheço um de meus sentimentos, não me desespero: tento antes de tudo compreendê-lo, e isso é sempre mais fácil de se fazer na companhia de outra pessoa que sozinho. Como diz Humberto Mariotti em seu livro *As Paixões do Ego*, "não existe autoajuda". Qualquer ajuda interna, nascendo de descobertas pessoais, pressupõe a troca do que foi descoberto com outras pessoas, que pela elaboração do que descobrimos segundo seus próprios valores, diversos dos nossos, enriquecem de maneira exponencial aquilo que ficamos sabendo sobre nós mesmos e eventualmente sobre si. A ideia de autoajuda deve sempre se transformar na ideia da mútuo-ajuda, porque nenhum de nós está só, nem deve pretender estar, já que a solidão é sempre péssimo abrigo e péssima conselheira. Esse contato, volto a insistir, só pode se dar nos limites do mundo real, na troca honesta e franca entre pessoas reais e dispostas a partilhar de si mesmas para com seus semelhantes, porque as experiências de todos também acabam sendo profundamente semelhantes umas às outras, e dessa familiaridade nasce a maior de todas as seguranças, que é a de nunca estar só.

18. Vícios, quaisquer que sejam eles, precisam encontrar cada um a sua contrapartida virtuosa dentro de nossas mentes e espíritos, porque só assim o equilíbrio do Bem não irá se transforma no desequilíbrio do Mal, formado pela ausência das virtudes reais em cada ser humano. *A contemplação do vício já é em si mesmo um vício*, como eu mesmo pude descobrir da maneira mais difícil, e esse alerta fica para os que, interessando-se de maneira intensa pelo que acabo de narrar, não se arrisquem a transformar esse interesse em mais uma manifestação de adicção, como eu mesmo o fiz.

Também é muito importante perceber que *quando nossos vícios nos abandonam sempre estamos prontos a acreditar que fomos nós que os abandonamos*, e havendo a necessidade de estarmos juntos para compreendê-los antes de pensar em nos livrarmos deles, é bom não esquecer ser *necessário, para odiar o vício, amar o viciado.*

Por mais depositários do conhecimento que sejamos, por maior que seja a nossa compreensão das mazelas e vicissitudes dos seres humanos, somos e sempre seremos todos seres humanos, e como tal, perfeitamente aptos a, um belo dia, sentindo-nos todo-poderosos, encarar um determinado vício como pouco perigoso, por ser tão irresistivelmente fascinante, graças à facilidade com que sempre consegue apagar de nossas mentes qualquer decisão tomada, fazendo com que cada um de nós se entregue à autoindulgência ao esquecer seu verdadeiro lugar entre nossos semelhantes.

Não existe pior abandono que aquele a que nós mesmos nos condenamos, ao nos tornamos incapazes de enxergar quem realmente somos, e nem maior vitória que aquela que promovemos dentro de nós, ao nos reconhecermos como simples seres humanos, em toda a Sabedoria, Força, Beleza e Glória que essa expressão traz consigo.

Z.Rx.

DEZESSETE PERFIS DE ZÉ RODRIX

José Rodrigues Trindade, o Zé Rodrix, como assim já o conheci, era um menino sonhador, muito inventivo e míope. O Zé era a esperança de óculos. Esperava ter seu talento reconhecido, ser famoso, gravar muitos discos, ficar rico. Enquanto tudo isso não vinha, ele por sua conta antecipava, fantasiando já ser milionário. Morava numa mansão, que descrevia com requintes de veracidade e outros devaneios. Menino que cresceu com dificuldades, enfeitava a seu jeito sua história. Talvez o sucesso lhe tivesse sorrido mais largo e depressa, se Zé se mostrasse de cara simplesmente o Zé – afetuoso, interessado, especialmente inteligente, educado e dono de um talento que explodia às frações dos segundos. Músicas borbotavam, poesias aos jorros, e também a dramaturgia.

Lembro-me do meu namorado Zé, com seu parceiro Rô Tapajós, escrevendo o musical *A Morte de Danton*, em Porto Alegre, no apartamento onde formávamos em comunidade. Ele acordava, dormia, respirava, exalava canções, numa produção frenética. Compunha partituras (era maestro – ou dizia ser, nunca se sabia; mas de fato era). Fazia os arranjos para todos os instrumentos de uma orquestra, e modulava a voz sugerindo o som de cada instrumento com a boca. O quarto era invadido por ondas sonoras, uma onomatopeia de saxofones, trompetes, triângulos, violinos, bongôs, flautas, clarinetes, piano e a guitarra elétrica, sempre ela, a amada, salve, salve, daquela geração Jimmy Hendrix-Janis Joplin, com sua coleção de palhetas e seus ruídos alucinantes. Zé alcançava registros altos, estridentes, suaves, como uma guitarra. Aliás, Rodrix e Hendrix não lhes dizem alguma coisa?

Ainda ecoa em mim uma das canções "a triste história do pobre Danton / e a Revolução / Revolução / Revolução / Revolution!!!" (este final num vibrato escancarado). Ou o verso várias vezes repetido: "Danton... Colt / Danton... Colt". O musical percorria vários gêneros e situava a Revolução Francesa num *saloon* de faroeste americano. Que delícia! Perguntei ao Rô se ele guarda os originais e a partitura, que Zé, eu sei, compôs. O texto, faziam juntos, rolando de se divertir. E nós, da patota de Porto Alegre, nos divertindo junto. Rô não guardou, não lembra, não sabe. Afinal, era 1969.

Nossa temporada no sul não foi fácil. A censura proibia texto após texto de nosso diretor e autor de teatro, Wagner Mello, que nosso Grupo Graal pretendia encenar. O sucesso nunca chegava, e Zé tinha pressa. Impaciente, a esperança de óculos pegou um ônibus de volta ao Rio. Valeu a pena. Um ano depois, Zé Rodrix explodia com o Som Imaginário, no Teatro da Praia, com um solo extraordinário de voz e teclado, interpretando *Imagine*, de John Lennon.

Hildegard Angel, jornalista

Zé Rodrix, aliás Zé Rodrigues, aliás José Rodrigues Trindade, vulgo Zé Trindade era um ser de múltiplas facetas. Conheci o Zé no Colégio de Aplicação da Lagoa, onde ele era o grande ator cômico das peças de final de ano, conhecido pela veia histriônica. Também conheci o desenhista de humor, (ir)responsável pelo caderno humorístico do jornal do colégio. Foi a este último a quem me juntei, agregando meus dotes desenhísticos às suas ideias sarcástica e corrosivas. Dessa parceria acabou brotando um terceiro personagem, o Zé músico e compositor. Com a vinda de dois outros colegas, David e Ricardo, acabamos por formar um conjunto vocal que se chamou Momento 4, depois Momentoquatro e, finalmente, Momento4uatro. O resto é história!

Maurício Maestro, na época Maurício Mendonça

Nos idos de 66, meu amigo Nelson Lins de Barros (um intelectual da pesada) me chamou para uma atividade muito comum na época: "Quer ser júri do Festival do Aplicação?". Grande festival de música estudantil, o do Colégio de Aplicação, no Rio de Janeiro, costumava sempre mostrar coisas boas em proporção bem maior que seus similares. Aceitei no ato: "Vamos lá!". Minha intuição musical, mais uma vez, estava certa. No festival destacou-se um grupo vocal de nível muito superior aos demais concorrentes, o MomentoQuatro. Depois, nos camarins (quer dizer, nas salas de aula do Aplicação reservadas para este fim...) fiz amizade instantânea com seus componentes, pouco mais novos que eu: dois futuros Boca Livre (David Tygel e Maurício Maestro), Ricardo Villas e Zé Rodrix. Eles tiveram suas vidas trançadas com a minha em diversas ocasiões: David dividiu comigo um quartinho metido a suíte no cariocamente mítico Solar da Fossa, uma sede de fazenda do século 18 que – acreditem – foi dividida em centenas de quitinetes e virou muquifo habitacional de todo artista que merecesse esse nome no Rio dos anos 60, para acabar lamentavelmente soterrado sob o Shopping Rio-Sul, ao invés de ter sido justamente tombado como Patrimônio Mundial pela Unesco; Ricardo Villas foi meu cunhado e é tio de dois de meus filhos; Maurício Maestro arranjou e gravou músicas minhas; e Zé Rodrix... bem... Zé é parte integrante da minha história de vida. Foi Zé, com sua dinâmica extrasensorial, que me empurrou definitivamente pro poço da música. Tornamo-nos parceiros e amigos inseparáveis no final da década de 60. O resto, como vocês leram, é história.

Luiz Carlos Sá, parceiro

Zé Rodrix. De botinha cowboy e salto carrapeta, ficava maior do que eu. Aliás, mole ficar maior do que eu. Que era o Das Baixinhas, como me chamava o Bituca. Foi meu primeiro amigo de verdade, que me acolheu com cordialidade quando cheguei ao Rio com a terrível missão de dirigir os primeiros shows do meu parceiro-irmão-de-fé, o nosso Vituperatus. No quarto-escritório-estúdio do Zé, ele me apresentou de uma só vez a esposa Lizzie, a filhinha recém-nascida Maria e sua coleção de ocarinas. Aquelas flautinhas de barro. Experimentou uma a uma na minha frente. Graves, médias e agudas. De cada uma ele extraía sons de vento e tempestade. E eu viajava por terras de incas e ayahuasqueros. Voava pelos altiplanos andinos e pousava em Ipanema. Sem sair do lugar. Até hoje guardo na memória aquela tarde mágica. Depois, ouvi Zé aplicar aqueles sopros espirituais nas músicas que nossa turma compunha lá nos confins das Gerais. Os solos de *Durango Kid*, *Feira Moderna*, *Para Lennon e McCartney*. Sua voz gritante e roqueira introduzindo o refrão imbatível: "yahbadabah dabayahah... eu sou da América do Sul...". Viramos amigos de infância, mesmo sabendo que éramos ambos o que se convencionou chamar de baixinhos invocados. Num show da boate Sucata, eu, com o pouco moral de diretor iniciante, e Zé, absorto nos arranjos, não queria abandonar os teclados nem descer do praticável que precisava ser trocado de lugar. Depois de alguma insistência minha (pouquíssima), dei ordem ao funcionário tipo elefante-armário que levantasse o tablado com Zé, teclados e tudo. Na mesma hora ele saltou de banda, puto nas calças. Depois fomos lá fora e nos apaziguamos entre ternos abraços. Inventamos algumas boas, como colocar o Som Imaginário sobre uns andaimes que sobravam no palco depois de certa reforma no Teatro da Praia. Juntos, embarcamos na ideia: "Deixa os andaimes no palco mesmo, precisa tirar não". E aquelas coisas tronchas viraram cenário, ou *décor*, que era mais chique. Colocamos umas tábuas que transformavam os andaimes em pisos mais ou menos seguros. Mais pra menos do que pra mais. Ficaram parecendo jaulas. E era um tal de subir e descer andaimes. Wagner rebatizava o grupo: Bituca and The Animals. Ou Bituca e Os Gorilas. E ia por aí, entre gargalhadas e bom humor da turma. Naquele espetáculo ninguém caiu, exceto eu – e não foi do andaime. Fui olhar a cena fora do palco, subi na galeria do teatro vazio. Ideia genial na cabeça, corri tentando chegar à a beira da amurada para transmiti-la, tropecei nas pernas e despenquei escada abaixo. Fratura imediata e simultânea do rádio e da ulna, que naquela época ainda se chamava cúbito. Passei a temporada do Teatro da Praia, que durou um mês, com o braço esquerdo engessado. Zé foi um dos que mais me encheram o saco. Wagner também zoou bastante. O único que ficou mais ou menos com dó de mim foi o Bituca, com aquele instinto insuperável de irmão mais velho. Não sei mais o que falar dessa ausência que dói. Eu e Zé nos encontramos várias vezes em Belo Horizonte, ele me presenteou com os excelentes livros esotéricos que escrevia com propriedade e estilo. Tiramos fotos juntos, relembrando os velhos tempos, ele com aquele sorrisão inconfundível, sua voz que ainda soa em meus ouvidos com detalhes que nem Proust narraria. Numa palavra: saudade. Em duas: saudade inenarrável. E viva o Zé Rodrix, espinha dorsal e artífice do som que a gente ainda nem imaginava.

Márcio Borges, compositor

Para o Zé não existia a palavra não. Isso significava que obstáculos também não existiam, para nada. Isso, por um lado é bom, é estimulante e dinâmico, mas por outro pode criar problemas. Se sentir capaz de fazer tudo, e o Zé era assim, cria uma imagem positiva, mas quando você não consegue fazer o tudo, ou pelo menos um pouco desse tudo, aí surgem os problemas. Mas para o Zé isso não era problema. Ele dava um jeito, usava sua lábia espertíssima, sua inteligência, sua persuasão e a pessoa acreditava que aquilo que tinha sido pedido, tinha sido realizado. Acho que nem ele percebia. Comigo começou assim. No Colégio de Aplicação da UFRJ onde fomos colegas ele me fez subir ao palco como ator a primeira vez. Também foi a última, como ator, mas pela primeira de muitas como autor, cenógrafo e seu parceiro mais lá pra frente. Como eu era gago na adolescência, ele achou que o método sem frescura seria eficaz. Ele dirigia *As Coéforas* de Esquilo, uma tragédia grega que previa uma só frase para o personagem Pílades, mas definitiva. E foi Pílades que interpretei numa noite de lua. Disse a frase com garbo e orgulho e morrendo de medo. Fui aplaudido mas aquilo não curou minha gagueira. Só muito tempo depois comecei a superá-la e o Zé continuava do meu lado. Fomos parceiros por muitos anos, fizemos muitas coisas juntos, nos mudamos juntos para São Paulo, no mesmo dia, só que eu voltei nove anos depois e ele ficou. Virou paulista. Adorava andar elegante, de terno e até de sobretudo no inverno. Coisa que um carioca jamais faria. Mas como para ele não havia não, o frio era sempre o suficiente para a roupa. Não conseguiu dizer não também para a morte prematura, mesmo não querendo, e me deixou dessa vez sem palavras com a notícia. A parceria acabou mas ficou a lembrança daquele otimismo infinito que convivia muito bem com a sua capacidade de se indignar. Coisas difíceis de coexistirem, mas para o Zé não havia não.

Miguel Paiva, cartunista

Zé Rodrix era de uma inteligência muito acima da normal. Pessoas privilegiadas, como ele, sabem como lidar com o adverso, mostrando naturalidade e capacidade de enfrentamento. A morte e outros temas tristes eram assuntos que de vez em quando vinham à tona nas conversas que aconteciam no grupo M-Música e ele sempre tinha um posicionamento marcante e diferenciado, muitas vezes utilizando-se do lúdico e da ironia, o que costuma ser uma característica de pessoas com alto QI. Permanecemos juntos na M-Música por cerca de cinco anos e tivemos vários embates interessantes, e às vezes provocativos, no nosso dia a dia nesse grupo. Num dos que me lembro, ele comentou que eu estava escrevendo textos muito tristes, que precisava ser mais alegre e eu, brincando, respondi que muito da minha inspiração vinha dele e que uma das canções de sua autoria, que eu mais gostava, era "Muito triste" ("Tá todo muito triste/Cantando músicas tristes/E cada dia fica mais fácil/Cantar assim/Eu tiro os outros por mim"). Vocês podem imaginar as G.AR.G.A.L.H.A.D.A.S. (era assim que ele escrevia), ao final desse papo. O autonecrológio escrito pelo Zé Rodrix, já explicado nesta biografia, foi outro resultado ímpar de nossas conversas, que nunca poderia imaginar que se tornaria tão sério, pois foi escrito com irreverência num contexto em que prevaleciam a alegria e a amizade.

Para concluir, numa das parcerias que fizemos no grupo, dividimos a autoria de uma letra que, mais uma vez, invocou o fatídico tema. A letra, ainda não musicada, recebeu o título de "Cedo ou tarde" e, numa das estrofes, Zé Rodrix escreveu:

Ganhe ou perca, a sorte
não me aponta o dedo.
Se há que haver a morte,
cedo ou tarde cedo.

"Sorte e morte" já haviam sido rima de sucesso em canção do Zé ("Quando será o dia da minha sorte?/Sei que antes da minha morte/Eu sei que esse dia chegará") e eu realmente acho que ele foi uma pessoa de sorte, que teve o reconhecimento da crítica e do público, que teve uma família maravilhosa que o amava e ainda o ama, e amigos de verdade com os quais pôde dividir seus discos e livros do jeito que sempre quis.

Felipe Cerquize, poeta

O multiartista Zé Rodrix nos deixou muito cedo. Arte longa, vida breve. Sua música, seus pensamentos, nunca deixarão de existir. Uma canção como *Mestre Jonas* sempre vai emocionar novos ouvidos. Ele era um artista inquieto. Amava a canção como poucos. E amava os jovens que conhecia nesta saga da vida. Tinha um gosto refinado para a vida. Escolhia cada momento como aquele gourmet que escolhe o vinho certo para cada refeição. Afinal por que vivemos? Tendo conhecido Zé Rodrix posso dizer que vivemos para ser felizes. Vivemos para que no embolar da vida, nesta vida que esquenta e esfria (Guimarães Rosa), a gente possa dar muita risada, comer bem, encontrar os amigos queridos. Conhecer novas ideias, pessoas, pratos. A música como um veículo para tudo isso. Zé nos deixou esta grande lição. Para sempre Zé Rodrix.

Carlos Careqa, músico

Meu roqueiro favorito era também um literato de primeira. Parecia que a cada roquenrrol que compunha, um livro se esboçava dentro da cabeça tão privilegiada quanto irrequieta de Zé Rodrix.

Inteligente e antenado que só ele, Zé tinha amplos conhecimentos sobre qualquer tema, e os explanava com a sapiência de um mestre. Discutir com Zé era roubada. Digo isso por experiência própria: ele em São Paulo e eu no Rio, não nos encontrávamos há muitos anos.

Tempos depois, já morando em São Paulo e assinando uma coluna em alguns jornais, na qual por algum tempo tratei de política, eu me desentendi com ele por uma de minhas opiniões (nem me lembro mais qual foi) que ele contestou acidamente. Trocamos mensagens bastante agressivas.

Pois bem, passado um tempo desde o início daquela querela, disse-lhe que as farpas que trocamos haviam me feito bem e que, depois delas, eu me sentia uma pessoa mais aberta, ao que ele respondeu mais ou menos assim: "É preciso aprender que quem briga são as ideias, não as pessoas".

Meses depois, fui a um encontro semanal que reunia um grupo de pessoas numa livraria na avenida Faria Lima, dentre elas o jornalista José Nêumanne (que me convidou para aparecer por lá), o saudoso poeta Mário Chamie, o escritor e psicoterapeuta Humberto Mariotti, o geriatra José Oswaldo Borges e Zé Rodrix. Daí em diante, a cada manhã de sábado, Zé e eu nos encontrávamos e não brigávamos mais.

Uma de minhas melhores lembranças daquela roda de cafezinho foi quando Zé se prontificou a produzir um disco solo meu. Delirei.

Mas não deu tempo... E vejam vocês o que a ironia do destino nos reservara: Zé Rodrix morreu no dia 22 de maio de 2009, dia em que eu completava 61 anos... e nos desencontramos novamente, dessa vez sem volta.

Aquiles Rique Reis, músico

De todas as pessoas que conheci na vida, o Zé foi a mais impressionante. Primeiro nas listas de internet, com sua maneira de se posicionar sobre os assuntos. O Zé não relativizava, tudo o que falava soava absoluto e ficava difícil pro interlocutor contra-argumentar. Era um sujeito preciso. Me encantava sua lucidez desconcertante, de frases filosóficas, curtas e cheias de razão. Como amigo era generoso, colocava toda sua genialidade à nossa disposição. Conhecia um universo de pessoas, mas conservava poucos amigos, escolhidos a dedo, por extrema afinidade. Escolhia os que sabiam ouvir verdades e piadas. Ele levava a sério o lema "em primeiro lugar a amizade, depois as canções e só depois os artistas".

Ensinava o tempo todo, temperando com as piadas que ele terminava sempre com uma gargalhada enorme e uma receita culinária de dar água na boca. Fizemos nove canções em parceria, nem todas aprovadíssimas, já que ele sempre dizia:

Falta só uma flanelinha.

Por fim, a última letra que recebi do Zé dizia "quando o aluno está pronto, o mestre desaparece" Estive com ele em seus seis últimos anos, no dia da partida, nas cinzas e levo pra sempre seu exemplo de lucidez, ainda que dolorida realidade, mas sem dúvida um mestre que é, foi e será pra sempre o mestre.

Sonekka, músico

O Zé foi um dos mais incríveis personagens que conheci. Certa ocasião, me autografou um livro dizendo que éramos almas gêmeas, e creio que estava correto. Ele tinha o dom de versar sobre todos os assuntos, alguns com maior e outros com menor profundidade, porém sempre se transformando no centro da roda de discussões. Nunca o vi se queixando ou lastimando o passado. Para ele, o importante era o próximo passo, o próximo projeto, a próxima realização, sempre tocando com otimismo e olhar juvenil. Quando definido, o Zé batia os calcanhares, levantava a cabeça e já começava a viver o novo projeto. Ele conseguiu reunir a inocência da criança, o sonho do jovem e a praticidade do homem. Suas ideias, seus versos e suas ações, deixaram vivas marcas em todos que puderam conviver com ele.

Raul Corrêa, empresário

Três Trovas Tristes
Meu Zeusinho foi-se embora,
carregou minha alegria.

Partiu, foi antes da hora
cantar noutra freguesia.
Levou os sete instrumentos,
suas armas e bagagens,
cataplasmas e unguentos.
Zarpou pra novas paragens.

Deixa rimas e estribilhos
pra uma inédita canção.
Plantou amigos e filhos,
colheu a vida com a mão.

Etel Frota, poeta

Tive o privilégio de conviver com o Zé Rodrix intensamente, durante pelo menos cinco anos. Conversávamos pelo menos semanalmente, em almoços que duravam domingos inteiros, ou sempre que houvesse um pretexto. Para mim foi uma mistura de irmão mais velho, amigo e segundo pai. O Zé era uma força da natureza. Uma inteligência vibrante, falava e ouvia com volúpia. Podia falar com propriedade sobre uma enormidade de temas, se preciso, misturando argumentos de vários campos, e sempre deixando o interlocutor enlouquecido, sem saber se ele estava falando sério ou brincando – o que fazia com frequência. Tinha um humor tremendamente aguçado e uma ironia quase cruel, temperada, porém, por seu enorme coração. Parava qualquer coisa para ajudar um amigo e gastava o tempo que fosse necessário ensinando quem estivesse interessado em aprender. Era impressionante o compromisso do Zé com a verdade e a liberdade. Fundava seu pensamento em uma estrutura sólida, onde qualquer crença só podia nascer de uma profunda reflexão e um questionamento incessante. Quando você apresentava a ele uma opinião com a qual ele não concordasse, ou que não entendesse, começava a perguntar: "Como assim?" "Por que você acredita nisto?" "Explique melhor"... E seguia infinitamente, prestando uma atenção de criança curiosa, até concordar ou dizer simplesmente: "Não penso assim..." e mudar de assunto... a menos, porém, que percebesse que o interlocutor não possuía uma boa base para acreditar no que falava, que se tratava, como dizia, de um "gosto alugado" (o gosto que aquele que não tinha capacidade de emitir uma opinião própria, "alugava" de outros), ou, de um dogma, repetido sem reflexão. Nestes casos, era impiedoso e podia discutir durante horas, de maneira inteligente e algumas vezes enlouquecedora, usando todo tipo de argumentos reais, fictícios e teatrais... Pensar nele dá uma mistura de vazio no coração, pela ausência e alegria, pelo privilégio de sua companhia. Ainda hoje, ele é uma presença constante em minhas lembranças e marca meu modo de agir e de pensar, além de ter me dado de presente sua família, onde eu me sinto como que na minha, e dezenas de grandes amigos. Realmente, inesquecível.

Elder Braga, advogado

Para Zé Rodrix, a canção era tudo: o mais sintético dos objetos estéticos, o mais completo dos produtos culturais, a mais comunicativa das obras de arte. A cápsula resumida de dois a três minutos de duração tinha, para ele, o valor de uma pedra burilada até o extremo dos extremos com o máximo de *know how* e a perfeição só possível com o mínimo de *savoir faire*. Assim, compunha, interpretava e acompanhava os módulos de harmonia, melodia e letra como uma espécie de oração a uma religião cujo deus era a precisão e cujo profeta era a busca da perfeição.

José Nêumanne Pinto, jornalista, poeta e escritor

Penso que minha Casa no Campo é tão segura quanto a baleia do Mestre Jonas. Entre discos e livros guardo com carinho os do meu pilhado amigo Zé. O Rodrigues, o Rodrix. Conhecer o Zé, em 2000, foi o evento mais próximo do *bug* do milênio que me aconteceu na virada do século.

Eu fazia a produção da temporada do Maurício Pereira no Supremo Musical, em São Paulo, um projeto muito divertido. Toda segunda-feira um convidado apresentava canções inusitadas, do brega à música italiana. Um dos convidados foi o Zé Rodrix que fez a festa cantando Dick Farney.

Chegou para a passagem de som vestindo terno e gravata, nos trinques, junto com Júlia, sua mulher; de lá iriam a um jantar e voltariam na hora por mim determinada para subir ao palco. Tudo muito rápido, passou o som e já foi. Em menos de cinco minutos ele retorna do estacionamento e com o ticket em punho pergunta: "Quem resolve isto?". Entendendo a solicitação, respondo: "Sou eu vamos lá".

Confesso que estava reticente com ele, coisa minha, e já que iríamos trabalhar juntos naquela noite resolvi quebrar o gelo e saí com essa: "Que pena, justamente a música do repertório do Dick que eu mais gosto você não vai cantar...". E o Zé pergunta: "Qual??" Digo: "*Não Tem Solução*, do Caymmi". Como um lorde, no meio do estacionamento, ele toma minha mão entre as suas e canta à capela começo, meio e fim da canção, eu parada, absurdada e com um sorriso chegando. Ao final ele pergunta, com malícia: "Foi bom para você?". "Foi ótimo!", respondi. Lá foi ele para o jantar voltando mais tarde, pontualmente, no horário combinado. A canja dele foi uma delícia. Ao fim da noite já éramos amigos de infância.

Aqui na roça, no interior de São Paulo, onde estou morando hoje, entre alguns rocks rurais guardo a pimenta e o sal deste fugaz amigo querido com quem tinha imenso prazer em trocar ideias, delírios e planos saboreando um picadinho de fígado e batata *sauté* que ele fazia igualzinho ao da minha mãe. Grande cozinheiro. Saudades, Zé!! Um beijo!

Eliana Calheiros, produtora

O jornalista Toninho Vaz pediu um depoimento sobre Zé Rodrix. Tentei um "*download*" na minha parca memória e fui lembrando dos anos 70, do restaurante Pizzaiolo, da nossa turma assídua, Guty Guarabyra, Luiz Carlos Sá, Denise Dummont, Leila Cravo, Ivan Setta, entre outros. O Zé ia lá raramente, mas era sempre lembrado por suas histórias mirabolantes, até mesmo surreais. Bons tempos de Ipanema, eu ainda morava com meus pais, a poucas quadras da rua Vinícius de Morais, voltava pra casa de madrugada à pé e não era assaltada.

Em 1976, quando Sandra Pêra e eu dividíamos um apartamento na Nascimento Silva, Nelson Motta foi lá com a saudosa Marília Pêra, falou de uma discoteca na Gávea (hoje, Teatro dos Quatro). Ficamos empolgadas, Sandra chamou Dhu e Regina, que chamou Lidoka e eu chamei Edyr, recém-separada do Zé. E assim nasceram *Frenéticas*.

Hoje fico imaginando o casamento da observadora e calada Edyr com o falante Zé. Haveria diálogo ou monólogo? (rsrs) Nas entrevistas coletivas, todas falávamos ao mesmo tempo, menos a Edyr. Quando um jornalista lhe perguntava algo, ela conseguia definir, numa palavra, tudo que tentamos dizer, sem a sua sabedoria. O poder de síntese dessa virginiana era imbatível!

Em 1982, gravamos a música *Pó de Guaraná*, do Miguel Paiva e do Zé. Nas últimas décadas, não o vi mais. Encontrei *en passant* com ele e a Júlia em Salvador, no final dos 80, acho. No meio musical, era público e notório que a realidade não bastava para Zé Rodrix, que deve ter sido roteirista em vida passada pois, com criatividade ímpar, dava um "acabamento" em histórias quase pífias, acrescentando ação, personagens, diálogos e cenários i-na-cre-di-táveis, que na realidade nunca existiram mas, contadas por ele, tomavam uma dimensão megarealista. Como era con-vin-cen-te!

O Zé usufruiu de quase todo o universo sagitariano, regido pelo planeta Júpiter: culto, inteligente, "filósofo", marqueteiro, megalômano, piadista, próspero, íntimo da palavra escrita ou falada, compositor, "palestrante", religioso e, até, publicitário: que tal? Só faltou ele ser juiz, ministro da Cultura ou papa.

Com três planetas em Leão e três na Casa 5, onde ele chegava era o centro das atenções e liderava geral. Criativo, competitivo, estrela, líder. Artista. Seu ascendente Câncer, ligado à família, tinha tudo a ver com a música *Eu quero uma Casa no Campo* mas, bem cá pra nós, a Lua em Touro é mais chegada a uma casa superconfortável, hiperdecorada, com uma mesa ultrafarta, bem longe do "tamanho ideal, pau a pique sapê"...

Sua passagem pro Astral pegou todos nós de surpresa. Muito triste.

Nosso único alento é que, pelo menos, sua obra estará presente, eternidade afora. E até vislumbramos as músicas que ele deve estar compondo... Ou estará liderando a maçonaria? Quem sabe fazendo *jingle* sobre uma viagem astral para fora do sistema solar? Dando aula de Filosofia? Cabala? Esteja onde estiver, ali estará um inquieto multimídia, para quem o céu é o limite.

Vai na luz!

Leiloca, astróloga

Nasci fruto de uma produção independente. O "escolhido" tinha todas as qualidades que uma mãe espera encontrar em um filho: correção, honestidade, caráter, inteligência... A minha vida toda foi em Natal, com a minha mãe, família e amigos. Antes de conhecer meu pai, meu primeiro contato familiar foi com a Edyr e minha irmã Joy e depois com a Marya, que me enviou um cartão postal de Munique, na Alemanha. O primeiro encontro com Zé foi aos onze anos, em São Paulo. Com ele visitei a BIENAL pela primeira vez, quando fui passar minhas férias com ele, Júlia e os meus irmãos Tunico e Bárbara. Nas datas festivas nos falávamos e sempre que eu estava em São Paulo tentava encontrá-lo. Dele herdei a paixão pela música e instrumentos musicais. Minha mãe diz que fez a escolha certa pois que sou muito mais que um filho de "cuca legal".

Raphael Correia Rodrigues, filho

Descobri que, para escrever algumas linhas sobre Zé Rodrix, eu teria que fazer uma pesquisa histórica e muitas entrevistas... (risos) Sendo assim, me cabe escrever sobre meu pai Zé, cacheado com bigode e no seguir do tempo com barba. Pessoa *vortex* de energia. Intenso, envolvente, criativo no dia a dia. Hoje, posso reconhecer o que trago dele em mim, tanto por que sim e outro tanto porque ele faz uma falta danada! O que aprendi, na prática, foi que ser autêntico é a única maneira de ser; que dar valor à sua criação é o que trará o encanto de que admirem, não importa o que você crie, mas que seja verdade... Trazendo a luz de que o relacionamento amoroso e fraterno entre os irmãos sempre foi escolha nossa.

Agradeço as profundas conversas onde a conexão com o mundo espiritual/espiritualidade se dá nas menores coisas, no cotidiano. Que não existe paranormal... é tudo normal! kkkkkkk! E agradeço profundamente a oportunidade de termos conversado sobre a morte três semanas antes de seu falecimento, quando ele me dizia que já não tinha mais medo da morte, apenas do sofrimento. E que quando não tivesse mais medo do sofrimento, estaria livre.

Ali equalizamos nossas energias na horizontalidade, nos deixando livres para a conexão vertical!

Joy Rodrigues, filha

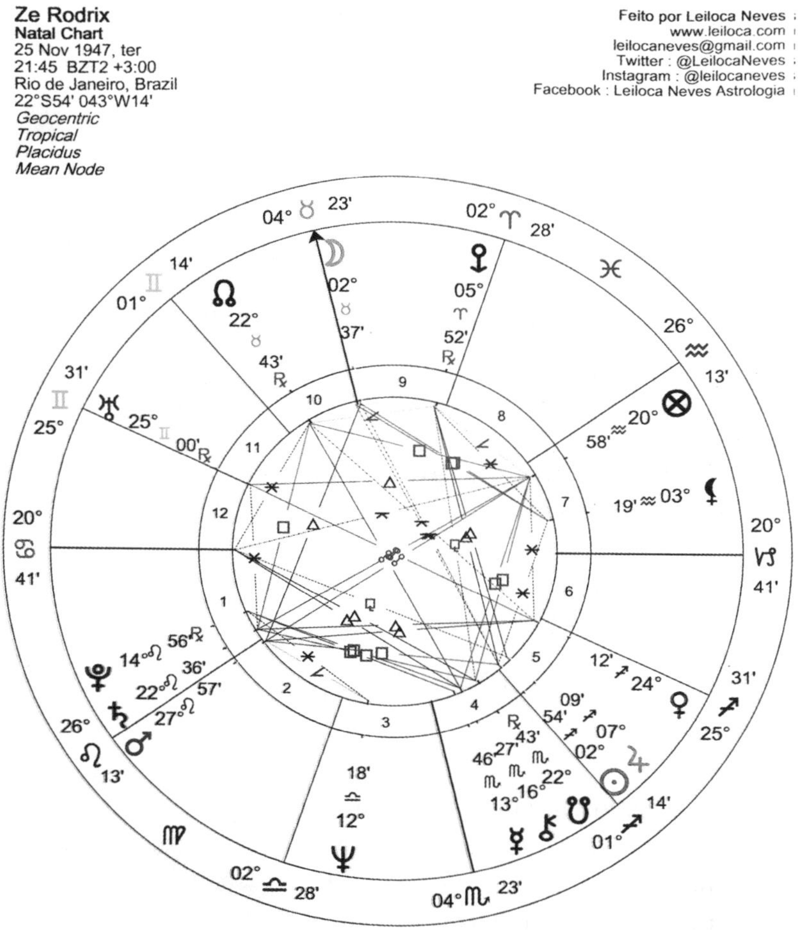

O Mapa astral feito pela frenética Leiloca

Acervo Pessoal

BIBLIOGRAFIA

OS SONHOS NÃO ENVELHECEM – Márcio Borges

DIÁRIO DE UM CONSTRUTOR DO TEMPLO – Johaben – Z. Rodrix

ZOROBABEL – Reconstruindo o Templo – Z. Rodrix

ESQUIN DE FLOYRAC – O fim dos Templos – Z. Rodrix

O COZINHEIRO DO REI – As aventuras e desventuras de Pedro Karaí Raposo entre o Rio de Contas e a Corte de 1773 a 1823 – Z. Rodrix

SOBRE O ACERVO

Todos os esforços foram feitos para se determinar a origem e autoria das fotos utilizadas neste livro. Nem sempre isso foi possível, principalmente no caso de fotos obtidas no acervo pessoal do artista em posse dos familiares, acervo de parentes, colegas de profissão e amigos. Teremos prazer em creditar esses autores, ao se manifestarem.

AGRADECIMENTOS

Especiais à Júlia Rodrix, Guarabyra, Luiz Carlos Sá, Tavito, Lizzie Bravo, Joy Rodrix, Norma Blum, Mariana Rodrix, Hildegard Angel e todos os amigos de Zé Rodrix aos quais recorri durante meses com questões as mais variadas.

Ao jornalista e tradutor Luís Carlos Cabral, amigo e conselheiro – pelo trabalho de copidesque.

A Felipe Lima, que estudou e preparou trabalho acadêmico sobre Zé Rodrix, que me ajudou na pesquisa.

A Augusto Macedo, pelo presente valioso: seis discos (CDs) solos de Z.R. e o primeiro volume da trilogia, *Diário de um Construtor do Templo*.

Muitas fotos surgiram dos arquivos pessoais de ex-mulheres e amigos. À minha eterna namorada, Naná Gama e Silva que gentilmente me facilitou (com suas milhas aéreas) algumas viagens de trabalho a São Paulo e Belo Horizonte.

Ao pessoal da fotografia, a produtora Chris Ramírez, Juliana Marques, José Caldas, Marcos Issa, Otávio Nazareth, da Olhares. Renata e Gustavo da Gráfica Movimento, de Brasília.

Agradecimentos fundamentais ao pessoal da Caravela Filmes, que registrou em imagens vários depoimentos que agora fazem parte do documentário *O fabuloso Zé Rodrix*, com direção de Leonardo Côrtes e direção de fotografia de Marconni Andrade. Arte e Produção James Soares e Claudia Queiroz. Na administração financeira e produção executiva, Renata Antunes e André Ávila.

Esta obra foi composta pela Caravela Produções, impressa e editorada pela Gráfica Movimento, em Off Set, capa em Couchê Fosco e miolo em Pólen Soft, para a Editora Olhares, em novembro de 2017.